Mandarin
Training and
Testing

普通话训练与测试

周芸 朱腾 ◎ 主编

图书在版编目 (CIP) 数据

普通话训练与测试 / 周芸, 朱腾主编. —北京：北京大学出版社, 2023.8
ISBN 978-7-301-34018-9

Ⅰ. ①普… Ⅱ. ①周… ②朱… Ⅲ. ①普通话 – 教材 Ⅳ. ①H102

中国国家版本馆 CIP 数据核字 (2023) 第 089232 号

书　　名	普通话训练与测试	
	PUTONGHUA XUNLIAN YU CESHI	
著作责任者	周芸　朱腾　主编	
责 任 编 辑	任蕾	
标 准 书 号	ISBN 978-7-301-34018-9	
出 版 发 行	北京大学出版社	
地　　　址	北京市海淀区成府路 205 号　100871	
网　　　址	http://www.pup.cn　新浪微博：@北京大学出版社	
电 子 信 箱	zpup@pup.cn	
电　　　话	邮购部 010-62752015　发行部 010-62750672　编辑部 010-62753334	
印 刷 者	北京虎彩文化传播有限公司	
经 销 者	新华书店	
	787 毫米 × 1092 毫米　16 开本　20.25 印张　347 千字	
	2023 年 8 月第 1 版　2023 年 12 月第 2 次印刷	
定　　　价	56.00 元	

未经许可，不得以任何方式复制或抄袭本书之部分或全部内容。
版权所有，侵权必究
举报电话：010-62752024　电子信箱：fd@pup.pku.edu.cn
图书如有印装质量问题，请与出版部联系，电话：010-62756370

目 录

上 篇

第一章 绪 论 ·· 3
    第一节 普通话 ·· 3
    第二节 普通话与现代汉语方言 ·· 11
    第三节 普通话水平测试 ·· 15

第二章 普通话水平测试中的字词 ·· 23
    第一节 普通话字词测试简介 ··· 23
    第二节 普通话声母发音难点解析 ·· 26
    第三节 普通话韵母发音难点解析 ·· 36
    第四节 普通话声调发音难点解析 ·· 46
    第五节 普通话音变发音难点解析 ·· 52

第三章 普通话水平测试中的短文朗读 ··· 59
    第一节 普通话短文朗读测试简介 ·· 59
    第二节 普通话短文朗读测试常见失误 ··· 60

第四章 普通话水平测试中的命题说话 ··· 70
    第一节 普通话命题说话测试简介 ·· 70
    第二节 普通话命题说话测试常见失误 ··· 73

下 篇

第五章 普通话水平测试单字训练 ·· 85
    第一节 单字声母分类辨读 ··· 85
    第二节 单字韵母分类辨读 ··· 106

| | | 第三节 单字声调分类辨读 | 129 |

第六章　普通话水平测试词语训练 …… 156
  第一节　词语声母分类辨读 …… 156
  第二节　词语韵母分类辨读 …… 181
  第三节　词语声调分类辨读 …… 204
  第四节　词语音变分类辨读 …… 251

第七章　普通话水平测试朗读训练 …… 264
  第一节　文艺语体朗读训练 …… 265
  第二节　实用语体朗读训练 …… 274

第八章　普通话水平测试说话训练 …… 284
  第一节　叙述性话题训练 …… 284
  第二节　说明性话题训练 …… 290
  第三节　议论性话题训练 …… 296

第九章　普通话水平测试模拟训练 …… 303

参考文献 …… 313

后记 …… 315

上 篇

第一章　绪　论 / 3

第二章　普通话水平测试中的字词 / 23

第三章　普通话水平测试中的短文朗读 / 59

第四章　普通话水平测试中的命题说话 / 70

第一章 绪 论

第一节 普通话

一、普通话的定义

普通话以北京语音为标准音，以北方话为基础方言，以典范的现代白话文著作为语法规范，是现代汉民族最重要的交际工具，同时也是国家法定的全国通用语言。

《中华人民共和国宪法》第十九条规定："国家推广全国通用的普通话。"《中华人民共和国国家通用语言文字法》第九条规定："国家机关以普通话和规范汉字为公务用语用字。法律另有规定的除外。"第十条规定："学校及其他教育机构以普通话和规范汉字为基本的教育教学用语用字。法律另有规定的除外。学校及其他教育机构通过汉语文课程教授普通话和规范汉字。使用的汉语文教材，应当符合国家通用语言文字的规范和标准。"第十二条规定："广播电台、电视台以普通话为基本的播音用语。需要使用外国语言为播音用语的，须经国务院广播电视部门批准。"第十三条规定："公共服务行业以规范汉字为基本的服务用字。因公共服务需要，招牌、广告、告示、标志牌等使用外国文字并同时使用中文的，应当使用规范汉字。提倡公共服务行业以普通话为服务用语。"当前，随着全球化和互联网的发展，不同区域人们之间的交流和沟通日益频繁，普通话作为一种重要的社会资源、文化资源、经济资源，在我国的政治、经济、社会、文化、生活中的作用也越来越明显。正如《国家语言文字事业"十三五"

发展规划》所言:"语言文字事业具有基础性、全局性、社会性和全民性的特点,是国家综合实力的重要支撑力量,事关国民素质提高和人的全面发展,事关国家统一和民族团结,事关历史文化传承和经济社会发展,在国家发展战略中具有重要地位和作用。强国必须强语,强语助力强国。"①

普通话以北京语音为标准音,这是历史发展的结果。元代周德清的《中原音韵》是根据元杂剧的用韵编写的,书中所归纳的语音系统已非常接近今天的北京话。明清以来所广泛使用的官话,大体上就是在书面语的基础上使家乡话尽量向以京音为中心的北方话靠拢。②20世纪初白话文运动、国语运动提出的"国语""国音",都是以北京语音为基础或标准音的。此外,北京自13世纪以来,即成为全中国的政治、经济、文化中心。因此,选择北京语音为标准音,是历史发展的必然结果。③值得注意的是,普通话"以北京语音为标准音",是指普通话的语音在整体上以北京话的语音系统(即声韵调系统和字音)为标准,并非所有的北京语音都是标准音,如北京话中一些"京味儿"色彩过于浓厚的儿化、轻声和"连读吞音"等现象都要注意排除。

普通话以北方话为基础方言,也是有原因的。首先,北方历来是我国政治、经济、文化较为发达的地区,与其他方言相比,北方方言的影响范围和影响力都比较大。其次,北方方言的使用地域广泛。黄河流域及其以北的广大地区,长江流域的四川、重庆、云南、贵州及湖北大部分地区,甚至安徽、江苏的部分地区,使用的都是北方方言。最后,许多文献和文学作品都是使用北方方言写成的,尤其是唐宋以来的白话文学,都在一定程度上加速了北方方言的推广。当然,普通话"以北方话为基础方言"的前提是需要排除一定的较小范围内使用的或只有部分人群才能理解的方言词语,如云南昆明话中的"打照面"(见面)、"街子"(街)、"辣子面"(辣椒粉)等,都是普通话所不使用的。需要注意的是,普通话的词汇是在不断发展变化的,随着社会的发展、经济的交融和文化的交

---

① 教育部、国家语委《国家语言文字事业"十三五"发展规划》,中华人民共和国教育部网,http://www.moe.gov.cn/srcsite/A18/s3127/s7072/201609/t20160913_281022.html,访问日期:2021年5月15日。
② 王理嘉(1999)从官话到国语和普通话——现代汉民族共同语的形成及发展,《语文建设》,第6期,23页。
③ 邵敬敏(2016)《现代汉语通论(第三版)》,上海:上海教育出版社,2页。

流，以及人际交往的日趋频繁，一些使用范围比较广泛的方言词就有可能被普通话所吸收，成为普通话词汇系统中的标准语词。

普通话以典范的现代白话文著作为语法规范，具体可以理解为：第一，北方方言的语法规则虽然大致相同，但由于其内部又可分为若干次方言，故其内部仍然存在着一定的差异。因此，普通话的语法需要以"典范的现代白话文著作"中的一般用例或普遍用例为标准。第二，"典范"的著作是指具有广泛性和代表性的现代白话文著作，如国家的法律法规、主流媒体的报刊社论和现当代著名作家的作品等。第三，"现代白话文著作"是相对于早期的白话文著作而言的。唐宋以来用白话写成的文学作品，与20世纪五四运动以后所形成的白话文，在语法方面已经有显著的差异，所以要注意普通话的语法规范与早期白话文著作中的用例是不同的。

二、普通话的历史及发展

（一）普通话的形成

普通话是现代汉民族共同语。汉民族共同语是在民族融合的过程中逐步形成的。春秋战国时期的共同语称为"雅言"。汉代至元代的共同语称为"通语"。明清时期的共同语称为"官话"。官话原本是通行于官吏之间的官场"雅语"，后发展为官民之间的交际用语，后又被社会公众用来消解不同地区之间的语言隔阂，从而逐渐发展成为民族共同语。1911年，清朝的最高教育机构——学部召开了中央教育会议，通过了"统一国语办法案"，从此"国语"这一名称取代了"官话"这一名称。[1] 1955年10月，中国社会科学院主持召开了全国性的"现代汉语规范化学术会议"，会议的主要内容为"对民族共同语加以明确的全面的规范并在全国范围内大力提倡、积极推广、逐步普及"。[2]

---

[1] 王理嘉（1999）从官话到国语和普通话——现代汉民族共同语的形成及发展，《语文建设》，第6期，23页。

[2] 王理嘉（1999）从官话到国语和普通话——现代汉民族共同语的形成及发展，《语文建设》，第6期，24页。

从传播媒介和交际渠道来看，汉民族共同语有书面语和口语两种表现形式。汉民族共同语的书面语早在文字成熟的初期就已经产生，后来由于口语的发展速度快于书面语，汉民族共同语的书面语和口语之间便产生了分化。这种滞后于口语发展的汉民族共同语的书面语，通常称为"文言"或"文言文"。随着时代、社会发展的需要，唐宋时期产生了一种同日常口语相近的书面语，即"白话"。唐宋以来比较有影响的文学作品都是用白话写成的，而影响最大的还是明清时期的白话文小说。这些白话文学作品虽然各自都带有一定程度的地方色彩，但总的来说都受到了北方方言的影响，后来便逐渐发展成为现代汉民族共同语书面语的源头。在汉民族共同语口语的形成过程中，北京话的地位和作用非常特殊。北京在唐代就属于北方军事重镇；唐代以后，北京的政治地位不断上升，并逐渐发展成为全中国的政治、经济和文化中心。与此同时，北京话作为官府通用语言，也逐步扩大为官民之间、社会公众之间的交际工具，并最终成为现代汉民族共同语口语的源头。19世纪末20世纪初，我国先后涌现了白话文运动、国语统一运动和汉语拼音运动，提出了"言文一致""国语统一"的口号。在此背景下，汉民族共同语的书面语和口语不断靠近，并最终结合起来，形成了现代汉民族共同语，即普通话。

（二）普通话的推广

我国历来重视普通话的推广工作。1955年召开的全国文字改革会议和现代汉语规范化学术会议，确定以"普通话"为汉民族共同语的正式名称，制定了推广普通话的具体措施。1956年1月，中央推广普通话工作委员会成立，全国各省市随即成立相应的推普机构。2月6日，国务院发布《关于推广普通话的指示》，完善了普通话的定义——以北京语音为标准音，以北方话为基础方言，以典范的现代白话文著作为语法规范。伴随着《汉字简化方案》（1956）和《汉语拼音方案》（1958）的陆续发布，以推广普通话、整理和简化汉字、制定和推行《汉语拼音方案》为三大任务的文字改革工作轰轰烈烈地开展起来。[1]

1978年，教育部发出《关于加强学校普通话和汉语拼音教学的通知》，以

---

[1] 袁钟瑞（2020）新中国推广普通话70年，《汉字文化》，第1期，1—2页。

中等师范学校和小学为开端，恢复和加强学校推广普通话工作。1982年，第五届全国人民代表大会第五次会议通过的《中华人民共和国宪法》明确规定："国家推广全国通用的普通话。"1986年，全国语言文字工作会议将推广普通话列为新时期语言文字工作的首要任务，推普工作方针调整为"大力推行，积极普及，逐步提高"。①

为了更加有效地推广普通话，加大普及力度，不断提高全社会人员的普通话水平，我国从20世纪90年代起，对一定范围内的在岗人员开展普通话水平测试，并逐步实行根据普通话水平测试成绩颁发普通话水平测试等级证书的制度。普通话水平测试是推广普通话工作的重要组成部分，是使推广普通话工作逐步科学化、规范化和制度化的重要举措。1997年，全国语言文字工作会议提出2010年以前"全国初步普及普通话，21世纪中叶全国普及普通话"的跨世纪目标。②同年，国务院决定：自1998年起，每年9月的第三周为全国推广普通话宣传周，以加强宣传推广的力度。

2001年1月1日起施行的《中华人民共和国国家通用语言文字法》，明确了普通话作为国家通用语言的法律地位，规定了公民学习和使用国家通用语言文字的权利，并对国家机关、学校、出版机构、广播电台、电视台以及公共服务行业中普通话的使用作出了具体、明确的规定。

2016年，教育部、国家语委印发《国家语言文字事业"十三五"发展规划》，指出："到2020年，在全国范围内基本普及国家通用语言文字，全面提升语言文字信息化水平，全面提升语言文字事业服务国家需求的能力，实现国家语言能力与综合国力相适应。"其中，"国家通用语言文字基本普及"的具体内涵为"全国范围内普通话基本普及，语言障碍基本消除；农村普通话水平显著提高，民族地区国家通用语言文字普及程度大幅度提高；国家通用语言文字教育体系更加完善，国民语言文字应用能力显著提升；社会用语用字更加规范"。③

---

① 袁钟瑞（2020）新中国推广普通话70年，《汉字文化》，第1期，2页。
② 袁钟瑞（2020）新中国推广普通话70年，《汉字文化》，第1期，2页。
③ 教育部、国家语委《国家语言文字事业"十三五"发展规划》，中华人民共和国教育部网，http://www.moe.gov.cn/srcsite/A18/s3127/s7072/201609/t20160913_281022.html，访问日期：2021年5月15日。

为了"充分发挥普通话在提高劳动力基本素质、促进职业技能提升、增强就业能力等方面的重要作用"，2018年，教育部、国务院扶贫开发领导小组办公室、国家语委印发《推普脱贫攻坚行动计划（2018—2020年）》，明确指出："扶贫先扶智，扶智先通语。到2020年，贫困家庭新增劳动力人口应全部具有国家通用语言文字沟通交流和应用能力，现有贫困地区青壮年劳动力具备基本的普通话交流能力，当地普通话普及率明显提升，初步具备普通话交流的语言环境，为提升'造血'能力打好语言基础。"同时，"将普通话普及率的提升纳入地方扶贫部门、教育部门扶贫工作绩效考核，列入驻村干部和驻村第一书记的主要工作任务，力求实效"。①

2021年，教育部、国家乡村振兴局、国家语委印发《国家通用语言文字普及提升工程和推普助力乡村振兴计划实施方案》，明确提出："推广普及国家通用语言文字，是铸牢中华民族共同体意识的重要途径，是建设高质量教育体系的基础支撑，是实施乡村振兴战略的有力举措，对经济社会发展具有重要作用"。②

2022年，教育部、国家语委发布《中小学生普通话水平测试等级标准及测试大纲（试行）》。该规范将中小学生的普通话水平划分为6级，规定了测试的内容、范围、试卷构成和评分标准等，适用于义务教育阶段小学五年级及以上学生普通话水平的测评或评估监测，对于健全完善国家通用语言规范标准体系，加大国家通用语言推广普及具有重要作用。③

回顾新中国普通话推广的历程，我们不难看到：党和政府因势利导，制定了科学的工作方针和发展目标，重视将普通话的普及和推广同社会的现实需求相结合，在普通话推广的深度和广度方面取得了显著成效。当前，树立国家通

---

① 教育部、国务院扶贫办、国家语委《推普脱贫攻坚行动计划（2018—2020年）》，中华人民共和国中央人民政府网，http://www.gov.cn/xinwen/2018-02/27/content_5269317.htm，访问日期：2022年4月26日。

② 教育部、国家乡村振兴局、国家语委《国家通用语言文字普及提升工程和推普助力乡村振兴计划实施方案》，中华人民共和国中央人民政府网，http://www.gov.cn/zhengce/zhengceku/2022-01/09/content_5667268.htm，访问日期：2023年3月11日。

③ 教育部、国家语委《中小学生普通话水平测试等级标准及测试大纲》（试行）和《汉字部首表》，中华人民共和国教育部网，http://www.moe.gov.cn/jyb_xwfb/gzdt_gzdt/s5987/202211/t20221118_995332.html，访问日期：2023年1月19日。

用语言规范意识，规范使用国家通用语言，不仅是贯彻落实国家法律法规的基本要求，而且也是维护国家主权统一、促进经济社会发展、增强中华民族凝聚力和文化软实力的重要内容。

三、普通话的特点

普通话属于汉藏语系汉语语族，在语音、词汇、语法、语用等方面具有许多独特之处。

（一）普通话语音的特点

1. 具有声调

普通话的音节都有声调，声调不仅能够区别意义，而且还能使普通话在音节抑扬顿挫、起伏跌宕的音高变化形式中，形成特定的音乐美和节奏感。

2. 元音占优势

在普通话中，一个音节里可以没有辅音，但不能没有元音；两个或三个元音相连的复元音所占比例较高，如 ou、ie、üe、uai 等，但辅音却不能连用。汉语拼音字母 zh、ch、sh、-ng 是两个字母表示一个音素，不属于辅音相连的复辅音现象。由于元音属于乐音，所以普通话在听觉上具有响亮、悦耳的效果。

3. 音节数量较少

普通话有 21 个辅音声母、39 个韵母、4 个声调，声母、韵母和声调的配合具有一定的规律，实际存在的声韵结合体有 400 多个，实际存在的声韵调结合体有 1200 多个，音节数量比较少。

（二）普通话词汇的特点

1. 单音节语素较多

与印欧语系的各语言相比，普通话中单音节语素占了绝大多数，而且具有很强的构词能力，如单音节语素"务"可以组成"公务""业务""财务""务实""务农""务工"等词。有限的音节数量、大量的单音节语素，造成了普通话中存在一定的同音语素，如"受""瘦""兽""售""寿""狩""绶"等，这就需要通过汉字的字形加以具体区分。

2. 双音节词占优势

从音节数量上看，古代汉语发展到普通话，词形方面出现了明显的双音节化发展趋势，而且新造词基本也是以双音节词为主，单音节和三音节、四音节、五音节及以上的词在普通话词汇系统中所占的比例均低于双音节词。此外，双音节词还因为形式对称、音律和谐，比较符合汉民族对称、和谐的语用心理和言语习惯。因此，双音节词成为普通话词汇系统的主体部分。

3. 构词以词根复合法为主

根据构成词的语素数量的多少，普通话的词可以分为单纯词和合成词两大类。单纯词是由一个语素构成的词，合成词是由两个或两个以上的语素构成的词。组成合成词的语素，既可以是词根，也可以是词缀。词根是体现词的基本意义的语素，属于词的基本构成部分，如"途径"中的"途"和"径"、"火红"中的"火"和"红"、"达标"中的"达"和"标"等。词缀是没有基本词汇意义而主要起构词作用的语素，如"阿姨"中的"阿"、"瓶子"中的"子"、"作者"中的"者"等。在普通话中，由不同的词根组合在一起构成的合成词占多数，属于普通话词汇的主体部分。

（三）普通话语法的特点

1. 缺少严格意义上的形态变化

形态变化一般指词形变化，即当一个词进入句子时，为了表示某种语法关系或语法意义，词的形式所发生的变化。例如：英语一般在名词的后面加"s"表示复数。如出现以"s""sh""ch""x"等结尾的名词，则在词后加"es"表示复数；如果词尾是"辅音字母 + y"，那么就要变"y"为"i"，再加"es"，才能表示名词的复数等。普通话不依赖这种严格意义上的形态变化来区分语法关系和语法意义。

2. 语序和虚词是主要的语法手段

语序是各个语法成分在组合过程中的排列顺序。虚词是表示抽象语法关系的词。普通话使用语序和虚词作为主要的语法手段来表示语法关系和语法意义。例如:"规范作息"表示支配关系,属于述宾短语;"作息规范"表示陈述关系,属于主谓短语。二者之间的区别是通过语序来实现的。又如:"我的哥哥""我和哥哥"分别使用了助词"的"、连词"和"。前者表示的是限制关系,属于偏正短语;后者表示的是并列关系,属于联合短语。二者之间的区别是通过虚词来实现的。

3. 词、短语和句子的结构基本一致

普通话的语法单位主要有语素、词、短语、句子四种。语素组成词,词组成短语或句子,短语形成句子;词、短语、句子都有主谓、偏正、述宾、述补、联合等结构方式。例如:词"手软"、短语"胆子小"、句子"月亮挂在天空"都是主谓结构。

4. 词类和句法成分关系复杂

英语的词类和句法成分之间往往存在着一一对应的关系,即一类词充当一种句法成分。例如:名词充当主语或宾语,动词充当谓语,形容词充当定语,副词充当状语,等等。但在普通话中,同一类词可以充当多种句法成分,同一种句法成分也可以由几类词来充当,词类和句法成分经常形成一对多或多对一的复杂关系。例如:"木头椅子"中的名词"木头"充当的是定语,"今天阴天"中的名词"阴天"充当的是谓语,"历史地看问题"中的名词"历史"充当的是状语。

第二节 普通话与现代汉语方言

现代汉语有广义和狭义两种含义。广义的现代汉语是指现代汉民族所使用的语言,包括现代汉民族共同语(即普通话)和现代汉语方言。狭义的现代汉语仅指现代汉民族共同语(即普通话)。

一、方言

方言,也叫地方话,是一种语言的地域变体。

方言不是独立的语言,而是同一种语言因地域分布不同所形成的分支或变体,其本身也是由语音、词汇、语法组成的系统。同一种语言的各种方言,它们之间最大的差异往往体现在语音上,如现代汉语的北方方言没有浊声母 [b]、[d]、[g],但吴方言有浊声母 [b]、[d]、[g];现代汉语的北方方言有韵尾 [n] 和 [ŋ],但客家方言除了有韵尾 [n]、[ŋ] 之外,还有韵尾 [m];现代汉语的北方方言一般有 4 个调类(个别地区也有 3 个或 5 个调类),但吴方言有 7—8 个调类,赣方言则一般有 6 个调类。当然,各地方言在词汇、语法方面也会有一定的差异。

方言的形成往往经过了漫长的历史时期,形成因素也比较复杂。例如:由于受到山川河流等自然地理条件的限制,不同地区的人们因交通不便而出现交流、沟通不畅的现象,从而逐渐产生语言的差异,进而形成了各地的方言。又如:古代社会常常会出现政权分化,并导致不同地区的政治、经济、文化、生活等方面的联系受限,于是语言之间的差异逐渐扩大,最终形成了不同的方言。再如:由于民族迁徙、民族融合等原因,不同民族的语言在相互接触的过程中彼此影响,久而久之也会形成方言。此外,社会是不断发展变化的,为了适应这一变化,语言还会不断地改变其自身的结构,而这种变化在不同的地区往往各不相同,从而形成了不同的方言。

二、现代汉语方言

现代汉语方言是现代汉语的地域变体。我国地域辽阔,不同地区的现代汉语方言之间存在着明显的差异,从而构成了不同的方言区。一般说来,现代汉语方言可以分为七大方言区,即北方方言、吴方言、湘方言、粤方言、闽方言、客家方言、赣方言。

北方方言以北京话为代表,分布在我国长江以北的广大地区、长江南岸九江至镇江的沿江地带、湖北(东南角除外)、四川、云南、贵州、广西西北部以及湖南西北角。北方方言是现代汉民族共同语的基础方言,在现代汉语各方言中分布地域最广,其内部可分为四个次方言,即华北东北方言、西北方言[①]、西南方言、江淮方言[②]。

吴方言以上海话为代表,通行于上海、镇江以东地区(不包括镇江)、南通的部分地区、浙江的大部分地区。

湘方言以长沙话为代表,分布在湖南的大部分地区(西北角除外)、广西北部。湘方言内部还存在新湘语和老湘语的差别。

粤方言以广州话为代表,主要分布在广东、广西的部分地区,以及香港、澳门特别行政区。

闽方言以福州话为代表,主要分布在福建的部分地区、海南的大部分地区、广东东部潮汕地区、雷州半岛部分地区、浙江南部的部分地区、广西的少数地区、台湾的大部分地区。

客家方言以广东梅县话为代表,主要分布在广东、福建、台湾、江西、广西、湖南、四川等省(自治区),尤其是广东东部和北部、福建西部、江西南部和广西东南部。

赣方言以南昌话为代表,主要分布在江西(东北沿江地带和南部除外)、湖北东南、福建西北、安徽西南、湖南东部等部分地区。

三、普通话与现代汉语方言的关系

普通话与现代汉语方言同属于广义的"现代汉语",作为人类社会沟通交往、信息交流、表达观点、抒发情感的基本媒介,二者之间没有优劣、高低之分,只存在着语用功能方面的差异,以及由此所形成的"语言竞争"关系。

"语言竞争"是指语言功能不同所引起的语言矛盾,属于语言本身功能不

[①] 山西及其毗邻的陕北部分地区、河南省黄河以北地区,由于保留了古入声字,不同于一般的西北方言和华北东北方言,故有学者主张应从北方方言中独立出来,划为"晋语"。

[②] 江淮方言内部分歧较大且情况较为复杂。其中,皖南徽州一带方言,具有许多与众不同的特点,故有学者认为可从江淮方言中分出,独立为"徽语"。

同反映出的语言关系。语言竞争主要有以下几种走向。第一种走向：互相竞争的语言长期共存，功能上各尽其职，结构上相互补充。在竞争中，各自稳定使用。二者虽有强弱差异，但弱者有其使用的范围，不可替代，不致在竞争中失去地位。第二种走向：弱势语言在与强势语言的较量中，功能大幅度下降，走向衰退。功能衰退的语言，只在某些范围内（如家庭内部、亲友之间、小集市上等）使用；部分地区出现语言转用。第三种走向：弱势语言在竞争中走向濒危，在使用中完全被强势语言所代替。[1] 普通话与现代汉语方言之间的关系，可以理解为第一种语言竞争走向。

首先，普通话以现代汉语北方方言为基础方言，同时又会有选择地从现代汉语其他方言中汲取一些有生命力的成分来充实自己的表现力，以增强自身的活力。例如：普通话中的"拉倒""馍""蹩脚""尴尬""叉烧""腊肠"等词语，就分别来自北方方言、吴方言、粤方言。可见，普通话与现代汉语方言具有密不可分的关系。

其次，现代汉语各方言虽然只通行于特定区域，但与当地文化密切相关，并以一种文化资源的属性融入地方文化生活中。例如：地方戏曲是各地百姓文化生活中的重要文艺形式之一。西北秦腔高亢，江南越剧婉约，东北二人转诙谐，苏州评弹柔媚。而地域方言作为一种文化载体，是构成地方文艺形式特色的关键。因为地方戏曲的旋律形式与地域方言的口语语音特征密切相关，地方戏曲的唱词与念白往往取材于地域方言中的口语表述。[2] 此外，在现代汉语各方言区活跃的诸多方言文化词语及相关的俗语、谚语、歇后语中，也都因为蕴含着独特的文化信息而成为地域文化研究的"活化石"。随着当前政治、经济、社会、文化、生活的高度统一和快速发展，现代汉语方言为了保持自身的活力，也会从普通话中吸收一些有益的成分来丰富自己的表达，并有向普通话靠拢的趋势。

最后，推广普通话是为了消除跨方言交际的隔阂，而不是要消灭现代汉语方言。语言作为劳动力的重要构成要素之一，是经济交往活动赖以组织、进行的基本前提，也是生产要素和资本要素在经济市场上加速流动的重要推手。随着经济市场的扩大和不同经济区域之间交流的增加，人们对共同语的需求就会

---

[1] 戴庆厦（2006）语言竞争与语言和谐，《语言教学与研究》，第 2 期，1—3 页。
[2] 吴永焕（2008）汉语方言文化遗产保护的意义与对策，《中国人民大学学报》，第 4 期，40 页。

进一步增加，以便节约交易成本、提高经济效率、整合经济市场、实现利益共享。因此，普通话作为国家通用语言，在促进区域沟通、信息交流、增强国家认同感等方面具有重要作用，而方言则可以记录传承地域文化，遥寄乡土情思。二者之间并非对立关系，而是在语言生活中各司其职，互相补充，并最终达到语言的和谐共生。

当前，普通话作为国家通用语言，已经发展为中国最通用、拥有媒体形式最全最强、拥有最先进的语言技术的语言，同时也是海外许多华人社区推广的语言，是许多国际组织的官方语言或工作语言，是世界100多个国家和地区教授的外语，正在成为世界语言生活中的重要语言。作为中国公民，普通话是人生中最为重要的交际语言，同时，掌握普通话也有助于中华民族主流文化和传统文化的传承，有助于国家认同。①

第三节 普通话水平测试

一、普通话水平测试的性质及方式

普通话水平测试（PUTONGHUA SHUIPING CESHI，缩写为PSC），是考查应试人运用国家通用语言的规范、熟练程度的专业测评。

普通话水平测试属于标准参照性考试，是国家法律规定的语言类考试。2021年11月发布的《普通话水平测试管理规定》第十条规定："以普通话为工作语言的下列人员，在取得相应职业资格或者从事相应岗位工作前，应当根据法律规定或者职业准入条件的要求接受测试：（一）教师；（二）广播电台、电视台的播音员、节目主持人；（三）影视话剧演员；（四）国家机关工作人员；（五）行业主管部门规定的其他应该接受测试的人员。"第十一条规定："师范类专业、播音与主持艺术专业、影视话剧表演专业以及其他与口语表达密切

---

① 李宇明（2021）试论个人语言能力和国家语言能力，《语言文字应用》，第3期，7页。

相关专业的学生应当接受测试。"①

《普通话水平测试大纲》规定，普通话水平测试以口试方式进行。②自1994年10月开始在全国范围内实施的普通话水平测试，采用的是人工测试的方法，即由具有资质的普通话水平测试员对应试人进行面对面的口语测试和现场评分。2007年12月，教育部语言文字应用管理司批复同意安徽、上海和天津3省市开展机辅测试试点。2009年1月，教育部语言文字应用管理司正式印发试行《计算机辅助普通话水平测试评分试行办法》(以下称《评分试行办法》)。③《评分试行办法》指出：读单音节字词、读多音节词语、朗读短文三项，由国家语言文字工作部门认定的计算机辅助普通话水平测试系统评定分数。命题说话项由测试员评定分数。④运用计算机技术辅助普通话水平测试，是普通话水平测试操作模式的重大改变，是测试手段现代化的一次跨越性发展。⑤经过多年的推广和实践，计算机辅助普通话水平测试已经在全国各地区普遍应用，且随着测试技术的不断发展和提高，普通话水平测试的结果也日趋科学和准确。

二、普通话水平测试的内容及构成⑥

《普通话水平测试大纲》规定，普通话水平测试的内容包括普通话语音、词汇和语法。普通话水平测试的范围是国家测试机构编制的《普通话水平测试用普通话词语表》《普通话水平测试用普通话与方言词语对照表》《普通话水平测

---

① 教育部《普通话水平测试管理规定》，中华人民共和国教育部网，http://www.moe.gov.cn/srcsite/A02/s5911/moe_621/202112/t20211209_585976.html，访问日期：2023年2月12日。
② 国家语言文字工作委员会普通话培训测试中心（2004）《普通话水平测试测试实施纲要》，北京：商务印书馆，1页。
③ 孙海娜（2010）浅析《计算机辅助普通话水平测试评分试行办法》，《语言文字应用》，第4期，94页。
④《计算机辅助普通话水平测试评分试行办法》第二条、第三条。
⑤ 孙海娜（2010）浅析《计算机辅助普通话水平测试评分试行办法》，《语言文字应用》，第4期，94页。
⑥ 国家语言文字工作委员会普通话培训测试中心（2004）《普通话水平测试测试实施纲要》，北京：商务印书馆，1—4页。

试用普通话与方言常见语法差异对照表》《普通话水平测试用朗读作品》《普通话水平测试用话题》。

普通话水平测试试卷包括5个组成部分，满分为100分；其中，"选择判断"（限时3分钟，共10分）测试项，可以由各省、自治区、直辖市语言文字工作部门根据测试对象或本地区的实际情况，决定是否免测。免测"选择判断"测试项的普通话水平测试的内容及构成具体如下：

读单音节字词：本题测查应试人声母、韵母、声调读音的标准程度；共100个音节，不含轻声、儿化音节，限时3.5分钟，共10分。

读多音节词语：本题测查应试人声母、韵母、声调和变调、轻声、儿化读音的标准程度；共100个音节，限时2.5分钟，共20分。

朗读短文：本题测查应试人使用普通话朗读书面作品的水平。在测查声母、韵母、声调读音标准程度的同时，重点测查连读音变、停连、语调以及流畅程度；共1篇，400个音节，限时4分钟，共30分。

命题说话：本题测查应试人在无文字凭借的情况下说普通话的水平，重点测查语音标准程度、词汇语法规范程度和自然流畅程度；由应试人从给定的两个话题中选定1个话题，限时3分钟，共40分。

三、普通话水平测试等级标准

根据《普通话水平测试等级标准（试行）》[①]，普通话水平划分为三个级别，每个级别内划分两个等次，具体如下：

一级

甲等　朗读和自由交谈时，语音标准，词汇、语法正确无误，语调自然，表达流畅。测试总失分率在3%以内。

乙等　朗读和自由交谈时，语音标准，词汇、语法正确无误，语调自然，表达流畅。偶然有字音、字调失误。测试总失分率在8%以内。

---

① 国家语言文字工作委员会普通话培训测试中心（2004）《普通话水平测试实施纲要》，北京：商务印书馆，457页。

二级

甲等　朗读和自由交谈时，声韵调发音基本标准，语调自然，表达流畅。少数难点音（平翘舌音、前后鼻尾音、边鼻音等）有时出现失误。词汇、语法极少有误。测试总失分率在13%以内。

乙等　朗读和自由交谈时，个别调值不准，声韵母发音有不到位现象。难点音（平翘舌音、前后鼻尾音、边鼻音、fu—hu、z—zh—j、送气不送气、i—ü不分、保留浊塞音和浊塞擦音、丢介音、复韵母单音化等）失误较多。方言语调不明显。有使用方言词、方言语法的情况。测试总失分率在20%以内。

三级

甲等　朗读和自由交谈时，声韵调发音失误较多，难点音超出常见范围，声调调值多不准。方言语调较明显。词汇、语法有失误。测试总失分率在30%以内。

乙等　朗读和自由交谈时，声韵调发音失误多，方音特征突出。方言语调明显。词汇、语法失误较多。外地人听其谈话有听不懂情况。测试总失分率在40%以内。

同时，《普通话水平测试管理规定》第十四条规定："一级甲等须经国家测试机构认定，一级乙等及以下由省级测试机构认定。应试人测试成绩达到等级标准，由国家测试机构颁发相应的普通话水平测试等级证书。普通话水平测试等级证书全国通用"[①]。

[①] 国家语委普通话与文字应用培训测试中心（2022）《普通话水平测试实施纲要（2021年版）》，北京：语文出版社，474页。

四、普通话水平测试的准备

（一）普通话水平测试考前准备

1. 熟悉普通话水平测试的内容、范围及流程

参加普通话水平测试，首先，要学习普通话语音、词汇和语法的理论知识，并从字词、短文、朗读、命题说话等方面做好相关准备。

普通话水平测试中的读单音节字词、读多音节词语，选自国家测试机构编制的《普通话水平测试用普通话词语表》。该表共收词语 18442 条。按照常用度，分为"表一" 8361 条，"表二" 10081 条。所收词语按汉语拼音字母顺序排列。[1]

普通话水平测试中的朗读短文，选自国家测试机构编制的《普通话水平测试用朗读作品》。为了适应普通话水平测试的需要，采取必要性的原则，《普通话水平测试用朗读作品》朗读作品共 50 篇。为适应测试需要，必要时对原作品做了部分更动。每篇作品采用汉字和汉语拼音对照的方式编排。[2]

普通话水平测试中的命题说话，话题出自国家测试机构编制的《普通话水平测试用话题》。《普通话水平测试用话题》共有话题 50 例，仅是对话题范围的规定，并不规定话题的具体内容。[3]

其次，熟悉普通话水平测试的内容和范围后，就要对普通话水平测试的流程有所了解。

根据《普通话水平测试规程》[4]，参加测试的人员通过官方平台在线报名。非首次报名参加测试人员，须在最近一次测试成绩发布之后方可再次报名。应试人应持准考证和有效身份证件原件按时到指定考场报到。迟到 30 分钟以上者，原

---

[1] 国家语委普通话与文字应用培训测试中心（2022）《普通话水平测试实施纲要（2021 年版）》，北京：语文出版社，39 页。

[2] 国家语委普通话与文字应用培训测试中心（2022）《普通话水平测试实施纲要（2021 年版）》，北京：语文出版社，369 页。

[3] 国家语委普通话与文字应用培训测试中心（2022）《普通话水平测试实施纲要（2021 年版）》，北京：语文出版社，470 页。

[4] 国家语委《普通话水平测试规程》，中华人民共和国教育部网．http://www.moe.gov.cn/srcsite/A18/s3133/202302/t20230210_1043378.html，访问日期：2023 年 3 月 13 日。

则上应取消当次测试资格。考场设有候测室和测试室：候测室供应试人报到、采集信息、等候测试；测试室每个机位为封闭的独立空间，每次只允许 1 人应试。

应试人进入测试室时，不得携带手机等各类具有无线通讯、拍摄、录音、查询等功能的设备，不得携带任何参考资料。测试时，应试人应遵照测试用计算机的指令及提示，有序完成测试。测试试卷由测试系统随机分配。

测试结束后，经考务人员确认无异常情况，应试人方可离开。

2. 学习普通话基础知识，掌握发音部位和发音方法

语言迁移理论认为，母语对人们学习第二语言的影响，有可能是正面影响，也有可能是负面影响。现代汉语方言与普通话属于"同源异流"的关系，不同地区所使用的方言与普通话均具有不同程度的差异性。在学习普通话的过程中，现代汉语方言与普通话一致的部分，就是正面影响，可以降低普通话学习的难度；不一致的部分，则可能产生负面影响，继而影响普通话发音的标准度。

因此，应试人想要提升自己的普通话水平，首先，就要明确自己所使用的现代汉语方言与普通话之间的差异，包括语音、词汇、语法等方面的差异，尤其需要注意语音的差异性。例如：有的现代汉语方言不区分 n 和 l，有的现代汉语方言 z、c、s 与 zh、ch、sh 混用，有的现代汉语方言还没有后鼻音韵母。明确了这些差异之后，就需要通过学习普通话的基础知识，弄清楚普通话的发音部位和发音方法，进行有针对性的练习。

3. 明确学习普通话的动机，调整普通话学习状态

美国心理学家 W. E. 兰伯特，从社会心理的角度研究双语现象和第二语言的学习过程。他将学习者学习第二语言的动机分为两种类型：实用动机（仅仅出于功利的目的而学习）和归附动机（对另一语言文化集团产生了好感，希望成为其一员）。[①] 如果将该理论用于普通话的学习上，大多数应试人参加普通话水平测试主要是出于专业需要、岗位要求或社会需求，因而学习普通话的动机还是以实用动机居多。然而，如果应试人在学习普通话时缺乏适当的归附动机，对普通话水平的快速提高是很不利的。应试人如果能从普通话作为国家通用语言的角度，全面认知并认同普通话作为一种语言资源的价值和意义，即可将实

---

① 沙平（1999）第二语言获得研究与对外汉语教学，《语言文字应用》，第 4 期，24 页。

用动机所形成的被动学习状态转化为归附动机所形成的主动学习状态，才能在良好的学习心理状态中提高普通话学习的有效性。

（二）普通话水平测试应试技巧

1. 树立自信心，调整心理状态

普通话水平测试是通过口试的方式进行的，与日常采用笔试进行的其他考试不同，应试人难免会在考前产生焦虑情绪。适度的焦虑可以产生测试的动力，但过度的焦虑则不利于测试的顺利完成。因此，应试人应做好心理状态的自我调节，以免影响测试成绩。

首先，应试人应在正确评估自己普通话水平的基础上，结合专业需要、岗位要求或社会需求，设立适宜的等级目标，通过该目标所形成的适度紧张感来确保测试的顺利进行。除特殊职业，如广播电台和电视台的播音员和节目主持人、影视话剧演员，以及语音教师等岗位的普通话水平要求达到一级外，其余岗位的普通话水平多为二级达标。

其次，测试过程中注意调节不良情绪，充分发挥自己的实力。即使有了充分的准备和训练，很多应试人也会在测试现场出现紧张的情况，这属于正常的心理状态。然而，当紧张转变为焦虑甚至是怯场时，就会影响测试的正常发挥，如读错形近字、多音字，或将甲字读为乙字、颠倒词语顺序等。这时，应试人就需要通过调整呼吸、自我暗示等方法进行心理调适，以充分发挥自己的实力和水平。

2. 注意时间，关注测试细节

应试人进入测试室开始测试时，应使用适中的语速，在规定的时间内，完成普通话水平测试的读单音节字词、读多音节词语和朗读短文。朗读时，对一些容易读错的形近字（如"戊""戌""戍"等）、多音字（如"丈夫"一词有 zhàngfū 和 zhàngfu 两个读音，"实在"一词有 shízài 和 shízai 两个读音等），以及同素逆序词（如"讲演"和"演讲"、"察觉"和"觉察"、"亮光"和"光亮"等）等，要细心加以辨析。

命题说话时，应试人可结合个人特长及准备情况，在测试系统所提供的话题中确认一个，然后在头脑中拟出命题说话的提纲及素材或关键词，力争做到话语表达清晰准确、自然流畅，话语内容能够围绕主题展开且相对完整。

3. 控制口腔，调节好气息和共鸣

正式测试时，应试人还可以从气息、口腔、共鸣等方面做一些调节。

首先，调整呼吸状态。应试人在考试设备前就座后，可以先挺直腰背，双肩自然打开，再通过 1—2 次深呼吸做到气息通畅。朗读每一道题时，注意做到以气带声，因为充足的气息不仅可以让普通话的调值准确到位，而且还可以让声音坚实、洪亮、有力度。

其次，呈现积极的发声状态。以微笑状将口腔充分打开，让双唇、牙齿、舌头、软腭等发音器官自如地表现，保持唇、舌力量集中。根据普通话声母、韵母的发音原理，确保声母的发音部位和发音方法正确，使韵母的口腔开度、舌位动程、唇形圆展随着字词的朗读而不断变化。积极的口腔状态，不仅能使发音准确、清晰，还能让字音听起来圆润、饱满。

最后，根据表达内容和情感变化自如调整句调。应试人在进行短文朗读、命题说话测试时，应根据表达内容和情感变化，适时调整音高、音强、音长和音色，而这就与共鸣的调节密切相关。共鸣在发音中的作用就是扩大和美化声音，例如：当情感昂扬向上时，增强头部和胸腔的共鸣，可以让声音听起来浑厚、结实；当情感低沉时，增强咽腔的共鸣，可以让声音听起来深沉、有韵味。自如的共鸣调节，不但可以准确、生动地传达表达内容的精神实质，而且可以让声音显得更加优美动听，从而让测试达到事半功倍的效果。

第二章　普通话水平测试中的字词

第一节　普通话字词测试简介

一、单音节字词测试

音节是语流中自然感知的发音单位和听感单位。在普通话中，人们在发音时自然发出的、听觉上自然感知的一个语音片段，即一个汉字，就是一个音节。儿化音节例外，如"那儿（nàr）"是两个汉字一个音节。

普通话水平测试中的读单音节字词，主要测查应试人声母、韵母、声调读音的标准程度。该题100个音节中，每个声母出现次数一般不少于3次，不超过6次；每个韵母出现次数一般不少于2次（个别韵母另有提示），不超过4次。4个声调出现的次数大致均衡。同时，音节的排列要避免同一测试要素连续出现。[①]

本项测试满分10分，评分标准为：语音错误，每个音节扣0.1分；语音缺陷，每个音节扣0.05分；超时1分钟以内，扣0.5分；超时1分钟以上（含1分钟），扣1分。

（一）单音节字词的语音错误

单音节字词的语音错误，是指应试人将某个音节的声母、韵母、声调三个

[①] 国家语言文字工作委员会普通话培训测试中心（2004）《普通话水平测试测试实施纲要》，北京：商务印书馆，2—3页。

要素中的任何一个或几个要素读成其他的声母、韵母、声调，具体表现为以下四种错误类型。

1. 声母错误

例如：边鼻音不分，将 l 读成 n，或将 n 读成 l，如"难（nán）"和"拦（lán）"、"泥（ní）"和"离（lí）"的混读；平翘舌不分，将 z、c、s 读成 zh、ch、sh，或将 zh、ch、sh 读成 z、c、s，如"自（zì）"和"志（zhì）"、"词（cí）"和"池（chí）"、"丝（sī）"和"师（shī）"的混读。

2. 韵母错误

例如：将前鼻音韵母读成后鼻音韵母，或将后鼻音韵母读成前鼻音韵母，如"宽（kuān）"和"筐（kuāng）"、"殷（yīn）"和"英（yīng）"、"审（shěn）"和"省（shěng）"的混读。

3. 声调错误

例如：按照云南方言的调类，将古入声调值的字，如"八（bā）""铁（tiě）""入（rù）"等，读为阳平。

4. 混合错误

混合错误是指某个音节的构成要素同时出现两个或三个要素的发音错误。例如：同时出现声母和韵母的错误，或者是声母和声调的错误，或者是韵母和声调的错误，或者是声韵调同时出现错误。

（二）单音节字词的语音缺陷

单音节字词的语音缺陷，是指某个音节的声母、韵母、声调三个要素中的任何一个或几个要素发音不到位、不准确，具体表现为以下四种缺陷类型。

1. 声母缺陷

声母缺陷主要表现为声母的发音部位不准确、不到位，但还不是将普通话的一类声母读成另一类声母。例如：发舌尖后音 zh、ch、sh、r 时，舌尖接触或接近上腭的位置偏前或偏后；发舌面音 j、q、x 时，发音部位明显靠前，音色接近舌尖前音。

2. 韵母缺陷

韵母缺陷主要表现为发音时舌位的高低和前后、唇形的圆展等不标准或不到位。例如：开口呼韵母的开口度不够、合口呼韵母和撮口呼韵母的圆唇度不够，听感上有明显差异；复韵母的发音，如"飘（piāo）""块（kuài）""留（liú）""队（duì）"等，出现舌位动程不够的现象；韵母 ai、an 中的 a[a]，发音偏后；韵母 ang、uang 中的 a[a]，发音偏前，或者是 ang 中的 a[a] 带有圆唇音色。

3. 声调缺陷

声调缺陷主要表现为声调调型基本正确，但调值偏低或偏高，或声调时值过短。例如：阴平起调略低且不稳定，调值偏低，把阴平读成 44 或 33 调值；阳平起调略低，调值升不到位，读成 24 调值；去声起调略低，起点不足 5 度。

4. 混合缺陷

混合缺陷是指某个音节的构成要素同时出现两个或三个要素的发音缺陷。例如：同时出现声母和韵母的缺陷，或者是声母和声调的缺陷，或者是韵母和声调的缺陷，或者是声韵调同时出现缺陷。

二、多音节词语测试

普通话水平测试中的读多音节词语，主要测查应试人声母、韵母、声调和变调、轻声、儿化读音的标准程度。该题 100 个音节中，声母、韵母、声调出现的次数与单音节字词的要求相同。此外，上声和上声连读的词语不少于 3 个，上声（在前）和其他声调（阴平、阳平、去声、轻声）连读的词语不少于 4 个，轻声词语不少于 3 个；儿化词语不少于 4 个（应为不同的儿化韵母）；词语的排列避免同一测试要素的集中出现。[1]

本项测试满分 20 分。评分标准为：语音错误，每个音节扣 0.2 分；语音缺陷，每个音节扣 0.1 分；超时 1 分钟以内，扣 0.5 分；超时 1 分钟以上（含 1 分钟），扣 1 分。

---

[1] 国家语言文字工作委员会普通话培训测试中心（2004）《普通话水平测试测试实施纲要》，北京：商务印书馆，3 页。

多音节词语的语音错误、语音缺陷，除了跟单音节字词的语音错误、语音缺陷相同的以外，还包括变调、轻声、儿化韵读音完全不符合、不完全符合要求的情况。

关于语音错误，例如：两个上声音节相连时，如"笔者（bǐzhě）""鼓舞（gǔwǔ）""处理（chǔlǐ）"等，没有按照相应的规律进行变调；轻声音节，如"他们（tāmen）""讲究（jiǎngjiu）""耽搁（dānge）"等，没有读为轻声。

关于语音缺陷，例如："中·重"格式的双音节词语，如"伟大（wěidà）""推广（tuīguǎng）""电视（diànshì）"等，语感不自然、发音生硬；儿化韵，如"饭盒儿（fànhér）""小说儿（xiǎoshuōr）""抽空儿（chōukòngr）"等，卷舌色彩不明显或发音生硬。

第二节　普通话声母发音难点解析

一、声母的定义

声母是汉语音节开头的部分。普通话共有22个声母，其中有21个辅音声母：b、p、m、f、d、t、n、l、g、k、h、j、q、x、zh、ch、sh、r、z、c、s；1个零声母，如"矮（ǎi）""音（yīn）""闻（wén）""约（yuē）"的声母就是零声母。

辅音和声母是不同的概念。声母由辅音来充当，但并不是所有的辅音都可以作声母。有的辅音就不能充当声母，如ng[ŋ]在普通话中只能作韵尾；有的辅音则既可以在音节开头作声母，也可以在音节末尾作韵尾，如n[n]。

二、声母的发音要领

普通话的声母，按照发音部位和发音方法的不同，可以划分为不同的类别。

第二章 普通话水平测试中的字词

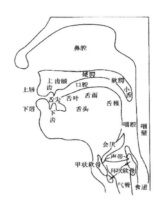

图 1　发音器官图

（一）声母的发音部位

发音部位是指发音时发音器官构成阻碍的部位。按照发音部位，普通话 21 个辅音声母可以分为七类。

双唇音：由上唇和下唇闭合构成阻碍而发出的音。普通话共有 3 个双唇音声母：b、p、m。

唇齿音：也叫齿唇音，是由下唇和上齿靠拢构成阻碍而发出的音。普通话只有 1 个唇齿音声母：f。

舌尖前音：也叫平舌音，是由舌尖接触或接近上门齿背构成阻碍而发出的音。普通话共有 3 个舌尖前音声母：z、c、s。

舌尖中音：由舌尖接触上齿龈构成阻碍而发出的音。普通话共有 4 个舌尖中音声母：d、t、n、l。

舌尖后音：也叫翘舌音，是由舌尖接触或接近硬腭最前端构成阻碍而发出的音。普通话共有 4 个舌尖后音声母：zh、ch、sh、r。

舌面音：也叫舌面前音，是由舌面前部接触或接近硬腭前部构成阻碍而发出的音。普通话共有 3 个舌面音声母：j、q、x。

舌根音：也叫舌面后音，是由舌根（舌面后部）接触或接近软腭构成阻碍而发出的音。普通话共有 3 个舌根音声母：g、k、h。

（二）声母的发音方法

发音方法是指发音时发音器官形成阻碍的方式和克服阻碍的方法。普通话声母的发音方法主要包括构成阻碍和解除阻碍的方式、声带是否振动、呼出气流的强弱三个方面。

1. 构成阻碍和解除阻碍的方式

发辅音时，气流通常会在某一发音部位受到阻碍，并可分解为成阻（阻碍形成）、持阻（阻碍持续）、除阻（阻碍消除）三个阶段。从形成阻碍和消除阻碍的方式来看，普通话的声母可以划分为五类。

塞音：成阻阶段发音部位完全闭塞；持阻阶段气流积蓄在阻碍的部位之后；除阻阶段发音部位突然解除阻塞，使积蓄的气流透出，爆发破裂成声。普通话共有6个塞音声母：b、p、d、t、g、k。

擦音：成阻阶段构成阻碍的两个发音部位接近，形成一条窄缝；持阻阶段气流从窄缝中间摩擦成声；除阻时发音结束。普通话共有6个擦音声母：f、h、x、sh、s、r。

塞擦音：顾名思义，既有"塞音"的特点，也有"擦音"的特点，是以"塞音"开始，以"擦音"结束的音。成阻阶段发音部位完全闭塞；持阻阶段气流冲破阻碍部位形成一条窄缝并从窄缝中间摩擦成声；除阻时发音结束。普通话共有6个塞擦音声母：j、q、zh、ch、z、c。

边音：成阻阶段舌尖和上齿龈接触，使口腔中间的通道阻塞；持阻阶段声带振动，气流从舌头两边与两颊内侧形成的空隙通过，透出声音；除阻时发音结束。普通话只有1个边音声母：l。

鼻音：成阻阶段发音部位完全闭塞，封闭口腔通道；持阻阶段软腭下垂，打开鼻腔通道，声带振动，气流到达口腔和鼻腔，气流在口腔受到阻碍，由鼻腔透出成声；除阻时口腔阻碍解除。普通话共有2个鼻音声母：m、n。

2. 声带是否振动

从发音时声带是否振动来看，普通话声母可以分成两类。

清音：发音时，声带不振动的音叫清音。普通话共有17个清音声母：b、p、f、d、t、g、k、h、j、q、x、zh、ch、sh、z、c、s。

浊音：发音时，声带振动的音叫浊音。普通话共有4个浊音声母：m、n、l、r。

3. 呼出气流的强弱

根据呼出气流的强弱，可以把普通话声母中的塞音、塞擦音分为送气音和不送气音两类。

送气音：发音时气流送出比较快且明显的音。普通话共有6个送气音声母：p、t、k、q、ch、c。

不送气音：发音时没有送气音特征且与送气音形成对立的音。普通话共有6个不送气音声母：b、d、g、j、zh、z。

三、普通话水平测试声母常见失误

在普通话水平测试中，声母方面的常见失误既有发音部位相互混淆的失误，也有发音方法相互混淆的失误。

（一）z、c、s与zh、ch、sh的区分

舌尖前音z、c、s与舌尖后音zh、ch、sh在普通话中区分明显，但是由于受到现代汉语方言的影响，很多方言区的应试人会出现混淆两组音发音的情形；有的方言区的应试人则只有舌尖前音z、c、s，没有舌尖后音zh、ch、sh。这两组音的区分方法具体如下。

1. z与zh的区分

从发音方法上看，声母z、zh都属于不送气清塞擦音。二者的区别在于发音部位的不同。

z[ts]是舌尖前不送气清塞擦音。发音时，舌尖抵住上门齿背形成阻塞，在阻塞部位后积蓄气流；同时，软腭上升，关闭鼻腔通道，然后较弱的气流冲开阻塞部位形成一条缝隙，并从缝隙中摩擦流出而成声。例如："杂（zá）""灾（zāi）""攒（zǎn）""泽（zé）""渍（zì）""总（zǒng）""奏（zòu）""嘴（zuǐ）""佐（zuǒ）"。

zh[tʂ]是舌尖后不送气清塞擦音。发音时，舌尖上翘抵住硬腭前端形成阻塞，在阻塞部位后积蓄气流；同时，软腭上升，关闭鼻腔通道，然后较弱的气流冲开阻塞部位形成一条缝隙，并从缝隙中摩擦流出而成声。例如："榨（zhà）""漳（Zhāng）""兆（zhào）""哲（zhé）""痣（zhì）""肿（zhǒng）""轴（zhóu）""诸（zhū）""赘（zhuì）"。

2. c 与 ch 的区分

从发音方法上看，声母 c、ch 都属于送气清塞擦音。二者的区别也在于发音部位的不同。

c[tsʰ] 是舌尖前送气清塞擦音。发音时，舌尖抵住上门齿背形成阻塞，在阻塞部位后积蓄气流；同时软腭上升，关闭鼻腔通道，然后较强的气流冲开阻塞部位形成一条缝隙，并从缝隙中摩擦流出而成声。例如："嚓（cā）""蚕（cán）""舱（cāng）""侧(cè)""瓷(cí)""匆（cōng）""醋(cù)""篡（cuàn）""错（cuò）"。

ch[tʂʰ] 是舌尖后送气清塞擦音。发音时，舌尖上翘抵住硬腭前端形成阻塞，在阻塞部位后积蓄气流；同时软腭上升，关闭鼻腔通道，然后较强的气流冲开阻塞部位形成一条缝隙，并从缝隙中摩擦流出而成声。例如："岔（chà）""豺（chái）""缠（chán）""郴（Chēn）""嗤（chī）""崇（chóng）""钏（chuàn）""槌（chuí）""醇（chún）"。

3. s 与 sh 的区分

从发音方法上看，声母 s、sh 都属于清擦音。二者的区别也在于发音部位的不同。

s[s] 是舌尖前清擦音。发音时，舌尖接近上齿背，留出一条窄缝，软腭上升堵塞鼻腔通道，气流从窄缝中摩擦通过而成声。例如："飒（sà）""嗓（sǎng）""搔（sāo）""啬（sè）""嗣（sì）""搜（sōu）""肃（sù）""穗（suì）""笋（sǔn）"。

sh[ʂ] 是舌尖后清擦音。发音时，舌尖上翘接近硬腭前部，留出一条窄缝，软腭上升堵塞鼻腔通道，气流从窄缝中摩擦通过而成声。例如："珊（shān）""赏（shǎng）""邵（Shào）""莘（shēn）""笙（shēng）""噬（shì）""孰（shú）""涮（shuàn）""硕（shuò）"。

准确把握舌尖前音 z、c、s 与舌尖后音 zh、ch、sh 的发音部位和发音方法，可以有效解决两组声母的发音失误问题。此外，还可以通过如下方法来进行识别：

一是利用声韵拼合规律来识记字音。在普通话中，并不是每一个声母都可以和每一个韵母相拼合，有的韵母只能跟舌尖后音 zh、ch、sh 相拼，有的韵母却只能跟舌尖前音 z、c、s 相拼。例如：韵母 ua、uai、uang 只能跟舌尖后音 zh、ch、sh 相拼，不能跟舌尖前音 z、c、s 相拼；韵母 ong 只能跟舌尖前音 s 相拼，不能跟舌尖后音 sh 相拼。

二是利用形声字声旁类推识记字音。在普通话中，"则""次""子""曹""曾""宗""卒""叟""兹"等字的声母是平舌音，以它们为声旁构成的形声字的声母一般也为平舌音，如"侧、厕""瓷、资""籽、字""糟、槽""增、赠""综、棕""粹、碎""嫂、艘""滋、磁"等。当然，也会有个别字例外，如声母为平舌音的"则"，以其为声旁构成的形声字"铡"的声母为翘舌音；声母为平舌音的"叟"，以其为声旁构成的形声字"瘦"的声母也是翘舌音。但是，这样的情况是比较少的，只要用排除法记住这些例外字，其他字基本都符合这个规律。

三是采用记少不记多的原则识记字音。在普通话中，声母为平舌音的字要远比翘舌音的字少。因此，可以用"记少不记多"的原则去记住一些常用的声母为平舌音的字，这样可以大大减轻识别平翘舌声母的负担。

四是通过练习绕口令的方式帮助分辨 z、c、s 与 zh、ch、sh 的发音。例如：

①史老师，讲时事，常学时事长知识，时事学习看报纸，报纸登的是时事，常看报纸要多思，心里装着天下事。①

②四十四个字和词，组成一首子词丝的绕口词。桃子、李子、梨子、栗子、橘子、柿子、槟子和榛子，栽满院子、村子和寨子，刀子、斧子、锯子、凿子、锤子、刨子和尺子，做出桌子、椅子和箱子。名词、动词、数词、量词、代词、副词、助词、连词，造成语词、诗词和唱词。蚕丝、生丝、熟丝、缫丝、染丝、晒丝、纺丝、织丝，自制粗丝、细丝、人造丝。②

（二）n 与 l 的区分

在普通话中，声母 n 是鼻音，l 是边音，区分明显。但是，它们又是一对有着紧密联系的声母。从发音部位来看，n 和 l 同属于舌尖中音；从发音方法来看，n 和 l 在发声时都需要振动声带，同属于浊音。因此，这一对声母在很多现代方言区都是不区分的，很多应试人在普通话水平测试中也很容易混淆 n 与 l。声母 n 与 l 的区分方法具体如下。

---

① 赵秀环（2017）《绕口令训练》，北京：中国传媒大学出版社，11 页。
② 赵秀环（2017）《绕口令训练》，北京：中国传媒大学出版社，12—13 页。

n[n]是舌尖中浊鼻音。发音时，舌尖抵住上齿龈的后部，阻塞气流；软腭下垂，打开鼻腔通路，声带振动；气流同时到达口腔和鼻腔，在口腔受到阻碍，气流从鼻腔透出成声。例如："萘（nài）""男（nán）""闹（nào）""内（nèi）""逆（nì）""鲶（nián）""镊（niè）""拧（nǐng）""弩（nǔ）"。

l[l]是舌尖中浊边音。发音时，舌尖抵住上齿龈的后部，阻塞气流从口腔中路通过的通道；软腭上升，关闭鼻腔通路，声带振动；气流到达口腔后，从舌头与两颊内侧形成的空隙通过而成声。例如："癞（lài）""擂（lèi）""撂（liào）""镰（lián）""琳（lín）""陋（lòu）""鸾（luán）""氯（lǜ）""络（luò）"。

准确区分声母n与l，除了掌握二者的发音部位和发音方法外，还可以借助以下一些方法来进行识别：

一是运用记少不记多的原则合理减轻记忆负担。在普通话中，声母为n的汉字要比声母为l的汉字少一些，因此可以利用识记声母为n的代表字的方法来识记一些常用的汉字，如"内""馁""虐""嫩""酿""怒""泞""挠""暖"等字的声母都为n。

二是运用形声字声旁类推方法识记字音。例如：以"宁""农""南""囊"为声旁构成的形声字"拧、柠、咛、狞""浓、侬、脓、秾""喃、楠、腩""馕、曩、齉"等，其声母也为n；以"龙""令""仑""兰"为声旁形成的形声字"拢、笼、陇、垄""伶、零、岭、苓""轮、抡、沦、囵""栏、烂、拦"等，其声母也为l。

三是通过练习绕口令的方式帮助分辨n与l的发音。例如：
①河边有棵柳，柳下一头牛。牛要去顶柳，柳条缠住了牛的头。[①]
②牌楼两边有四辆四轮大马车，你爱拉哪两辆就拉哪两辆。[②]

（三）f与h的区分

声母f、h同属于擦音，但发音部位不同，在普通话中的区分是非常明显的。然而，有些方言区的应试人常常会混淆这一对声母。二者的发音要领具体如下。

---

① 赵秀环（2017）《绕口令训练》，北京：中国传媒大学出版社，63页。
② 赵秀环（2017）《绕口令训练》，北京：中国传媒大学出版社，63页。

f[f]是唇齿清擦音。发音时，上齿轻轻接触下唇，唇齿之间留下一条缝隙，形成阻碍，阻塞气流；软腭上升，关闭鼻腔通路；使气流从齿唇间形成的缝隙中摩擦流出成声。发声时声带不振动。例如："乏（fá）""烦（fán）""肪（fáng）""舫（fǎng）""匪（fěi）""酚（fēn）""佛（fó）""馥（fù）"。

h[x]是舌根清擦音。发音时，舌根（舌面后部）隆起接近硬腭和软腭的交界处，使两者之间形成一条缝隙，形成阻碍，阻塞气流；软腭上升，关闭鼻腔通路，使气流从形成的窄缝中摩擦流出成声。发声时声带不振动。例如："骇（hài）""憨（hān）""壕（háo）""鹤（hè）""恒（héng）""斛（hú）""骅（huá）""桓（huán）""徽（huī）"。

除了熟练掌握声母f与h的发音要领外，还可以通过以下方法来进行识别和区分：

一是运用形声字声旁类推的方法来识记字音。例如：普通话中"凡、反、番、方、夫、甫、伐、付、负、分、风、非、弗、复"等字的声母都为f，以它们为声旁的形声字声母一般也为f；普通话中"乎、忽、胡、虎、户、化、回、会、挥、奂、荒、黄"等字的声母都为h，以它们为声旁构成的形声字声母一般也为h。

二是通过练习绕口令的方式帮助分辨f与h的发音。例如：

前村后刘沟有个付虎虎，后村前刘沟有个胡福福。中伏给队里种萝卜，付虎虎会种白萝卜不会种红萝卜，胡福福会种红萝卜不会种白萝卜，付虎虎帮胡福福种白萝卜，胡福福帮付虎虎种红萝卜。[1]

（四）j、q、x与z、c、s的区分

舌面前音声母j、q、x和舌尖前音声母z、c、s区分对立明显。但是，当这两组声母与i、ü和以i、ü开头的韵母相拼时容易发生混淆。在传统音韵学中，声母j、q、x与i、ü和以i、ü开头的韵母相拼而成的音叫团音；声母z、c、s与i、ü和以i、ü开头的韵母相拼而成的音叫尖音。普通话中只有团音，没有尖音，不区分尖团。但是，有的现代汉语方言既有团音，也有尖音，在使用普通话表达时就会把一部分声母为j、q、x的字读成声母为z、c、s的字。另外，有些人（多

---

[1] 赵秀环（2017）《绕口令训练》，北京：中国传媒大学出版社，59页。

数为女性）平常发 j、q、x 时发音部位太靠前，也会导致音色上接近 z、c、s。因此，学习普通话需要区分这两组音。

1. j 与 z 的区分

j[tɕ] 是舌面前不送气清塞擦音。发音时，舌尖抵住下门齿背，使舌面前部接触硬腭前部，软腭上升堵塞鼻腔通路。在阻塞的部位后面积蓄气流，声带不振动，较弱的气流把舌面的阻碍冲开一条窄缝并从中挤出，摩擦成声。例如："姬（jī）""枷（jiā）""疆（jiāng）""剿（jiǎo）""靳（jìn）""粳（jīng）""灸（jiǔ）""橘（jú）""绢（juàn）"。

声母 j、z 的发音方法一致，都是不送气的清塞擦音，二者的区别在于发音部位。发声母 j 时，舌尖要抵住下门齿背，这样才能迫使舌面前部隆起去接触硬腭前端；发声母 z 时舌尖要抵住上门齿背，这样才能保证舌头是平展的状态。

2. q 与 c 的区分

q[tɕʰ] 是舌面前送气清塞擦音。发音时，舌尖抵住下门齿背，使舌面前部接触硬腭前部，软腭上升堵塞鼻腔通路。在阻塞的部位后面积蓄气流，声带不振动，较强的气流把舌面的阻碍冲开一条窄缝并从中挤出，摩擦成声。例如："鳍（qí）""呛（qiàng）""侨（qiáo）""嚓（qín）""卿（qīng）""裘（qiú）""衢（qú）""蜷（quán）"。

声母 q、c 同属于送气清塞擦音，二者的区别同样是发音部位的不同。发声母 q 时，舌尖抵住下门齿背形成阻碍；发声母 c 时，舌尖抵住上门齿背形成阻塞。

3. x 与 s 的区分

x[ɕ] 是舌面前送气清擦音。发音时，舌尖抵住下门齿背，使舌面前部接近硬腭前部，留出一条窄缝，软腭上升堵塞鼻腔通道，声带不振动，气流从窄缝摩擦通过而成声。例如："檄（xí）""辖（xiá）""嫌（xián）""镶（xiāng）""宵（xiāo）""楔（xiē）""绣（xiù）""眩（xuàn）""熏（xūn）"。

声母 x、s 同属于清擦音，二者的区别也是发音部位的不同：x 是舌面音，s 是舌尖音。发声母 x 时，舌尖抵住下门齿背，使舌面前部与硬腭前部贴近形成适度的间隙，气流从间隙摩擦通过成声；发声母 s 时，舌尖靠近上门齿背，形成间隙，气流从间隙摩擦通过成声。

（五）r 的发音

声母 r[ʐ]为舌尖后浊擦音。发音时，舌尖上翘接近硬腭前部，留出一条窄缝，软腭上升堵塞鼻腔通路，声带振动，气流从窄缝中挤出，摩擦轻微。例如："髯（rán）""瓤（ráng）""衽（rèn）""嵘（róng）""揉（róu）""孺（rú）""芮（Ruì）""闰（rùn）""箬（ruò）"。

1. r 与 s 的区分

声母 r、s 属于不同发音部位的擦音。二者的区别，首先是由于发音部位的不同而造成的舌尖抵触的位置的不同。声母 r 是舌尖后音，发音时舌尖要上翘至接近硬腭；声母 s 为舌尖前音，发音时舌尖平展接近上门齿背。其次，声母 r 发音时声带需要振动，是浊音；声母 s 发音时声带不振动，是清音。最后，声母 r 发音时摩擦轻微，声母 s 发音时摩擦明显。一些方言区由于没有声母 r，故应试人会出现把普通话声母 r 误读为 s 的情况。

2. r 与 l 的区分

声母 r、l 无论是从发音部位看，还是从发音方法看，都不尽相同。r 为舌尖后浊擦音，l 为舌尖中浊边音，二者唯一的相似之处是发音时声带都需要振动。但一些方言区的普通话学习者会出现因发音部位不准，尤其是在发舌尖后音时，由于舌尖上翘不够，发音部位移落到舌尖中音的发音位置，把声母 r 发成 l。

（六）零声母的发音

普通话除了 21 个辅音声母外，还有零声母。在普通话中，大多数音节的开头都是有辅音的，但也有一些音节开头没有辅音，例如："鏖（áo）""鸥（ōu）""额（é）""筵（yán）""膺（yīng）""瓮（wèng）""涡（wō）""陨（yǔn）""垣（yuán）"。这些音节虽然没有辅音声母，但出现在音节开头位置的元音发音时仍然带有轻微的摩擦成分。从这个意义上说，零声母也是一种声母。

普通话零声母可以分为开口呼零声母和非开口呼零声母两类。

开口呼零声母音节，即以元音 a、o、e 开头的音节，发音时前面会带有微弱的喉塞音 [ʔ]。例如："昂扬（ángyáng）""额外（éwài）"。

非开口呼零声母音节，即除开口呼以外的齐齿呼、合口呼、撮口呼三种零声母音节。齐齿呼零声母音节，汉语拼音用隔音字母 y 开头，实际的发音常带有轻微摩擦的半元音 [j]；合口呼零声母音节，汉语拼音用隔音字母 w 开头，实际的发音常带有轻微摩擦的半元音 [w] 或齿唇通音 [ʋ]；撮口呼零声母音节，汉语拼音用隔音字母 y 开头，实际发音常带有轻微摩擦的半元音 [ɥ]。例如："已经（yǐjīng）""物产（wùchǎn）""语病（yǔbìng）"。

第三节 普通话韵母发音难点解析

一、韵母的定义

韵母是音节中声母后面的部分。韵母由韵头、韵腹和韵尾三部分组成，韵头一般由 i、u、ü 充当，韵腹一般由 a、o、e、ê、i、ü、u、-i[ɿ]、-i[ʅ]、er 充当，韵尾一般由 i、u 等元音或鼻辅音 n[n]、ng[ŋ] 充当。普通话共有 39 个韵母，主要由元音充当，但不是所有的元音都可以做韵母。此外，韵母还可以由元音和鼻辅音 n[n]、ng[ŋ] 组合而成。

韵母按结构可分为单元音韵母、复元音韵母和鼻辅音韵母。

单元音韵母，也叫单韵母，是由一个元音构成的韵母。单元音韵母的不同音色是由舌位的前后、高低和唇形的圆展等方面造成的。根据发音时舌头的部位及状态，单元音韵母可以分为舌面单元音韵母、舌尖单元音韵母和卷舌元音韵母三类。普通话单元音韵母有 10 个：a、o、e、ê、i、ü、u、-i[ɿ]、-i[ʅ]、er。其中，a、o、e、ê、i、ü、u 为舌面单元音韵母，-i[ɿ]、-i[ʅ] 为舌尖单元音韵母，er 为卷舌元音韵母。

复元音韵母，也叫复韵母，是由两个或三个元音复合而成的韵母。构成复韵母的两个或三个元音在发音时有主次之分，可分为韵头、韵腹、韵尾三个部分。根据韵腹位置的不同，复韵母可以分为前响复韵母、后响复韵母和中响复韵母三类。普通话复元音韵母有 13 个：ai、ei、ao、ou、ia、ie、üe、ua、uo、iao、iou、uai、uei。其中，ai、ei、ao、ou 为前响复韵母，ia、ie、üe、ua、uo 为后响复韵母，iao、iou、uai、uei 为中响复韵母。

鼻辅音韵母是由元音和鼻辅音韵尾构成的韵母。根据鼻辅音韵尾的不同，鼻韵母可以分为前鼻音韵母和后鼻音韵母。普通话鼻韵母有 16 个：an、en、in、 ün、ian、uan、üan、uen、ang、eng、ing、ong、iang、iong、uang、ueng。其中，an、en、in、ün、ian、uan、üan、uen 为前鼻音韵母，ang、eng、ing、ong、iang、iong、uang、ueng 为后鼻音韵母。

二、韵母的发音要领

普通话韵母的发音同口腔的变化、舌位的高低和前后、唇形的圆展、发音的动程等具有直接关系。

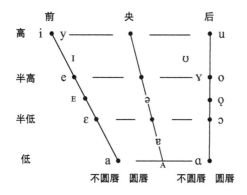

图 2　舌面元音舌位简图

（一）舌位的高低

舌位的高低与口腔的开口度有关：舌位越高，开口度越小；舌位越低，开口度越大。根据舌位的高低，可以把普通话中的元音分为高元音、半高元音、半低元音、低元音四类。

高元音是舌头升到最高、口腔开口度最小的一类元音，如 i[i]、ü[y]、u[u] 等。高元音发音时，舌面抬高，与硬腭的距离最近，口腔开口度最小。

半高元音是舌头位置比高元音略低、口腔开口度比高元音略大的一类元音，如 e[ɤ] 等。发音时舌面位置略低于高元音，与硬腭有一定距离，口腔开口度稍大。

半低元音是发音时舌头位置和口腔开口度介于半高元音、低元音之间的一类元音，如 [ɛ]、[ɔ] 等。发音时舌面位置略低于半高元音，与硬腭有一定距离，口腔开口度比半高元音略大。

低元音是发音时舌头位置最低、口腔开口度最大的一类元音，如a[a]、a[A]、a[ɑ]等。发音时舌面位置最低，与硬腭距离最大，口腔开口度最大。

此外，普通话还有中元音，即发音时舌头位置和口腔开口度介于半高元音、半低元音之间的一类元音，如ê[ɛ]、o[ɔ]等。发音时舌面位置略低于半高元音，与硬腭有一定距离，口腔开口度适中。

（二）舌位的前后

舌位的前后是指发音时舌头在口腔中隆起位置的前后。根据发音时舌位的前后，可分为前元音、央元音、后元音三类。

前元音是发音时舌头位置隆起的最高点都在舌前部，与硬腭前部相对的一类元音，如i[i]、ü[y]、ê[ɛ]、a[a]等。发音时舌头前伸，抵住下齿背，舌面前部隆起，与硬腭前部相对。

央元音是发音时舌头位置在口腔正中间，与硬腭中部相对的一类元音，如a[A]。发音时舌头既不往前伸也不往后缩，在口腔正中间的位置，舌面中部隆起，与硬腭中部相对。

后元音是发音时舌头位置后缩，与硬腭后部相对的一类元音，如u[u]、o[ɔ]、e[ɤ]、a[ɑ]等。发音时舌头后缩，舌面后部隆起，与硬腭后部相对。

（三）唇形的圆展

根据唇形，可分为圆唇音和展唇音：嘴唇拢圆发出的音是圆唇音，如ü[y]、u[u]、o[ɔ]等；嘴唇往两边展开发出的音是不圆唇音或展唇音，如i[i]、ê[ɛ]、a[a]、e[ɤ]等。

圆唇音发音时，嘴唇收拢，成圆孔状。不圆唇音发音时，嘴唇自然往两边展开。

（四）发音的动程

发音动程就是发音时舌位的高低前后、唇形圆展的变化过程。普通话韵母中存在发音动程的主要是复元音韵母和鼻辅音韵母。

1. 复元音韵母发音动程

复元音韵母发音时，是从一个元音滑动到另一个元音，过渡自然，中间的气流不中断，没有明显界限。具体表现为：

前响复韵母 ai、ei、ao、ou 发音时，舌位由低到高，前一个元音是韵腹，发音响亮清晰，后一个元音是韵尾，发音轻短模糊，只表示舌位滑动的方向。

中响复韵母 iao、iou、uai、uei 的第一个元音是韵头，发音轻而短，只表示舌位的起音，中间的元音是韵腹，发音清晰响亮，最后一个元音是韵尾，发音轻短模糊，只表示舌位滑动的方向。

后响复韵母 ia、ie、ua、uo、üe 的前一个元音是韵头，发音轻短模糊，只表示舌位的起音，后一个元音是韵腹，发音清晰响亮。

2. 鼻辅音韵母发音动程

鼻辅音韵母发音时，先发元音，然后逐渐向鼻辅音 n[n] 或 ng[ŋ] 过渡，软腭下降阻塞口腔通道，气流从鼻腔流出，形成鼻音。具体表现为：

前鼻音韵母 an、en、in、ün 发音时，先发前面的元音，接着舌尖伸向上齿龈 n[n] 的位置，软腭下降，最后舌尖抵紧上齿龈，气流从鼻腔流出。前鼻音韵母 ian、uan、üan、uen 发音时，则先发第一个元音，然后过渡到另一个元音，接着舌尖抬起伸向上齿龈 n[n] 的位置，软腭下降，最后舌尖抵紧上齿龈，气流从鼻腔流出。

后鼻音韵母 ang、eng、ing、ong 发音时，先发前面的元音，接着舌根往后缩，软腭下降，舌根抵住软腭，气流从鼻腔流出，发出 ng[ŋ] 音。后鼻音韵母 iang、iong、uang、ueng 发音时，则先发第一个元音，然后过渡到另一个元音，接着舌根往后缩，软腭下降，舌根抵住软腭，气流从鼻腔流出，发出 ng[ŋ] 音。

三、普通话水平测试韵母常见失误

（一）单元音韵母常见失误

单韵母发音时，常见失误主要有舌位前后、唇形圆展以及舌面音和卷舌音混淆的失误。

1. a[A] 的常见失误

a[A] 是舌面央低不圆唇元音。发音时，口自然打开，舌位居中，舌面降到最低，唇形自然。例如："疤（bā）""乏（fá）""腊（là）""洒（sǎ）""打靶（dǎbǎ）""沙发（shāfā）"等。

在普通话水平测试中，容易出现发 ɑ[A] 时把舌头靠前发成前 a[a] 或者舌头靠后发成后 ɑ[ɑ] 的情况。因此，发 ɑ[A] 时，要注意舌头自然放在口腔中间，不要往前伸，也不要往后缩。

2. e 与 er 的区分

在普通话中，e[ɤ] 是舌面元音，er[ɚ] 是卷舌元音。但由于受到现代汉语方言的影响，一些应试人会在普通话测试中出现混淆二者的现象。e 与 er 的区别如下：

e[ɤ] 是舌面后半高不圆唇元音。发音时，口稍开，舌头后缩，舌面后部隆起，唇形往两边自然展开。例如："扼（è）""彻（chè）""革（gé）""可（kě）""苛刻（kēkè）""折射（zhéshè）"等。

er[ɚ] 是卷舌央中不圆唇元音。发音时，口腔自然打开，舌位居中，接着舌面前部和中部向硬腭慢慢卷起，最后形成卷舌音。例如："儿（ér）""尔（ěr）""饵（ěr）""贰（èr）""而今（érjīn）""耳目（ěrmù）"等。

因此，在普通话水平测试中，发 er 时，应注意把舌面前部和中部向硬腭卷起。一般说来，普通话中 er 音的字相对比较少，记住 er 音的字，其余就是 e 音的字了；也可以通过重点练习 er 音的绕口令来进行强化。例如：

要说"尔"专说"尔"，马尔代夫，喀布尔，尼泊尔，尼日尔，扎伊尔，卡塔尔，齐齐哈尔，安道尔，萨尔瓦多，班珠尔，利伯维尔，塞舌尔，厄瓜多尔，贾洛尔，圣彼埃尔，拉合尔，塞内加尔的达喀尔，瑞士的巴塞尔，印度的坎普尔，瓜廖尔，斋普尔，摩苏尔，阿苏尔，阿塔尔，萨尔，博尔，阿尔及尔，瓦朗加尔，内洛尔，那格浦尔，拉杜尔，班加罗尔，迈索尔，世界著名的帕米尔。[①]

3. i 与 ü 的区分

i 和 ü 都是舌面前高元音，但在唇形的圆展方面有很大区别，具体区分如下：

i[i] 是舌面前高不圆唇元音。发音时，口腔开口度最小，舌头前伸，舌尖抵

---

① 张慧（2018）《绕口令（第 3 版）》，北京：中国传媒大学出版社，62 页。

紧下齿背，唇形往两边展开。例如："伊（yī）""笛（dí）""米（mǐ）""忆（yì）""比例（bǐlì）""意义（yìyì）"等。

ü[y]是舌面前高圆唇元音。发音时与i基本相同，只是发ü时嘴唇需要拢圆。例如："菊（jú）""吕（lǚ）""女（nǚ）""狱（yù）""女婿（nǚxu）""区域（qūyù）"等。

在普通话水平测试中，ü[y]的常见失误是唇形没有拢圆，发成了i[i]。因此，发音时要注意把唇形拢圆。此外，还可以通过以下方法来进行识别和区分：

一是采用记少不记多的原则合理减轻记忆负担。在普通话中，能与韵母ü相拼的声母只有n、l和j、q、x，因此韵尾为ü音的字要比i音的字相对少一些，可以通过识记韵母ü的代表字的方法来识记一些常用的汉字，如"于""居""俞""与"等。

二是利用形声字声旁类推的方法识记字音。在普通话中，"比""辟""氐""弟""及""几""里""立""丽""米""其""奇"等字的韵母为i，以它们为声旁构成的形声字的韵母也为i音，如"毙""避""低""递""级""机""理""粒""俪""咪""期""椅"等；"居""具""巨""区""于""俞""禺"等字的韵母为ü，以它们为声旁构成的形声字的韵母一般也为ü音，如"据""惧""矩""岖""宇""愉""愚"等。

三是通过练习绕口令的方式来分辨i和ü的发音。例如：

这天天下雨，体育运动委员会穿绿雨衣的女小吕，去找穿绿运动衣的女老李。穿绿雨衣的女小吕，没找到穿绿运动衣的女老李。穿绿运动衣的女老李，也没见着穿绿雨衣的女小吕。[①]

（二）复合元音韵母常见失误

复韵母发音时常见失误有的是发音问题导致，有的是方言发音所导致。

1. ai、ei、e的区分

ai和ei是复韵母，e是单韵母。复韵母在发音时有从一个元音滑动到另一个元音的动程，单韵母在发音时始终维持发音状态不变。具体区分如下：

ai[aɪ]是前响复韵母。发音时，舌尖抵住下齿背，使舌面前部隆起与硬腭相对，发出前低不圆唇元音[a]，发音清晰响亮，然后舌位向[ɪ]的方向滑动升高，

[①] 张慧（2018）《绕口令（第3版）》，北京：中国传媒大学出版社，59页。

[ɪ]音轻短模糊。例如："哀（āi）""癌（ái）""矮（ǎi）""碍（ài）""爱戴（àidài）""彩排（cǎipái）"等。

ei[eɪ]是前响复韵母。发音时，舌尖抵住下齿背，使舌面前部隆起与硬腭相对，发出前半高不圆唇元音[e]，发音清晰响亮，然后舌位向[ɪ]的方向滑动升高，[ɪ]音轻短模糊。例如："北（běi）""飞（fēi）""胚（pēi）""泪（lèi）""蓓蕾（bèilěi）""肥美（féiměi）"等。

e[ɤ]是单韵母。发音时，口稍开，舌头后缩，舌面后部隆起，唇形往两边自然展开。例如："额（é）""合（hé）""责（zé）""这（zhè）""割舍（gēshě）""特色（tèsè）"等。

在普通话水平测试中，一些方言区的应试人容易受到方言的影响而把 ai、ei 读作单韵母 e[ɤ]，如普通话"黑白（hēibái）"的韵母，在云南方言中往往都读作 e[ɤ]。有的时候，应试人还会出现起音时口形开口度较小或者动程不够，听起来接近单韵母 e[ɤ] 音。因此，发 ai 音时要注意把口形张大，发 ei 音时要注意从[e]到[ɪ]的动程。

2. uo 与 o 的区分

uo 是复韵母，o 是单韵母。uo 发音时有一定动程，o 发音时维持发音状态始终不变。具体区分如下：

uo[uɔ]是后响复韵母。发音时，先发元音[u]，注意舌位靠后，唇形拢圆，发音轻而短，接着口形向[ɔ]音滑动，[ɔ]音清晰响亮。例如："多（duō）""果（guǒ）""卧（wò）""妥（tuǒ）""火锅（huǒguō）""硕果（shuòguǒ）"等。

o[ɔ]是单韵母。发音时，舌位靠后，唇形拢圆，并且维持发音状态始终不变。例如："摩（mó）""抹（mǒ）""博（bó）""颇（pō）""伯伯（bóbo）""默默（mòmò）"等。

在普通话水平测试中，uo 音的常见失误是容易丢失韵头 u，发成单韵母的 o 音。因此，发 uo 音时，应注意从[u]到[ɔ]滑动的过程。

3. ie、üe、i 的区分

ie 和 üe 是复韵母，i 是单韵母。ie 和 üe 在发音时有动程，单韵母 i 在发音时始终维持发音状态不变。三者具体区分如下：

ie[iɛ]是后响复韵母。发音时，先发前面的元音[i]，发音轻短模糊，接着

向前中不圆唇元音 [ɛ] 的方向滑动，[ɛ] 音清晰响亮。例如："别（bié）""介（jiè）""瞥（piē）""铁（tiě）""结（jié）""贴切（tiēqiè）"等。

üe[yɛ] 是后响复韵母。发音时，先发前面的元音 [y]，发音轻短模糊，接着向前中不圆唇元音 [ɛ] 的方向滑动，[ɛ] 音清晰响亮。例如："曰（yuē）""越（yuè）""撅（juē）""雪（xuě）""雀跃（quèyuè）""约略（yuēlüè）"等。

i[i] 是单元音。发音时，舌位靠前，舌尖抵住下齿背，唇形往两边展开，并且维持发音状态始终不变。例如："疑（yí）""级（jí）""蜜（mì）""立（lì）""袭击（xíjī）""利益（lìyì）"等。

在普通话水平测试中，复韵母 üe 的常见失误是起音时唇形没有拢圆，发成了 ie 音，因此发音时要注意起音时把唇形拢圆；复韵母 ie 的常见失误是动程不够，发成单韵母 i 音，因此发音时应注意从 [i] 到 [ɛ] 滑动的过程。

4. ou 与 iou 的区分

ou 与 iou 都是复韵母，一些方言区的应试人因受到方言的影响而容易出现发音不到位的情况。但在普通话中，它们都带有圆唇元音，收音时唇形较方言要更圆一些。具体区分如下：

ou[oʊ] 是前响复韵母。发音时，先发第一个元音舌面后半高圆唇元音 [o]，发音清晰响亮，接着向 [ʊ] 的方向滑动，发音轻短模糊。例如："凑（còu）""否（fǒu）""后（hòu）""头（tóu）""丑陋（chǒulòu）""收购（shōugòu）"等。

iou[ioʊ] 是中响复韵母。发音时，先发第一个元音 [i]，发音轻短模糊，然后向 [o] 的方向滑动，发音清晰响亮，最后向 [ʊ] 的方向滑动，发音轻短模糊。例如："丢（diū）""流（liú）""纽（niǔ）""羞（xiū）""久留（jiǔliú）""优秀（yōuxiù）"等。

在普通话水平测试中，复韵母 ou 与 iou 的常见失误主要体现为圆唇元音的唇形不够圆，因此在发这两个音时要注意把唇形拢圆。

（三）鼻辅音韵母常见失误

鼻辅音韵母发音时，是由发元音的状态向发鼻音的状态过渡，最后口腔通道关闭，气流从鼻腔流出，形成鼻音。一些应试人在发鼻辅音韵母时，由于受到方言的影响，会出现前后鼻辅音归音不到位的现象；此外，in 和 ian 的混淆、ian 和 üan 的混淆、ün 和 üan 的混淆、uan 和 uen 的混淆、eng 和 ong 的混淆等，也是鼻辅音韵母中比较常见的失误。

1. 前鼻音韵母与后鼻音韵母的区分

前鼻音韵母由一个或两个元音加鼻辅音 n[n] 构成。发音时，先发前边的元音，接着舌尖抬起抵住上齿龈，软腭下降，堵塞口腔通道，气流从鼻腔流出，形成前鼻音。例如："岸（àn）""奋（fèn）""音（yīn）""匀（yún）""稳（wěn）""烟（yān）""晚（wǎn）""远（yuǎn）""安分（ānfèn）""变幻（biànhuàn）"等。

后鼻音韵母由一个或两个元音加鼻辅音 ng[ŋ] 构成。发音时，先发前边的元音，接着舌面后部上抬，与软腭靠拢构成阻塞，口腔通道关闭，气流从鼻腔流出，形成后鼻音。例如："苍（cāng）""丰（fēng）""命（mìng）""共（gòng）""洋（yáng）""望（wàng）""翁（wēng）""涌（yǒng）""病房（bìngfáng）""铿锵（kēngqiāng）"等。

在普通话水平测试中，前鼻音韵母与后鼻音韵母的常见失误，主要表现为发音时舌尖和舌根的收音不到位。因此，发前鼻音韵母时，要注意收音时舌尖抬起抵住上齿龈的位置；发后鼻音韵母时，要注意收音时舌面后部上抬靠拢软腭。此外，还可以通过下面的方法来进行识别和区分：

一是记住一些代表字并进行声旁类推。前鼻音韵母的代表字有"安""半""单""反""干""曼""山""专""见""千""占""斤""今""林""民""心""因""本""分""艮""真""门""申"等；后鼻音韵母的代表字有"仓""昌""方""康""亢""良""旁""桑""尚""唐""长""章""亡""丁""京""令""平""青""廷""星""宁""呈""正""争""成""生""曾""朋"等。记住了这些代表字，就能推断出由其构成的形声字是前鼻音韵母还是后鼻音韵母。

二是利用声韵拼合规律帮助记忆。在普通话中，声母 b、p、m、f 拼 eng 韵，不拼 ong 韵，如"崩""朋""梦""风"等；声母 d、t、n 除"您"字外，其余都和韵母 ing 相拼，如"丁""厅""宁"等；声母 d、t、n、l 除"嫩""恁"外，其余都和韵母 eng 相拼，如"登""腾""能""冷"等；声母 z、c、s 除"怎""参（cēn）""森"外，其余都和韵母 eng 相拼，如"曾""层""僧"等。

三是通过练习绕口令的方式分辨前鼻音韵母与后鼻音韵母的发音。例如：
①床身长，船身长，床身船身不一样长。①

---

① 张慧（2018）《绕口令（第3版）》，北京：中国传媒大学出版社，101页。

②十字路口指示灯，红黄绿灯分得清。红灯停，绿灯行，停行、行停看灯明。①

③困难像弹簧，看你强不强。你强它就弱，你弱它就强。②

④渔翁放鱼入水瓮，老翁放鱼出水瓮。渔翁老翁都放鱼，入出水瓮却不同。③

2. ian 与 üan 的区分

ian 与 üan 都是前鼻韵母，二者的区别在于韵头的不同。二者区别具体如下：

ian[iɛn] 发音时，先发前高不圆唇元音 [i]，声音轻短，接着向前半低不圆唇元音 [ɛ] 的方向滑动，最后舌尖抬起顶住上齿龈，软腭下降，堵塞口腔通道，气流从鼻腔流出，发出鼻音 [n]。例如："颠（diān）""坚（jiān）""掩（yǎn）""艳（yàn）""片面（piànmiàn）""浅显（qiǎnxiǎn）"等。

üan[yɛn] 发音时，先发前高圆唇元音 [y]，唇形拢圆，声音轻短，接着向前半低不圆唇元音 [ɛ] 的方向滑动，最后舌尖抬起顶住上齿龈，软腭下降，堵塞口腔通道，气流从鼻腔流出，发出鼻音 [n]。例如："远（yuǎn）""苑（yuàn）""圈（quān）""癣（xuǎn）""源泉（yuánquán）""轩辕（xuānyuán）"等。

在普通话水平测试中，应试人受方音影响容易将 üan 发为 ian，表现为起音时唇形没有拢圆。因此，发 üan 时，应注意把唇形拢圆。

3. ün 与 üan 的区分

ün 与 üan 都是前鼻韵母。在一些方言区的语音系统中，有 ün 而没有 üan，因此普通话水平测试时容易读错，或者口形张开较小，听起来接近 ün 音。在普通话中，二者的区别具体如下：

ün[yn] 发音时，先发前高圆唇元音 [y]，唇形拢圆，接着舌尖抬起顶住上齿龈，唇形自然展开，软腭下降，堵塞口腔通道，气流从鼻腔流出，发出鼻音 [n]。例如："孕（yùn）""逡（qūn）""裙（qún）""熏（xūn）""军训（jūnxùn）""均匀（jūnyún）"等。

---

① 张慧（2018）《绕口令（第3版）》，北京：中国传媒大学出版社，102页。
② 张慧（2018）《绕口令（第3版）》，北京：中国传媒大学出版社，107页。
③ 张慧（2018）《绕口令（第3版）》，北京：中国传媒大学出版社，108页。

üɑn[yɛn] 发音时，先发前高圆唇元音 [y]，唇形拢圆，声音轻短，接着向前半低不圆唇元音 [ɛ] 的方向滑动，最后舌尖抬起顶住上齿龈，软腭下降，堵塞口腔通道，气流从鼻腔流出，发出鼻音 [n]。例如："倦（juàn）""蜷（quán）""犬（quǎn）""宣（xuān）""涓涓（juānjuān）""渊源（yuānyuán）"等。

4. eng 与 ong 的区分

eng 与 ong 都是后鼻韵母。一些现代汉语方言区的语音系统中，有 ong 音而没有 eng 音，在普通话水平测试中容易出错，或者发 eng 音的口形是圆的，听起来接近 ong 音。二者具体区分如下：

eng[ɤŋ] 发音时，先把唇形往两边展开，发后半高不圆唇元音 [ɤ]，接着舌面后部上抬，与软腭靠拢构成阻塞，口腔通道关闭，气流从鼻腔流出，发出鼻音 [ŋ]。例如："崩（bēng）""讽（fěng）""亨（hēng）""碰（pèng）""承蒙（chéngméng）""升腾（shēngténg）"等。

ong[uŋ] 发音时，先把唇形拢圆，发后高圆唇元音 [u]，接着舌面后部上抬，与软腭靠拢构成阻塞，口腔通道关闭，气流从鼻腔流出，发出鼻音 [ŋ]。例如："东（dōng）""拱（gǒng）""浓（nóng）""仲（zhòng）""共同（gòngtóng）""恐龙（kǒnglóng）"等。

第四节　普通话声调发音难点解析

一、声调的定义及作用

（一）声调的定义

声调是某些语言中附着在音节上的能够区别意义的相对音高的变化形式。

普通话的声调由音高变化决定。音高是声音的高低，它取决于发音体振动频率的高低。人们说话时能够发出高低不同的声音，主要是通过拉紧或放松声带实现的。在相同的时间内，声带振动的次数越多，发出的声音就越高；反之，发出的声音就低。值得注意的是，普通话的声调记录的是相对音高，而不是音高的绝对值。例如：成年男子的声带一般比较长、厚，而女子的声带往往比较短、薄，因此女子的绝对音高就要比男子高；同一个人，在情绪紧张、激动的时候，其绝对音高也同悲伤、难过时的绝对音高不一样。

世界上的语言大致可以分为声调语言和非声调语言两类。在声调语言中，不同的音高形式表达不同的意义；在非声调语言中，音高的变化只表示语气、语调的差异，不区分意义。普通话属于声调语言。

（二）声调的作用

声调是普通话音节必不可少的组成部分，在普通话表达中具有重要的作用。

第一，声调具有区别意义和词类的作用。例如：相同声母、韵母组成的音节 da，配合声调的变化就能表达不同的意义"dā（搭）""dá（达）""dǎ（打）""dà（大）"。又如：普通话音节 heji，可以是"héjī（合击）"，也可以是"héjì（合剂）"，不仅意义不同，而且词类也不同，前者是动词，后者是名词。

第二，声调能使普通话形成特定的韵律和节奏。通过声音的高低变化，汉语的音节会呈现出抑扬顿挫、起伏跌宕的音乐美。例如：唐代诗人崔颢《黄鹤楼》中的诗句"晴川历历汉阳树，芳草萋萋鹦鹉洲"，就是通过声调的曲直变化来体现作者的情感表达的。

二、调值和调类

声调可以从调值和调类两个方面进行分析。

（一）调值

调值是某一音节相对音高的具体变化形式，即声调的实际读法。

普通话的调值，通常采用"五度标记法"来进行记录。"五度标记法"为赵元任先生创制，是用一根分为五度的竖标来标记相对音高的方法：5 为高音，4 为半高音，3 为中音，2 为半低音，1 为低音。普通话共有四种调值：55、35、214、51。

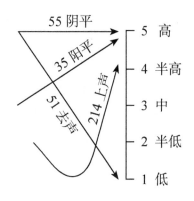

图 3 普通话调值五度标记图

（二）调类

调类是把相同调值的音节归并在一起所建立的声调类别。普通话有四种调值，相应地分为四个调类：阴平、阳平、上声、去声。

汉语调类的形成，经历了漫长的历史演变过程。普通话的四声是由中古汉语的"平、上、去、入"四声演变而来的，其演变规律大体可以概括为：平分阴阳，浊上归去，入派四声。总体而言，古代汉语的平、上、去三声与普通话调类的对应关系比较整齐，只有古入声字的演变显得比较复杂；而古代汉语声调在现代汉语方言中的分合情况就更为复杂了。

因此，现代汉语方言区的应试人在学习普通话时，首先要关注方言的调类、调值与普通话调类、调值的对应关系，如云南话的调类与普通话基本相同，但调值却不同。其次，要掌握常用古入声字在普通话中所属的调类，如古入声字在云南话中大都归入了方言的阳平调类，如"八（bā）""笔（bǐ）""质（zhì）"等。

三、普通话声调发音要领

（一）阴平发音要领

阴平，也叫高平调，调值为55。发音时，应将声音的高度控制在个人语音区间的最高位，声带始终保持拉紧状态，声音高而平，没有升降、曲直的变化。

练习阴平时，首先，要确定个人的音高区间。其次，按单韵母顺序读出高（55）、中（33）、低（11）三种调值的平调，感受音高变化时声带拉紧、松弛的不同情况。例如："阿（ā）""屋（wū）""交通（jiāotōng）""开心（kāixīn）""声东击西（shēngdōngjīxī）""居安思危（jū'ānsīwēi）"。

（二）阳平发音要领

阳平，也叫中升调，调值为35。发音时，音高要从中音上升到高音，是一个直线上升的过程，不能拐弯或呈曲线形状上升。

练习阳平时，先确定好个人音高区间的中间位置和最高位置。发音时，从中音3开始逐渐往上升高，直至高音5。声带控制从不松不紧开始，逐渐拉紧，直到最紧；气息则表现为由弱渐强。例如："读（dú）""乘（chéng）""儿童（értóng）""财源（cáiyuán）""文如其人（wénrúqírén）""名存实亡（míngcúnshíwáng）"。

（三）上声发音要领

上声，也叫降升调或曲折调，调值为214。上声发音时，音高先降后升，发音特征主要表现在低音段2—1之间，音长在普通话四个调类中是最长的。但是，在短文朗读、命题说话中，上声完整调值出现的机会很少，变调现象比较突出。

练习上声时，先确定好个人音高区间的三个高度：半低、低、半高。发音时，先从半低2起音，随后下降至低音1，之后快速升高至半高音4。声带由开始时的较松状态，慢慢放开到最松，之后迅速拉紧，形成相对紧张但又不是最紧张的状态；气息要稳住，先下降再往上走，逐渐加强。例如："舞（wǔ）""火（huǒ）""请（qǐng）""渔网（yúwǎng）""钢笔（gāngbǐ）""泉水（quánshuǐ）"。

（四）去声发音要领

去声，也叫全降调，调值为51。去声的音高是从高音降到低音，因此起调要高，迅速下降，呈直线形，不能拖沓。

练习去声时，要确定好个人音高区间的最高点、最低点的位置，然后从高音5开始向低音1滑落。声带从开始的最紧张到完全松弛，气息从强到弱。例如："恋（liàn）""让（ràng）""晃（huàng）""高兴（gāoxìng）""闪电（shǎndiàn）""如愿（rúyuàn）"。

四、普通话水平测试声调常见失误

普通话水平测试声调常见失误，可以按调类分别从单音节字词、多音节词语两个方面进行分析：

（一）阴平常见失误

单音节字词中的阴平常见失误，具体表现为下面两种情况：

一是调值高度不足或过高，一般与应试人受到方言语音影响有关。例如：云南昆明话阴平的调值为44，当地人受此影响，在使用普通话表达时，容易出现将阴平的调值发为44或33调的情况，从而使音高显得比较低沉。此外，应试人的某些发音习惯也会导致阴平的调值偏高，如一些女性发音时会带动鼻梁或颅顶参与共振，导致阴平的音高超过5的发音情况。

二是调型不平稳，主要表现为应试人将阴平的平直调读为平降调，调值由55变成553。原因主要是发音时调尾没有掌控好，气息不平稳，出现了气短或岔气的现象。

多音节词语中的阴平失误，主要表现为将词尾的阴平字词读为中平调或半高平调，即由55+55变为55+33或55+44。这种现象在"阴平+阴平"的字词（如"今天""波涛""贴心"等）中显得尤为突出。失误原因，一是忽视了对词尾音节阴平的控制，二是气息调控不平稳，出现了"气弱""吞音"现象。

（二）阳平常见失误

单音节字词中的阳平常见失误，主要表现为两种情况：

一是调头起点偏高或偏低。一些应试人受方言影响，会出现阳平的起始音从半高音4开始，随后上升至高音5的现象，调长明显不足；与此相类似的还有，从半低音2开始，呈现为24或25的调型，造成发音低沉或声调过长的失误。

二是调尾不够高。由于受到阴平高度不够等因素的影响，部分方言区的应试人会在发阳平时，将其调值变为34，造成调尾音高不足、声调长度不够的失误。

多音节词语阳平常见失误，多出现于"阳平+非阳平"组合中。此时，受后一个音节字词的影响，有时就会出现阳平的误读。例如：把"白雪（báixuě）""求解（qiújiě）"的调值误读为212+214。应试人发音时，应注意控制语流和气息，确保不同音节之间的清晰度。

（三）上声常见失误

单音节字词中的上声常见失误，主要分为以下几种：

一是上声降不下来。普通话上声的调头在半高音 2，之后声带放松，下降至低音 1，随后快速攀升到半高音 4。但在普通话水平测试中，一些应试人的音高几乎没有下降的过程，调值呈 224。这与应试人声带过于紧张、发音过于仓促有关。

二是上声升不上去。在普通话的四个调类中，只有上声涉及半高音 4，因此调尾音高的控制就显得非常关键，否则就会出现将调值 214 误读为 211 或 212 的情况。当然，导致这一失误的原因还有：应试人声带的紧张程度不够，导致音高未攀升即结束发音；应试人急于求成，尚未完整呈现出调型，发声就结束了。

三是上声多了一个"小尾巴"。很多应试人为了确保上声调值到位，会有意识地去强化上声音高曲折变化的特点，此时就会出现因用力过猛而将上声误读为 2142 或 2143 的情况。这与应试人的气息失控有关。

多音节词语中的上声失误，主要表现为：

一是变调错误。普通话的上声音节，如果出现在非上声音节前要变读为 211，如果出现在上声音节前要变读为 35；否则，就会出现上声变调失误现象。例如：将"北边"读成 214 + 55 或 35 + 55，将"礼品"读成 214 + 214 或 35 + 214，都属于变调错误。

二是调尾缺失。在多音节词语中，如果上声出现在词末，则需要读出其完整的调值，即 214。例如："古董"的调值不能读为 35 + 21，而应该读为 35 + 214；"骏马"的调值不能读为 51 + 21，而应该读为 51 + 214。

（四）去声常见失误

去声的调值为 51，在普通话声调中是音高跨度最大的一个声调。去声常见失误主要有：

单音节字词中的去声失误主要表现为：

一是调头不够高。普通话的去声要从高音 5 开始，但是一些应试人的发声是从中音 3 开始的，将去声的调值 51 读成 31，听起来较为低沉。

二是调尾不够低。一些应试人在发去声时，起音位置正确，但没有将声带放松到最松弛的状态，而是声带在中间松紧的状态时就停止了气息的输送，造成去声的调值变为 53。

三是长度不够长。去声是普通话四声中跨度最大的调类，发音时，如果音长读得过短，就有可能造成调值不到位。

去声在多音节词语中的失误大多体现在去声的变调上，即去声音节和去声音节相连时，第一个去声没有变读为 53，而仍然读为本调 51。这种失误容易导致词语发音不连贯。

第五节　普通话音变发音难点解析

一、音变的定义及类型

音变是指语流中接连出现的音素、音节或声调因互相影响而发生变化的现象。人们说话时，不是孤立地发出一个个音节，而是把音节组成一连串自然的语流。在这些语流中，语音有时会发生各种临时性的变化，这种变化与语音经过一段时间所产生的历史变化不同，属于共时的语流音变，一般称之为语流音变。

普通话水平测试中的读多音节词语，其语流音变主要涉及轻声、变调、儿化等。

二、普通话音变发音要领

（一）轻声及其发音要领

1. 轻声的定义及作用

在语流中，有的音节失去了原声调而读成一个又短又轻的调子，这就是轻声。例如："头发""头号""梳头"中的"头"，调类为阳平，但在"石头""木头""馒头"中则读得轻而短，失去了原有的调值 35。轻声属于一种特殊的音变现象，不是一种独立的调类，《汉语拼音方案》规定轻声不标调号。

在普通话中，轻声具有区别词义、区分词性的作用。例如："兄弟（xiōngdi）"意为"弟弟"，而"兄弟（xiōngdì）"则指"哥哥和弟弟"；"人家（rénjia）"意为"别人"，而"人家（rénjiā）"则指"住户"。又如："对头（duìtou）"为名词，意为"仇敌、对手"，而"对头（duìtóu）"则为形容词，指"正确、合适"；"实在（shízai）"为形容词，意为"扎实、地道"，而"实在（shízài）"则为副词，指"的确"或"其实"。

2. 轻声的发音特点

普通话中的轻声音节一般出现在其他音节之后或词的中间，其发音特点主要表现为：一是音强比较弱，音长比较短，听感上显得轻短模糊。二是音高并不固定，往往受前一音节调值的影响而有高低变化。具体规则如下：

（1）阴平音节后的轻声，调值为2，如"巴掌""衣服""抽屉"等。
（2）阳平音节后的轻声，调值为3，如"笛子""福气""糊涂"等。
（3）上声音节后的轻声，调值为4，如"买卖""女婿""暖和"等。
（4）去声音节后的轻声，调值为1，如"算计""下巴""相声"等。

3. 轻声的发音规律

普通话中的轻声，主要涉及下面几种类型：

（1）语气词"啊""吧""呢""啦""吗"等读轻声，如"香啊""快呀""吃吧""他呢""走啦""对吗"等。
（2）动态助词"着""了""过"、结构助词"的""地""得"等读轻声，如"看着""走了""来过""吃的""愉快地""写得好"等。
（3）方位词"上""下""里""外""边""面""头"等读轻声，如"晚上""山下""屋里""那边""前面""里头"等。
（4）做补语的趋向动词读轻声，如"进来""坐下""出去""好起来""坏下去""看出来"等。
（5）名词和某些代词的后缀"子""头""巴""们""么"等读轻声，如"桌子""石头""木头""嘴巴""你们""那么"等。
（6）部分重叠音节的后一个音节读轻声，如"爸爸""星星""说说""唱唱""太太""爷爷"等。
（7）某些量词读轻声，如"写封信""打个盹""喝口汤""看场戏"等。
（8）部分双音节词的第二个音节习惯上读轻声，如"月亮""消息""清楚"

"事情""客气""难为"等。

（二）变调及其发音要领

在语流中，一些音节的声调会与单念时的调值不同。这种相邻音节调值的变化就叫作变调。普通话的变调主要有上声变调、去声变调、"一""不"变调和重叠形容词的变调等。

1. 上声的变调

上声的调值是214，单念或在词语末尾时调值不变。上声变调主要有以下几种情况：

（1）上声音节 + 非上声音节

上声音节如果出现在阴平、阳平、去声、轻声（包括非上声音节改读为轻声和一部分上声音节改读为轻声）等音节的前面，调值由214变为半上声211。例如："北京""始终""挺拔""产权""主见""理论""比方""耳朵"等。

（2）上声音节 + 上声音节

两个上声音节相连（包括后一个上声音节改读为轻声）时，前一个上声音节的调值由214变为35。例如："理想""土壤""粉笔""勇敢""想想""手里"等。

（3）上声音节 + 上声音节 + 上声音节

当词语的结构为"双单格"时，第一、二个上声音节的调值均变为35。例如："管理组""展览馆""蒙古语""手写体""古典美""表演奖"等。

当词语的结构为"单双格"时，第一个上声音节的调值变为211，第二个上声音节的调值变为35。例如："党小组""小水桶""打草稿""小雨伞""米老鼠""很美好"等。

当词语呈现为并列结构时，第一、二个上声音节的调值变为35。例如："甲乙丙""稳准狠""某某某""好好好""卡塔尔""索马里"等。

如果语流中接连出现三个以上的上声音节，那么可以根据词语的语法、语义结构划分出音节段，然后按上述规律进行变调。例如："请你往北走"可以先划分为"请你 / 往北走"，然后再将调值变读为35 + 214 / 35 + 35 + 214。

需要说明的是，上声音节如果出现在句末，变调规律一般有两种：一是在诗的韵脚处或需要强调表达时，读原调214。例如："春眠不觉晓 [214]，处处闻啼鸟 [214]。"二是在陈述语气或表达深沉、庄重的语气时，变读为211。例如：

"他真的是一位好导演[211]!"

2. 去声的变调

去声音节在非去声音节前,调值不变,读本调51。语流中如果出现两个去声音节相连,若前一个去声音节不是重读音节,其调值则由51变为53。例如:"摄像""记录""互助""快速""变化""信念"等。

3. "一""不"的变调

在普通话中,"一""不"单念或在词句末尾时,以及"一"作序数词使用时,调值不变,读原调:"一"的原调是阴平55,"不"的原调是去声51。例如:"十一""统一""第一""绝不""要不""偏不"。

当"一"和"不"处于其他音节前面时,调值变化情况具体如下:

(1)去声前面念阳平35。例如:"一样""一切""一块儿""不顾""不便""不计其数"等。

(2)非去声前念去声51。例如:"一生""一同""一碗""不慌""不求""不管"等。

(3)夹在叠词中念轻声。例如:"想一想""尝一尝""说一说""去不去""要不要""好不好"等。

4. 重叠形容词的变调

(1) AA式形容词

AA式形容词的变调主要有两种情况:

一是单音节重叠一般不变调,如"高高(的)""深深(的)""淡淡(的)"等。

二是当AA式后加"儿"尾,重叠的第二个音节变成"儿化韵"时,第一个音节读原调,第二个音节变为阴平,如"慢慢儿(的)""快快儿(的)""好好儿(的)"等。

(2) ABB式形容词

ABB式形容词是指带叠音后缀的形容词,由词根附加叠音后缀构成。在语流中,ABB式形容词除重叠的音节本身为阴平不变调外,其余调类的BB两个音节有的变读为阴平55,有的则保持原调。

重叠的音节本身即为阴平的ABB式形容词,如"白花花""干巴巴""冷冰冰""亮晶晶""乐呵呵""胖乎乎"等。

重叠的音节为非阴平调类且变调为阴平的 ABB 式形容词，如"骨碌碌""湿淋淋""黄澄澄""亮堂堂""绿油油""慢腾腾"等。

重叠的音节为非阴平调类且不变调的 ABB 式形容词，如"白茫茫""黑沉沉""金灿灿""暖洋洋""圆滚滚""直挺挺"等。

（3）AABB 式形容词

AABB 式形容词中的 BB 变调，除与 ABB 式形容词中的 BB 变调规律相同外，还有一种情况是：AA 中的第二个音节读轻声，形成"本调+轻声+阴平+阴平"的读法。例如："疙疙瘩瘩""结结实实""马马虎虎""漂漂亮亮"等。

相对于普通话的其他变调现象而言，重叠形容词变调的情况要更为复杂一些。此外，如果表达者语速比较慢，念清楚形容词重叠式的原调，不变调也不是不可以；而且有些书面语中的重叠形容词也存在不变调的现象，如"断断续续""轰轰烈烈""风风火火"等。

（三）儿化及其发音要领

1. 儿化的定义及作用

普通话的卷舌元音韵母 er，一般不与声母相拼，也不能同其他音素组成复合韵母。它除了自成音节外，还可以与它前一音节的韵母组合成一个音节，并使这个韵母带上卷舌音色，由此所产生的音变现象就叫作"儿化"，卷舌化了的韵母就叫作"儿化韵"。

儿化韵的汉字书写形式是"儿"字；用汉语拼音字母拼写儿化音节，一般是在原来的音节之后加上"r"，如"鸟儿（niǎor）""馅儿（xiànr）""纸条儿（zhǐtiáor）"等。

儿化音节在普通话中，具有区别词义和区分词性的作用，如"眼（眼睛）"和"眼儿"（小洞），"信"（书信）和"信儿"（信息），"尖"（形容词）和"尖儿"（名词），"画"（动词）和"画儿"（名词）等。此外，儿化音节还能表示细小、轻微和喜爱、亲切等感情色彩，如"小棍儿""石子儿""树枝儿"和"小孩儿""小猫儿""老头儿"等。

2. 儿化的发音规律

儿化的发音，往往伴随着语音的脱落、增音、同化等现象，具体规律如下表所示：

表 1　普通话儿化韵发音规律简表

韵母	儿化韵的发音	示例
无韵尾或韵尾是 u	直接加卷舌动作	号码儿、粉末儿、挨个儿、没谱儿、面条儿、半截儿
韵尾是 i、n	卷舌时省去韵尾 i、n	名牌儿、摸黑儿、蒜瓣儿、嗓门儿、照片儿、拐弯儿
韵腹是 i、ü	卷舌时在韵腹后增加 [ə]	垫底儿、肚脐儿、玩意儿、毛驴儿、小曲儿、瘸盂儿
韵腹是 -i[ɿ]、-i[ʅ]	卷舌时把 -i[ɿ]、-i[ʅ] 变为 [ə]	瓜子儿、石子儿、挑刺儿、墨汁儿、锯齿儿、记事儿
韵尾是 ng	卷舌时脱落韵尾 ng，韵腹鼻化	药方儿、鼻梁儿、蛋黄儿、提成儿、图钉儿、胡同儿

三、普通话水平测试音变常见失误

（一）轻声常见失误

在普通话水平测试中，应试人所出现的轻声发音失误或错误，主要表现为：

一是将轻声词语如"意思""提防""火候""连累""明白""招牌"等，读作非轻声词语。

二是将非轻声词语如"莲子""鱼子""棋子""鸡子儿""枪子儿""石子儿"等，读作轻声词语。

三是未掌握轻声发音要领，或过度拖长轻声前面音节的时长，或轻声音节发音时间太短、音强太弱，甚至出现音节脱落现象。

四是轻声音节读得不够轻、短，导致该字原有调型及调值仍然清晰可辨。

五是在短文朗读和命题说话中，不能正确把握轻声的动态流变，难以自如应对语音的轻重交替、跌宕起伏，导致语句表达生硬、不自然，缺乏普通话的语感。[1]

---

[1] 郭振伟（2006）普通话水平测试中的轻声失误与教学对策，《浙江传媒学院学报》，第1期，68页。

(二)变调常见失误

上声及去声变调方面常见的失误，主要表现为没有按照发音要领调整调值，如把"北京"的"北"、"水果"的"水"均误读为214，把"记录"的"记"、"夜市"的"夜"都误读为51，从而导致朗读多音节词语时出现词语内部语音中断现象。

"一""不"变调的常见失误，主要表现为是把夹在叠词中的"一"或"不"念成了原调，如把"好不好"中的"不"读成51，把"看一看"中的"一"读成35等。

重叠形容词变调发音失误，则主要表现为将该读轻声的音节读成了原调，如把"漂漂亮亮""老老实实"中应读为轻声的第二个音节读成原调等。

(三)儿化常见失误

普通话水平测试中的儿化常见失误，主要表现为：

一是将儿化韵音节读成独立音节，如把"老头儿"读作 lǎotóu'ér，把"金鱼儿"读作 jīnyú'ér 等。

二是儿化韵发音时舌尖上翘不够，导致儿化韵出现发音缺陷。

三是后鼻音韵母儿化时没有鼻化，导致出现诸如"花瓶儿"读作"花皮儿"等的语音错误。

四是发音动程不完整。例如：韵母 o、uo 儿化时，舌头的前、左、右三个部位都会被调动起来，从而使整个舌头形成一个"窝"状，同时圆唇。但一些应试人在发儿化韵 or、uor 时，不仅存在舌位动程不够、唇形不圆等问题，而且还会把韵腹 o 变读为央元音 [ə] 再卷舌，这样就会出现诸如"耳膜儿"读作"耳门儿"、"活儿"读作"魂儿"等的语音错误。

总之，在普通话水平测试中，导致音变失误的原因是多方面的。例如：应试人所使用的现代汉语方言中没有轻声、儿化，或者轻声、儿化韵的发音规律与普通话不同，应试人如果在测试中直接按照当地方言的发音习惯去发音，那么就会出现轻声或儿化的失误；应试人所使用的现代汉语方言调值与普通话调值相差较大，由此所形成的现代汉语方言变调规律便会与普通话不一致，而应试人也就可能在测试中发生变调错误的问题。因此，学习并掌握普通话的语流音变规律，可以提升应试人普通话语音的标准度和表达的自然流畅度。

第三章 普通话水平测试中的短文朗读

第一节 普通话短文朗读测试简介

一、朗读与朗读测试

朗读是把书面的文字作品转变为口头有声语言的创作性活动，是朗读者在理解文字作品的基础上用自己的声音塑造形象、反映生活、说明道理、再现作者思想感情的再创造过程。

普通话水平测试中的短文朗读，重在测查应试人使用普通话朗读书面作品的能力，即在测查应试人声母、韵母、声调读音标准程度的同时，还要测查音变、语调和流畅程度。该题通过指定篇目来完成，所涉及的语体类型较为多样，包括文艺语体、实用语体等。

普通话水平测试中的朗读与文艺朗诵既有联系又有区别。二者都需要将文字转化为声音，都要借助一些表达技巧来呈现作品的内容。但文艺朗诵重在展现文字作品与声音艺术的结合，追求的是气息、音色、情感等方面的艺术化表达效果，必要时甚至还可以运用现代汉语特定方言区的语调来表现思想情感；普通话水平测试中的朗读要求全程使用普通话，朗读时不需要刻意去追求情感、氛围等艺术化的表达。

二、短文朗读测试的内容

在普通话水平测试中，应试人所朗读的短文是从国家测试机构编制的《普通话水平测试用朗读作品》中随机抽取的。测试时，应试人按要求完整朗读测试试卷所提供的文字内容。

　　从语体的角度看,普通话水平测试用朗读作品包含了文艺语体、科学语体、政论语体等类型,应试人可以根据作品所属的语体类型,将其进行归类,然后按照不同语体类型的朗读特点及要求来进行专项朗读训练。

三、短文朗读测试中的评分[①]

(一) 测试总分及时间要求

　　普通话水平测试中的朗读短文,限时4分钟,共30分。

(二) 测试评分标准及内容

　　短文朗读评分以朗读作品的前400个音节(不含标点符号和括注的音节)为限。具体标准如下:

　　1. 每错1个音节,扣0.1分;漏读或增读1个音节,扣0.1分。
　　2. 声母或韵母的系统性语音缺陷,视程度扣0.5分、1分。
　　3. 语调偏误,视程度扣0.5分、1分、2分。
　　4. 停连不当,视程度扣0.5分、1分、2分。
　　5. 朗读不流畅(包括回读),视程度扣0.5分、1分、2分。
　　6. 超时扣1分。

第二节　普通话短文朗读测试常见失误

一、声韵调常见失误

　　在普通话水平测试中,读准每一个字的声韵调,这是朗读测试的基本要

[①] 国家语言文字工作委员会普通话培训测试中心(2004)《普通话水平测试实施纲要》,北京:商务印书馆,3—4页。

求。应试人应根据给定的作品，准确、清晰地读出每一个音节；否则，就会出现声韵调失误现象，具体包括语音错误和语音缺陷两种类型。

语音错误是指应试人在朗读测试中未按原文字词朗读所造成的错误，如错读、漏读、增读、改读等。错读主要包括：应试人读错字词的声母、韵母和声调中的任何一个要素；上声变调、"一""不"变调错误；轻声、儿化，以及"啊"的变读错误。需要注意的是，没有标出"儿"的儿化词，读为儿化，如果发音规范自然，不扣分；如果读错，则按照读错一个音节进行扣分。漏读、增读、改读则分别指的是应试人在朗读过程中出现少读字词、多读字词、将甲字读为乙字的失误。上述失误，均按照"错读一个音节"进行累计扣分。

应试人在朗读过程中，如果出现下列现象即视为语音缺陷：

一是声母发音含混，或不完全到位，如发音介于对应音之间（s—sh）等。

二是韵母发音不到位，如韵尾 n[n]、ng[ŋ] 的区分不明显，ian 的口腔开度不够等。

需要注意的是，在朗读测试中，如同一声母或韵母出现3个及3个以上的发音缺陷，则视为系统性语音缺陷。语音缺陷扣分标准与语音错误扣分标准相同，即每出现一个缺陷音都会扣除0.1分。

二、音变常见失误

（一）轻声、变调和儿化及其常见失误

在普通话朗读测试时，应试人要根据轻声、变调、儿化等语流音变的要求，读准相关音节。例如："我们（men）""荒着（zhe）""那么（me）"等为轻声音节；"不（bù）妥协""不（bú）媚俗""每年一（yí）度"等属于变调现象；"雪球儿（qiúr）""银条儿（tiáor）""小男孩儿（háir）"等带有儿化韵。

（二）"啊"的变读及其常见失误

在普通话中，"啊"用在句首，作叹词，其调值往往会根据话语表达的内容及情感需要而发生变化。例如：

"啊（ā）"表示惊异或赞叹，如"啊，今年的果树长得真好哇！"

"啊（á）"表示追问，如"啊？你说什么？"

"啊（ǎ）"表示惊疑，如"啊？怎么会这样？"

"啊（à）"表示应诺、赞叹、惊异或明白过来，如"啊，下雪啦！""啊，我知道了"。

"啊"用在句尾，作语气词，常常会受到其前面音节末尾音素的影响而发声语流音变，具体规律如下表所示：

表2 普通话语气词"啊"音变简表

前一音节末尾音素	读作	写作	示例
[A]、[o]、[ɣ]、[E]、[I]、[y]	[iA]	呀	你说呀、有办法呀、哪趟车呀、快拿主意呀
[u]、[o]	[uA]	哇	幸福哇、大嫂哇、在哪儿住哇、笑一笑哇
[n]	[nA]	哪	天哪、多清新哪、正盼着你们哪、长得真俊哪
[ŋ]	[ŋA]	啊	妄想啊、没空啊、怎么不响啊、专心听讲啊
[ɿ]、[ɚ]	[zA]	啊	大红纸啊、真好吃啊、什么事儿啊
[ʅ]	[ZA]	啊	去过几次啊、多么动人的舞姿啊、要深思啊

在朗读测试中，常见的"啊"音变失误主要表现为没有按照规律进行变读，而是直接读为本音。例如：将"我不啊（wa）""小心啊（na）"中的"啊"误读为"a"。

三、语调常见失误

语调是朗读时声音的停连、轻重、高低等方面的变化。应试人在朗读测试时，如果受到其所在现代汉语方言区语调的影响而出现声音的停连、轻重、高低等方面的误读或偏差，或者语调不能随着短文思想情感的变化而变化，就会形成语调偏误现象。

（一）停连及常见失误

停连是朗读短文时根据语意表达和生理呼吸的需要所作出的停顿和连接。

停顿的位置、停顿时间的长短、连接的方法等，都需要根据文章的思想情感表达需要来确定。恰当的停连，能够传达出应试人对作品的准确理解和得体把握。

1. 停连的方式

朗读中停连的处理，需要从具体的语境入手，结合上下文的意思，作出恰当的处理。停连处理得恰当，不仅可以把语意层次表达清楚，还可以引起听者对作品含义的思考，增强语言的表现力和感染力。

（1）选择恰当的停顿位置

停顿时出现的间歇，通常是出于呼吸的需要，按照书面标点符号进行停顿即可。但有的时候，一些字数较多、句法成分及结构关系复杂的句子，虽然句中没有使用标点符号，但为了把思想感情表现得更加充分，也可以适当做短暂停顿。

第一，标点符号停顿。标点符号是书面语言的停顿符号，也是朗读作品时语言停顿的重要依据。标点符号的停顿规律一般是：句号、问号、感叹号、省略号的停顿时间，略长于分号、破折号、连接号；分号、破折号、连接号的停顿时间，长于逗号、冒号；逗号、冒号的停顿时间，长于顿号、间隔号。此外，段落之间的停顿时间，一般要比句号、问号、感叹号、省略号的停顿时间更长一些。例如：

它没有婆娑的姿态，/没有屈曲盘旋的虬枝，/也许你要说它不美丽，//——如果美是专指"婆娑"或"横斜逸出"之类而言，/那么，/白杨树/算不得树中的好女子；//但是/它却是伟岸，正直，朴质，严肃，/也不缺乏温和，/更不用提它的坚强不屈与挺拔，/它是树中的伟丈夫！///当你在积雪初融的高原上走过，/看见平坦的大地上傲然挺立这么一株或一排白杨树，/难道你就只觉得树只是树，//难道你就不想到它的朴质，严肃，坚强不屈，/至少也象征了北方的农民；//难道你竟一点儿也不联想到，/在敌后的广大土地上，/到处有坚强不屈，/就像这白杨树一样/傲然挺立的守卫他们家乡的哨兵！///难道你又不更远一点想到这样枝枝叶叶靠紧团结，力求上进的白杨树，/宛然象征了今天在华北平原纵横决荡/用血写出新中国历史的那种精神和意志。[①]

[①] 本书普通话朗读测试及训练所用例句、短文，均出自国家语言文字工作委员会普通话培训测试中心（2004）《普通话水平测试实施纲要》，北京：商务印书馆，334—453页。

第二，语法停顿。语法停顿是句子中间的自然停顿，一般是为了强调、突出句子中的主语、谓语、宾语、定语、状语或补语所做的短暂停顿。例如：

①我国的建筑，从/古代的宫殿/到近代的一般住房，绝大部分/是对称的，左边/怎么样，右边/怎么样。

②沈从文/在"文革"期间，陷入了/非人的境地。

第三，感情停顿。感情停顿是为了突出某种思想情感而作出的停顿。感情停顿不受书面标点和语法关系的制约，一般是根据思想感情表达的需要而进行停顿处理。例如：

①雪/纷纷扬扬，下得很大。开始/还伴着/一阵儿小雨，不久/就只见/大片大片的雪花，从彤云密布的天空中/飘落下来。

②天空的霞光/渐渐地/淡下去了，深红的颜色/变成了绯红，绯红/又变为浅红。

（2）选择合适的连接方式

在朗读测试中，有时出于内容表达的需要，书面中虽有标点符号，但为了从听觉上呈现出语意的完整性，会在有标点的地方不作停顿，而将标点之后的内容进行顺势连读。例如：

①然而，由于地球上的燃烧物增多，⌒二氧化碳的排放量急剧增加，使得地球生态环境急剧恶化，主要表现为全球气候变暖，⌒水分蒸发加快，改变了气流的循环，⌒使气候变化加剧，从而引发热浪、⌒飓风、⌒暴雨、⌒洪涝及干旱。

②莫高窟壁画的内容丰富多彩，有的是描绘古代劳动人民打猎、⌒捕鱼、⌒耕田、⌒收割的情景，有的是描绘人们奏乐、⌒舞蹈、⌒演杂技的场面，还有的是描绘大自然的美丽风光。

2. 常见停连失误

在普通话朗读测试中，常有应试人因对作品内容不熟悉、词句生疏卡顿或语意理解有误而出现停连不当的情况。所以，应试人在朗读前应先静下心来将文字内容默看一遍，快速熟悉文章的内容，以免朗读时因此而产生停连不当的失误。

（1）停顿位置不恰当

应试人在朗读时，因语法关系处理不当或句子较长时气息控制不当所造成的语句停顿不恰当，这是停连不当中比较常见的问题。例如：

①原句：自从传言有人在萨文河畔散步时无意发现了金子后，这里便常有来自四面八方的淘金者。

误读：自从／传言有人在萨文河／畔散步时无意／发现了金子后，这里便／常有来自四面八方的淘金者。

②原句：森林维护地球生态环境的这种"能吞能吐"的特殊功能是其他任何物体都不能取代的。

误读：森林维护地球生态环境／的这种"能吞能吐"的特殊功能是其他／任何物体都不能取代的。

例①没有考虑到句子成分的完整性，将一个关系密切的结构单位分开后造成了停顿不恰当。例②的字数比较多且中间没有标点符号，应试人因气息不足而造成了停顿的不恰当。

（2）连接方法不得当

朗读测试时，一些应试人会机械地根据作品中的标点符号去读文章，看到标点就停顿，这也是停连不当的一种表现。例如：

没有一片绿叶，没有一缕炊烟，没有一粒泥土，没有一丝花香，只有水的世界，云的海洋。

这句话中的短句比较多，如果测试时只是依照标点符号进行停顿，就会从听觉上感到文章内容的散乱。这句话的连接方式可以处理如下：

没有一片绿叶，⌒没有一缕炊烟，没有一粒泥土，⌒没有一丝花香，只有水的世界，⌒云的海洋。

（二）重音及常见失误

重音是朗读时为强调或突出语句目的而将某些词语读得比较重的音。重音一般是通过加强音强并配合音节的延长来表现的，但在具体朗读中，为了抒发感情，有时反而需要将重点词句读得比其他词句要轻柔一些。总之，掌握重音需要根据具体语境，以清晰地表达语意、得体地传情感人为宜。

1. 重音的类型

重音一般可以分为语法重音和强调重音两大类。

（1）语法重音

语法重音是根据语法结构特点而读的重音，一般不带有特别强调的感情色彩。语法重音可以分为词法重音和句法重音两种类型。

词法重音是指词在构成及变化过程中所体现出来的重音。普通话的轻重音一般分为重音、中音、轻音三个等级。

表3　普通话词语常见的轻重格式

词的音节数量	轻重格式	示例
双音节词	中·重	胡适、波浪、大学、教授
双音节词	重·中	工人、新鲜、恍惚、轻巧
双音节词	重·轻	日子、瘦子、晃荡、袖子
三音节词	中·中·重	学生会、拍胸脯、主动脉、聚宝盆
三音节词	中·重·轻	挨板子、爱面子、爬格子、虚套子
三音节词	中·轻·重	筒子楼、豆腐渣、择不开、看不起
四音节词	中·重·中·重	沧海桑田、寻章摘句、惟妙惟肖、活灵活现
四音节词	重·中·中·重	不约而同、疲于奔命、胸有成竹、片甲不留
四音节词	中·轻·中·重	坑坑洼洼、句子成分、糊里糊涂、尾巴工程

句法重音是词语和词语在组合关系中所体现出来的重音。其规律具体如下：

第一，主语和谓语相比，谓语或谓语中的主要动词要读得重一些。例如：

我的狗站住了，向后退了退……

第二，谓语中心语和宾语相比，宾语要读得重一些。例如：

它遵循自己的花期自己的规律。

第三，定语、状语和中心语相比，定语、状语要读得重一些。例如：

天南海北的看花人，依然络绎不绝地涌入洛阳城。

第四，疑问代词和指示代词通常比别的词语要读得重一些。例如：

为什么这里的海水会没完没了地"漏"下去？

（2）强调重音

强调重音通常是为了突出语意重点或是为了表达强烈思想情感而重读的某些词句。

强调重音一般没有固定的位置，往往由语句所要表达的重点及目的所决定，因此所体现出的内在意蕴也就会不尽相同，表达的效果自然也有所区别。例如：

谁能把花生的好处说出来？

这篇作品中，父亲问孩子们这句话的目的是想让他们说出落花生的用处，所以朗读时可以将"好处"读得重一些。

2. 常见重音失误

应试人在朗读测试时如果重音使用不当，就不能准确地体现出短文的表达目的，甚至还有可能产生语句的歧义或误解。

第一，词语轻重音格式不正确。文章都是由句子组成的，而句子又是由词或短语组合而成的。在朗读短文时，要做到语句流畅、语调自然，就要处理好词语的轻重变化；否则，就会出现词语轻重格式的失误。例如：

三百多年前，建筑设计师莱伊恩受命设计了英国温泽市政府大厅。

在这句话中，双音节词"建筑""受命""英国""大厅"等应读作"中·重"格式；三音节词"设计师""温泽市"等应读作"中·中·重"格式。如果忽略了词语轻重格式的表达，听起来就会感到十分别扭。

第二，强调重音使用不当。应试人朗读时没有充分理解上下文，致使句子中应表达语意重点或情感色彩的词没有加以强调，造成语意或情感表达混乱。一般来说，应试人在练习短文朗读时，可以先根据理解，将文中的重音用"·"标示出来。例如：

纽约的冬天常有大风雪，扑面的雪花不但令人难以睁开眼睛，甚至呼吸都会吸入冰冷的雪花。

这句话的意思是：美国冬天的风雪很大，大到难以睁眼，甚至还会影响到正常的呼吸。根据语意理解，朗读时应该强调的词语是"大风雪""难以""呼吸"，但有些应试人却把"冬天""雪花""睁开""吸入"等作为重音来读，这样就会导致听者产生疑问：难道大风雪不是在冬天出现的吗？所以，重音的选择应结合上下文语意，自然体现话语表达的目的。

（三）句调及常见失误

句调是朗读时贯穿于整个句子的声音的升、降、曲、直变化。句调往往是随着思想情感的起伏而自如变化的,因此应试人的朗读状态也会显得比较从容和自然。

1. 句调的表达

在朗读中,句调通常以平调、升调、降调、曲调等变化交织出现。不同的句调,会表现出不同的语气和情感。

(1)高升调

高升调多用于疑问句、反问句、祈使句中,或者是表示愤怒、紧张、警告、号召等句子里。朗读时,高升调的语势是前低后高、语气上扬。例如:

①忽然,从附近一棵树上飞下一只黑胸脯的老麻雀,像一颗石子似的落到狗的跟前。

②许是累了?还是发现了"新大陆"?

例①表达的是一种紧张的气氛。例②表达的是一种疑问。

(2)降抑调

降抑调一般用在感叹句、祈使句中,或者是表示坚决、自信、赞扬、祝愿等感情的句子里。有的时候,表达沉痛、悲愤的感情也会使用降抑调。朗读时,降抑调的语势是调子逐渐由高降低,尾音低沉而缓慢。例如:

①这就是白杨树,西北极普通的一种树,然而决不是平凡的树!

②盲老人叹息着回答:"我,我什么也没有得到。"

例①中是对白杨树的赞叹。例②表达了对盲老人乞讨无果后的难过之情。

(3)平直调

平直调一般多用在叙述、说明,或者表示迟疑、思索、冷淡、追忆、悼念等的句子里。朗读时,平直调的语势是始终平直舒缓,没有显著的高低变化。例如:

①此外,在生产塑料袋、塑料餐盒的过程中使用的氟利昂,对人体免疫系统和生态环境造成的破坏也极为严重。

②原来,我母亲在三年半以前就已经离开人间了。

例①是对塑料制品危害的说明。例②是对母亲离世的追忆。

(4)曲折调

曲折调用于表示特殊的感情,如讽刺、讥笑、夸张、强调、双关、特别惊异等句子里。朗读时,曲折调的语势是由高而低后又高,把句子中某些特殊的

音节特别加重加高或拖长,形成一种升降曲折的变化。例如:

①他时常不无骄傲地告诉别人,"别人在这儿找不到金子后便远远地离开,而我的'金子'是在这块土地里,只有诚实的人用勤劳才能采集到"。

②可爱的,我将什么来比拟你呢?我怎么比拟得出呢?大约潭是很深的,故能蕴蓄着这样奇异的绿;仿佛蔚蓝的天融了一块在里面似的,这才这般的鲜润啊。

例①表现的是"他"获取成功后的骄傲和喜悦。例②是对梅雨潭景色的赞美,略带有夸张的语气。

2. 常见句调失误

普通话朗读测试中的句调失误,主要表现在以下方面:

第一,普通话朗读测试中最常见的句调偏误,就是不论读什么类型的文章,都是用一种固定的、缺乏变化的单一句调来进行朗读,无法体现出有声语言的魅力。

第二,前后语句不连贯、语调生涩、回读或超时等现象,也属于常见的句调失误。例如:

①原句:朋友新烫了个头,不敢回家见母亲,恐怕惊骇了老人家,却欢天喜地来见我们,老朋友颇能以一种趣味性的眼光欣赏这个改变。

误读:朋友新烫/了/个头,不敢回家见/母亲,恐怕惊……骇了老人/家,却欢天喜地……来/见我们,老朋友颇……能以一种趣味/性的眼光欣赏这/个改变。

②原句:在前往医院途中一直抱着我的,是我妈。

误读:在前往医院的途中……在前往医院途中一直抱着我的,是我妈。

对于方言区的应试人来说,例①②中的难点音相对比较集中,如果应试人在朗读测试中过于关注自己的某些缺陷音,甚至情绪紧张,不敢从容地朗读,就会导致语句朗读不流畅,甚至出现朗读超时的情况。

第四章　普通话水平测试中的命题说话

第一节　普通话命题说话测试简介

一、命题说话测试的性质及目的

说话，是口语表达的一种呈现方式，也是极具个性色彩的语言表达。人们通过说话传递信息，表达情感，达成交际目的。说话有多种形式，可以是独白式的，也可以是交互式的，可以是一对一，也可以是一对多的交流形式。

就其性质而言，普通话水平测试中的命题说话属于独白式的话语表达。独白是单主体建构的连贯话语，它是语义上有联系、结构上相衔接、有特定话题的完整语篇。它通过若干句子、句群和语段符合语义联系和结构合理的组接，完成主题的表达。但是，普通话水平测试中的命题说话又不同于一般意义上的具有随机性、随意性和交际性的日常交流，它是一种规约性的口语表达，主要表现为具有明确的话题限制、语言使用的准确规范、完整的语篇以及限时表达等。

普通话水平测试中的命题说话，是通过规定命题来完成的。《普通话水平测试用话题》规定了考试的50例话题，应试人从给定的两个话题中选定1个话题，连续说一段时长为3分钟的话。其目的是测查应试人在没有文字凭借的情况下说普通话的水平，重点测查语音标准程度、词汇规范程度和自然流畅程度，是对应试人的思维能力、知识水平、心理素质及语言组织能力的综合考量。

二、命题说话测试的内容

《普通话水平测试大纲》规定："普通话水平测试的内容包括普通话语音、词汇和语法。普通话水平测试的范围是国家测试机构编制的《普通话水平测试用普通话词语表》《普通话水平测试用普通话与方言词语对照表》《普通话水平测试用普通话与方言常见语法差异对照表》《普通话水平测试用朗读作品》《普通话水平测试用话题》。"根据大纲的规定，普通话命题说话是通过规定话题来对应试人普通话语音、词汇及语法进行考核的。50例话题是考试规定的选题范围，应试人必须从规定的两个选题中选取其中一个作为考试话题，具体内容由应试人自己根据话题确定。

从话语表达方式的角度看，普通话水平测试中的命题说话，大致可以分为叙述性话题、说明性话题和议论性话题等类型。当然，其中也有一些话题会运用到不止一种的话语表达方式，这时就会出现话题表达兼有两种类型话题特点的情况，如"我尊敬的人"属于叙述性话题，但也会涉及运用描写、议论、抒情等话语表达方式。

应试人在参加普通话水平测试前，应学习和掌握不同类型话题的表达特点及方法，并按要求进行训练，才能有助于提升备考效率和提高测试成绩。

三、命题说话测试的评分[①]

（一）测试总分及时间要求

命题说话，限时3分钟，共40分。

说话不足3分钟，酌情扣分：缺时1分钟以内（含1分钟），扣1分、2分、3分；缺时1分钟以上，扣4分、5分、6分；说话不满30秒（含30秒），本测试项成绩计为0分。

[①] 国家语言文字工作委员会普通话培训测试中心（2004）《普通话水平测试测试实施纲要》，北京：商务印书馆，4—5页。

（二）语音标准程度的评分

命题说话测试中的语音标准程度评分共 25 分，分为六档：

一档：语音标准，或极少有失误。扣 0 分、1 分、2 分。

二档：语音错误在 10 次以下，有方音但不明显。扣 3 分、4 分。

三档：语音错误在 10 次以下，但方音比较明显；或语音错误在 10 次—15 次之间，有方音但不明显。扣 5 分、6 分。

四档：语音错误在 10 次—15 次之间，方音比较明显。扣 7 分、8 分。

五档：语音错误超过 15 次，方音明显。扣 9 分、10 分、11 分。

六档：语音错误多，方音重。扣 12 分、13 分、14 分。

（三）词汇语法规范程度的评分

命题说话测试中的语法规范程度评分共 10 分，分三档：

一档：词汇、语法规范。扣 0 分。

二档：词汇、语法偶有不规范的情况。扣 1 分、2 分。

三档：词汇、语法屡有不规范的情况。扣 3 分、4 分。

（四）自然流畅程度的评分

命题说话测试中的自然流畅程度评分共 5 分，分三档：

一档：语言自然流畅。扣 0 分。

二档：语言基本流畅，口语化较差，有背稿子的表现。扣 0.5 分、1 分。

三档：语言不连贯，语调生硬。扣 2 分、3 分。

除上述评分标准外，命题说话测试还涉及离题(雷同)和无效话语的评分。离题分为离题（雷同）、部分离题（雷同）和完全离题（雷同），根据离题（雷同）的程度分别扣除 4 分、5 分、6 分。无效话语根据时间长短，分别扣除 1—6 分；如果无效话语超出 150 秒，本项测试为 0 分。

第二节 普通话命题说话测试常见失误

普通话命题说话作为一项集思维能力、知识水平、心理素质、临时组织语言等综合能力为一体的测查项目，是普通话水平测试中难度最大、失分率也相对较高的一题。根据普通话命题说话测试的标准和要求，应试人的常见失误主要体现在以下几个方面。

一、语调不自然

语调具有狭义和广义之分。狭义的语调是指语气表达的主要手段；广义的语调是说话朗读时，声音的停连、轻重、高低、节奏等方面的变化。语调受语言结构、语用环境和说话人心理等因素的影响，是一个具有综合因素的声音表现。

普通话水平测试中的命题说话，其语调属于广义层面的语调，其特点是与谈话语体的性质密切相关。语体是在特定的语境中表现出来的使用语言材料的特点体系，不同的语体具有不同的表达功能，也有相应的表达要求。命题说话是谈话语体中的一种独白式的口语，属于一种规范的日常口语。因此，命题说话所要求的"语调自然"就可以理解为：

首先，应试人在说话时，不能像念文字材料那样将要说的话"念"出来，即"背稿式"表达。《普通话水平测试大纲》及《计算机辅助普通话水平测试评分试行办法》在自然流畅程度中对"有背稿子的表现"有扣分标准。"背稿式"表达往往是以文字材料作为依托来进行表达，而命题说话则是无文字状态下的有主题的即兴表达。二者在声音形式上最大的区别和标记就在于：前者可以是"读"或者是"念"，而后者必须是"说"。

其次，命题说话虽然是一种独白式的单向口语表达，但它不同于朗诵、演讲等语言艺术表达范畴中的独白口语。应试人不需要运用所谓的朗读、演讲等技巧进行说话，如声音的忽高忽低、忽大忽小、抑扬顿挫、慷慨激昂等，这些都是对命题说话"自然流畅程度"的违背。

最后，命题说话不是表演艺术，而是亲切、朴实地表达自己的经历、感受、看法和理解,类似于"日常化的讲述"。只不过,这种"日常化的讲述"要比现实生活中的日常讲述更加规范。因为它不能随意中断,也不能出现日常口语中常见的"嗯""呃""这个""那个""就是说""然后"等口头禅,更不能加入夸张的声音强调和演示,它是一种规范的、平静的话语表达方式。

二、词汇与语法不规范

在普通话水平测试中,命题说话的词汇语法不规范主要表现为方言词语的使用和方言语法的出现,有时也会出现违反普通话词汇规范(即以北方话为基础方言)、语法规范(即以典范的现代白话文著作为语法规范)的现象。这里重点介绍应试人因忽视方言词语、语法与普通话词语、语法之间的差异所导致的两类失误现象。

通常,方言词语与普通话词语的差异主要表现在词形和词义两个方面。

词形差异,是指同样的意义,普通话用这个词来表达,而不同的方言会用其他的词来表达。例如:普通话的"土豆",云南话说的是"洋芋";普通话的"傍晚",云南话说的是"挨晚",南昌话说的是"挨夜边子",长沙话说的是"断黑";普通话的"白天",上海话说的是"日里向",厦门话说的是"日时",广州话说的是"日头",南昌话说的是"日上",长沙话说的是"日里"等。还有一种情况是,普通话和方言词尾运用的不同。例如:普通话的"虾",在江苏很多地方都说的是"虾子";与此相反,普通话的"被子",在东北方言中大多说的是"被"。

词义差异,是指方言和普通话共有的词汇,其意义却不同。例如:普通话的"面"泛指粉末,而广西话中一般仅指"面条";普通话的"爹"指的是父亲,而广西话则指的是"祖父"。

应试人可根据《普通话水平测试用普通话与方言词语对照表》,查找自己的方言词语与普通话词语之间的差异,避免因此产生词形或词义对应不当的语法错误。

在命题说话中,方言语法和普通话语法的差异主要体现在以下几个方面:

从词类方面看,方言与普通话的实词、虚词在用法方面存在一定的差异。例如:

①普通话：给我一杯水。

　湖南话：把我一杯水。

②普通话：我今年二十一岁。

　福建话：我今年二一岁。

③普通话：我带着吃的。

　四川话：我带得有吃的。

从语序方面看，普通话句法成分的语序大致为：主语 + 谓语 + 宾语；定语一般出现在主语中心语或宾语中心语的前面，状语一般出现在谓语中心语的前面；补语一般出现在谓语中心语的后面。但方言常出现与普通话语序不同的情况。例如：

①普通话：我打不赢他。

　湖南话：我打他不赢。

②普通话：多用一点时间来陪家人。

　广西话：用多一点时间来陪家人。

③普通话：客人快来了。

　河北话：客人来快了。

从句式方面看，方言里有些句式是普通话里没有的，或者有些句式似乎与普通话一样，但语义却并不完全相同。例如：广西话的"我不比他好"，只有"我没有他好"的意思，而普通话还有"我和他一样好"的意思。应试人在使用过程中，如果不加以注意，就会出现失误。此外，比较句、"把"字句、被动句、否定句、疑问句等句式也有差异。例如：

①普通话：我的房子比他的房子大。

　广西话：我的房子大过他的。

②普通话：我们把他抓起来。

　山东话：我们抓他起来。

③普通话：我们被他骗了。

　云南话：我们着他骗了。

④普通话：这个地方我不知道。

　四川话：这个地方我不晓得。

⑤普通话：你会唱歌吗？

云南话：你喀会唱歌？

从复句及其关联词语的使用看，即使是表示同一种关系，方言所用的关联词语与普通话所用的关联词语也会不一样。例如：

①普通话：宁可扔了，也不给你。

云南话：情愿扔了，也不会给你。

②普通话：如果不是因为你挽留我，我就直接回家了。

烟台话：不着你留我，我就回家了。

三、流畅程度不足

在普通话水平测试中，命题说话的"流畅程度"，主要是测查应试人对说话节奏的把握是否恰当。应试人在命题说话中出现的流畅程度不足，主要表现为说话过于简略或啰唆、说话过于急促或缓慢等几种情况。

说话过于简略，主要表现为应试人三言两语就结束话题，甚至说话不足30秒便无话可说。过于啰唆，主要体现为应试人不停地使用"嗯""啊""然后""这个""那个""怎么说呢""就是说""反正"之类的口头禅，或者反复重复同一句话、同一个意思。

说话过于急促或缓慢，则主要表现为应试人的停顿时间、停顿位置不恰当。说话过于急促，要么表现为一句话紧接着一句话说，中间不给人以喘息的机会，要么表现为每一句话都说得很快，但却有很长时间用停顿不说话来进行填充。导致应试人说话过于急促的原因，可能与个人性格有关，也可能是测试时心理紧张。应试人需要明确原因，有意识地放慢说话节奏，以便让思维与表达同步。说话过于缓慢，主要体现为应试人说每一个词、每一个句子时都拖得很长，中断的地方会用一些没有信息含量的口头禅来进行填充。说话缓慢的原因一般同思维有关，当思维活动跟不上语言表达时，应试人就会用放慢节奏的方式进行缓解。需要注意的是，说话过于急促或过于缓慢都会影响说话的节奏，使说话的流畅程度受阻。

提高普通话水平测试中命题说话的流畅程度，主要是控制好说话的速度，即语速。说话人在不受特殊心理、情感等影响下所呈现出来的语速，有的人会略微快一些，有的则会略微慢一些，但都可以归为正常语速。一般说来，正常说话的语速大概是每分钟200个音节。但是，有时说话人会在特殊心理、情感的影响下出现临时性的语速改变，如兴奋、愉快、紧急时的语速就会快一些，忧郁、悲伤、庄重时的语速就会慢一些，这就是超常语速。普通话水平测试时，命题说话的语速基本为正常语速，因为它不是语言艺术的表达，不需要使用超常语速来凸显某种情感。

此外，停顿也是影响命题说话流畅度的一个重要因素。说话中的停顿，首先是换气的生理需要，其次是语法和语义表达的需要。除了换气的生理需要外，应试人应注意根据表达的需要，恰当运用语法停顿，合理安排语义停顿。

可以说，语速和停顿共同构成了话语表达的节奏。通常，汉语的话语表达节奏多以4—7个音节为一个气息单位，每个节奏单位同时也是一个语义群。所以，节奏既是语音的形式，也是语义的表现。正确的说话节奏应该是在整齐、均匀的基础上，有适当的起伏变化。过多的停顿所形成的断续型节奏、忽快忽慢或忽高忽低所形成的峰谷型节奏等，都会影响命题说话的流畅程度。

四、语篇结构不当

语篇是由具有某种语义关系的若干句子所组成的言语整体，具有衔接性、连贯性的特点。应试人在命题说话测试中所形成的语篇结构，主要包括表达主题内容的确立、材料的组织安排两个方面。结合这两个要素对应试人的命题说话测试进行考查，其常见失误主要表现为主题确立不当、谋篇方式不当两个方面。

（一）主题确立不当

主题思想是话题的内容，也是全文的要旨所在。有话题限制的话语表达，首先要有明确的主题统领全文。但在测试中，应试人对于主题的确立却表现出诸多不符合要求的情况。

1. 离题或偏题

离题是命题说话测试中的一种常见现象，可分为有意离题和无意离题两种情况。

　　有意离题主要表现为：开头说一两句与话题有关的话，马上转入自己事先准备好的与话题无关的内容上。例如：应试人在完成命题说话"我的假日生活"测试时，是这样说的：

　　我的假日生活很丰富，我的假日生活主要是学做菜。这个暑假，我学做的一道菜是番茄炒鸡蛋。番茄炒鸡蛋的做法是……（随后，应试人便将"我的假日生活"最终说成了"番茄炒鸡蛋的制作流程"。）

　　与此相类似的还有：将提前准备好的"番茄炒鸡蛋"的内容，套用在诸如"我尊敬的人"（我尊敬的人是我的妈妈。我的妈妈经常给我做好吃的，她做的最好吃的一道菜就是番茄炒鸡蛋。她的番茄炒鸡蛋是这样做的……）、"童年的回忆"（我的童年是在快乐中度过的，我的妈妈很爱我，常常给我做好吃的。她做的最好吃的一道菜是番茄炒鸡蛋。她的番茄炒鸡蛋是这样做的……）、"我的业余生活"（我的业余生活很丰富，我在业余生活中主要是学做菜。这个寒假，我学做的一道菜是番茄炒鸡蛋。番茄炒鸡蛋的做法是……）等话题上。这是应试人学习态度、应试态度不端正所导致的结果。

　　无意离题是指应试人因语言知识不足、综合素养不高、文化程度不够等非主观因素所导致的说话失误现象。具体表现为：说话时，没有根据题目的要求建构所要表达的内容，思维散乱，语句、语段之间缺乏内在的逻辑联系，东一句，西一句，想到哪里说到哪里。例如：有的应试人在完成命题说话"我尊敬的人"时，是这样说的：

　　我尊敬的人是我的妈妈。我的妈妈对我特别好，无论什么事都会站在我的角度为我考虑。可是，我却常常不理解她。我这个人脾气不好，遇到事情总是不能冷静地处理，所以经常和别人发生矛盾。我的生活习惯也不太好，经常不按时吃饭、睡觉，所以会经常生病。我有一个妹妹，她比我小三岁，她特别喜欢读书，她读的书特别多，也特别广。她还喜欢体育运动，打球、游泳、跑步都不错。我俩岁数相差不大，所以特别能聊到一块儿。有事都会在一起商量。记得有一次……

　　诸如此类的无意离题或偏题，在普通话水平测试的命题说话中占有很大比例，是应试人未认真审题造成的缺乏表达主题、语篇结构松散等失误现象，也是应试人思维机制的主控能力不强的表现；也就是说，应试人没有或不能明确自己要说什么，不能做到先想好再说，而是边说边想，或者说了以后再想，这样就会导致不必要的扣分。

2. 主题缺乏新意和深度

除了离题之外，命题说话测试基本上没有其他专门针对话题内容的评分标准了，也没有设置关于表达内容优劣的评分标准。但是，命题说话是集思想内容和表达方式于一体的语篇，它体现的是应试人系统把握语言和综合运用语言的能力；加之命题说话的评分目前采用的是测试员人工打分的方式，因而就存在一个定性与定量相结合的评测问题。所谓"定性"，既是对应试人普通话水平的大致评判，也包含着测试员对应试人表达能力的综合印象。这些都会在一定程度上影响应试人的考试得分。一般说来，主题不鲜明、缺乏新意是命题说话测试中较为常见的失误现象。下面就以两位应试人完成命题说话"我喜欢的节日"所形成的语篇为例，进行分析和说明：

甲：我喜欢的节日是春节，因为春节有许多好吃的东西，有新衣服穿、有压岁钱花，还可以无拘无束地玩耍。春节我们一般要过三天。第一天是除夕。除夕这一天就是吃年夜饭，看春节联欢晚会。年夜饭，有的是在家里吃，有的是在外面的饭店里吃。这一天，每一家都会吃一些平常不吃的好菜。除夕这一天，最忙的是大人们，他们要打扫卫生，准备年夜饭，要买各种各样的东西。我们小孩子偶尔也会帮大人干一点儿活。第二天是大年初一，这一天我们会去找朋友玩儿，拿着压岁钱去街上买东西。家长不会让我们做作业，也不会让我们做家务。这一天我们可以放开玩儿，就算我们做了一些过头的错事，家长一般也会原谅我们。大人们会在这一天聚在一起聊天、打牌等，因为这一天不用干活了。第三天，我们会去亲戚家吃饭，或者请亲戚到我们家里吃饭。年夜饭一般是家里人一起吃，走亲戚、约朋友吃饭，就会安排在初三这一天。三天过后，年就基本过完了。但一般要到初六以后，人们才会恢复正常的工作，许多商店也才会开门营业。初六过完后，春节才算彻底结束。这就是我喜欢的节日春节。

乙：我喜欢的节日是春节，因为春节是一个团圆的日子。每到春节的时候，远方的游子都会回到家乡，分别许久的友人也可以聚在一起，一家老小可以同享天伦之乐。春节到来的时候，也是我特别孤独的时候，因为万家灯火，我却无家可归。父母在我求学的几年中相继离世，之后我也再没有回过老家。这几年在外地工作,每到春节的时候,我都会申请留在单位值班,因为没有了父母,没有了家,也没有了春节。春节的几天,是我最难熬的。这几天成了我怀念家、想念父母的日子。尽管如此,我还是喜欢春节。它是一个让人有盼头的节日,它让人有家的仪式感和对家的向往。春节是一个很温暖的节日,每一次回想起和父母一起吃年夜饭的场景,我都会觉得很幸福。每到春节,我的妈妈就会把屋子打扫得干干净净,还会在客厅里铺上新鲜的松针。我们就在铺着松针的地上吃年夜饭。松针的香气和妈妈做的饭菜的香味儿都是我最怀念的。我喜欢春节,喜欢看所有人都急切想要回家的样子,看街上热闹的场景。我喜欢春节,虽然我无家可归,却有千千万万的人在这个团圆的日子有家可回。

从内容上说,上面两个语篇都能够在规定的时间内围绕话题进行表达,但二者在主题表达的鲜明性和新颖性上却有所不同:甲应试人所构建的内容比较陈旧,所提供的信息是为大家所熟知的,从某种程度上说,并没有提供大家未知的、具有一定吸引力的信息。这样的表达,从内容上说缺乏个性和新颖性;从听者的角度说,整段话让人感到平淡、苍白,缺乏真正打动人心的细节。乙应试人的表述则不同,它具有打动人心的新颖感和真挚感。应试人鲜明地表达了自己喜欢春节的原因,以及对春节较为深刻的认识。应试人所提供的信息具有个人独特的理解,能够让听者产生强烈的共鸣和无穷的回味。

(二)谋篇方式不当

主题的确立,是解决语篇结构中"说什么"的问题;谋篇方式,是解决"怎么说"的问题。命题说话测试中的常见失误,除了不知道说什么之外,还表现为不知道怎么说,即谋篇方式不当,主要表现为:

一是语篇结构不完整,开头、结尾缺乏应有的逻辑联系。有头无尾或者说到最后早忘了开头是怎么说的,这些都是命题说话测试中的常见失误现象。

二是语篇结构层次不清晰,语句、语段之间的内在逻辑关系没有得到彰显。例如:有的应试人一开始说了"首先",接下来就再没有"其次"了;说了"因为",后面的内容也不是"结果"。

三是中心内容或主题呈现不当。例如:明明是话题的主要思想或观点,却在说话中被应试人轻描淡写地一句话带过,中心思想没有得到强化,以至于话题核心观点的鲜明性不足。

五、出现无效话语

普通话测试中的命题说话是一种以话题为编码核心的话语信息传递过程。因为有话题的限制,因而它不同于一般的交际性话语表达。这种单向的主题性话语表达,往往对信息传递的有效性提出了更高的要求。

从话语信息的类型看,命题说话测试中的话语信息是以理性信息为主要的话语表达,重在测查应试人围绕主题进行信息编码和传递的能力;至于审美信息和风格信息,只是作为附带信息体现应试人的表达水平,能够给话题表达增加良好的整体印象。但从信息有效性的角度看,命题说话的话语信息的核心是理性信息的传递,即通过各级各类语言单位的组合,规范、准确、完整地表达话题所要求的内容。不在此范围规定下传递的信息,都会被视为是无效信息。

通常,命题说话中的无效信息传递,主要表现为有意制造无效信息和无意产生无效信息两种情况。

(一)有意制造无效信息

出现有意制造无效信息的情况,主要是因为应试人没有认真准备话题的内容或缺乏谋篇的能力而导致的。因为无话可说,只好用一些跟话题无关的字词来填充空白。下面两位应试人完成命题说话"童年的记忆"所形成的语篇即属于这种情况:

①我的童年是在姥姥家度过的。我记忆最深刻的就是,每到晚上,我的姥姥就要给我讲故事。她给我讲的最多的故事就是:从前有座山,山里有座庙,庙里有个老和尚和小和尚。老和尚对小和尚说:从前有座山,山里有座庙,庙里有个老和尚和小和尚。老和尚对小和尚说……(以此为内容不停地循环,直到3分钟结束)

②我的童年是在乡下奶奶家度过的。乡下的空气特别好,晚上天上的星星特别多,也特别明亮。一到晚上,我就和小伙伴就在屋顶上数星星。一颗星、两颗星、三颗星……(以此为内容不停地数,直到3分钟结束)

有意制造无效信息,因为是应试人的"无奈之举",所以表现方式五花八门,包括唱歌、念准考证上面的注意事项、长时间沉默后又突然说两句等等。

（二）无意产生无效信息

无意产生无效信息的情况，一般是应试人不能很好地区分话语内容的主次，或者没有合理运用材料和安排内容结构所导致的。例如：

①我喜爱的文学（或其他）艺术形式

我喜爱的文学艺术形式是古诗词。古诗词是我国传统文学特有的一种形式，具有很高的艺术价值。我特别喜欢的是唐诗。唐诗特别有韵味，读起来朗朗上口。比如"床前明月光，疑是地上霜，举头望明月，低头思故乡"。这首诗描写了……。又如"红豆生南国，春来发几枝。愿君多采撷，此物最相思"。这首诗……。此外，还有"清明时节雨纷纷，路上行人欲断魂。借问酒家何处有，牧童遥指杏花村"。这首诗抒发了……

②我喜欢的明星

我喜欢的明星是周杰伦，我也可以算作是他的一个忠实粉丝了。周杰伦的歌特别有特点和吸引力。我最喜欢的是他写的歌词。比如……（开始念歌词）；还有一首歌是我最喜欢的，歌词是……（开始念歌词）

以上两则命题说话中的背诗、念歌词，都属于无效信息，因为不符合普通话命题说话测试关于话语信息的要求。这些无效信息占据了说话的时间，等应试人想要表达其他有效信息内容的时候，说话时间已经到了，话题的表达也就会显得不够完整。

此外，命题说话测试中的无效信息，还包括与话题无关的口头语、反复或重复出现的话语等，包括有的应试人将普通话测试朗读用的短文经过一定的转换和修改后，将其用于命题说话测试中，都将被视为无效信息。

下 篇

第五章　普通话水平测试单字训练 / 85

第六章　普通话水平测试词语训练 / 156

第七章　普通话水平测试朗读训练 / 264

第八章　普通话水平测试说话训练 / 284

第九章　普通话水平测试模拟训练 / 303

第五章　普通话水平测试单字训练

第一节　单字声母分类辨读

一、单字训练[①]

（一）双唇音 b、p、m 单字训练

1. b

bā	bǎ	bà	bāi	bǎi	bài	bān	bǎn	bàn	bāng
八	靶	罢	掰	摆	拜	斑	版	瓣	帮

bǎng	bàng	bāo	báo	bǎo	bào	bēi	bèi	bēn	běn
绑	蚌	褒	雹	饱	豹	卑	悖	奔	苯

bèn	bēng	béng	bèng	bī	bǐ	bì	biān	biǎn	biàn
笨	崩	甭	迸	逼	彼	庇	鞭	贬	卞

biāo	biǎo	biē	biě	bīn	bìn	bǐng	bō	bó	bó
膘	表	憋	瘪	濒	鬓	秉	拨	帛	铂

bò	bǔ	bù	bù
簸	捕	埠	簿

2. p

pā	pā	pá	pāi	pái	pài	pān	pán	pàn	pāng
趴	葩	扒	拍	牌	湃	攀	磐	畔	乓

[①] 本书所列的单字训练，凡多音字仅提供一种读音。

páng	pāo	páo	pào	pēi	Péi	pèi	pēn	pén	pēng
庞	抛	袍	炮	胚	裴	配	喷	盆	怦
péng	péng	pěng	pī	pí	pǐ	pì	piān	piàn	piāo
硼	蓬	捧	披	脾	癖	僻	偏	骗	剽
piǎo	piē	piě	pín	pǐn	pìn	píng	píng	pō	pò
瞟	瞥	撇	颦	品	聘	平	凭	颇	迫
pōu	pū	pú	pǔ						
剖	扑	匍	圃						

3. m

mā	mǎ	mà	mái	mài	mán	mán	màn	máng	mǎng
抹	码	骂	埋	脉	瞒	鳗	慢	盲	蟒
māo	máo	mǎo	mào	méi	méi	měi	mēn	mén	měng
猫	锚	卯	贸	枚	酶	镁	闷	门	猛
mèng	mī	mí	mí	mì	mián	miǎn	miáo	miǎo	miào
梦	眯	谜	弥	幂	棉	免	苗	渺	妙
miè	mǐn	míng	míng	miù	mō	mó	mò	móu	mǒu
蔑	敏	铭	鸣	谬	摸	摹	默	牟	某
mú	mǔ	mù							
模	母	墓							

（二）唇齿音 f 单字训练

fá	fá	fǎ	fān	fān	fán	fǎn	fàn	fàn	fāng
筏	罚	法	帆	番	繁	返	贩	梵	芳
fáng	fǎng	fēi	fēi	fēi	fěi	fèi	fēn	fén	fěn
妨	访	妃	扉	绯	翡	狒	氛	焚	粉
fèn	fēng	Féng	fěng	fèng	fó	fǒu	fǒu	fū	fū
忿	烽	冯	讽	奉	佛	否	缶	孵	敷
fú	fú	fú	fǔ	fǔ	fǔ	fù	fù	fù	
幅	氟	俘	俯	甫	釜	阜	腹	赋	

（三）舌尖前音 z、c、s 单字训练

1. z

zā	zá	zāi	zǎi	zài	zān	zán	zàn	zāng	zàng
咂	砸	栽	崽	再	簪	咱	暂	脏	葬

zāo	záo	zǎo	zǎo	zào	zé	zè	zéi	zěn	zēng
遭	凿	蚤	藻	躁	则	仄	贼	怎	憎
zèng	zèng	zī	zǐ	zì	zōng	zōng	zòng	Zōu	zòu
甑	锃	咨	梓	恣	鬃	踪	粽	邹	揍
zú	zǔ	zuǎn	zuàn	zuǐ	zuì	zūn	zuó	zuò	
族	诅	纂	攥	嘴	醉	尊	昨	座	

2. c

cā	cāi	cái	cài	cān	cán	cǎn	càn	cāng	cáng
擦	猜	裁	蔡	餐	惭	惨	璨	沧	藏
cāo	cáo	cè	cè	cén	céng	cèng	cī	cí	cí
糙	槽	册	策	涔	层	蹭	疵	辞	祠
cí	cì	cōng	cōng	cōng	cóng	còu	cū	cù	cuān
雌	赐	聪	葱	囱	淙	凑	粗	簇	蹿
cuán	cuàn	cuī	cuì	cuì	cūn	cún	cuō	cuò	
攒	窜	摧	啐	淬	皴	存	撮	锉	

3. s

sā	sǎ	sà	sāi	sài	sān	sǎn	sàn	sāng	sàng
撒	洒	萨	腮	赛	三	伞	散	桑	丧
sāo	sǎo	sào	sè	sè	sēn	sēng	sī	sī	sì
骚	嫂	臊	涩	瑟	森	僧	撕	私	寺
sì	sōng	sǒng	sòng	sōu	sǒu	sū	sú	sù	sù
嗣	松	悚	颂	艘	擞	酥	俗	夙	溯
suān	suàn	suī	Suí	suí	suǐ	suì	suì	sūn	sǔn
酸	蒜	虽	隋	绥	髓	遂	祟	荪	损
suō	suō	suǒ	suǒ						
缩	唆	索	锁						

（四）舌尖中音 d、t、n、l 单字训练

1. d

dā	dá	dāi	Dǎi	dài	dān	dǎn	dàn	dàn	dāng
搭	妲	呆	傣	怠	耽	胆	诞	氮	裆
dǎng	dàng	dāo	dǎo	dǎo	dào	dào	dé	dēng	dèng
党	档	叨	捣	祷	稻	悼	德	灯	瞪

dī	dí	dǐ	diān	diǎn	diāo	diē	dīng	dǐng	dìng
堤	嫡	邸	掂	碘	叼	跌	盯	鼎	锭
diū	dōng	dòng	dōu	dòu	dū	dǔ	duān	duàn	duī
丢	冬	冻	兜	窦	督	笃	端	断	堆
duì	dūn	dùn	duǒ						
兑	蹲	顿	躲						

2. t

tā	tǎ	tà	tái	tān	tán	tǎn	tǎng	tàng	tāo
塌	塔	榻	苔	摊	昙	忐	躺	趟	滔
táo	tǎo	tè	téng	téng	tī	tī	tí	tì	tiān
陶	讨	忒	腾	誊	剔	踢	啼	屉	添
tián	tiǎn	tiǎn	tiāo	tiáo	tiē	tiě	tiè	tīng	tíng
填	舔	腆	挑	调	贴	铁	餮	厅	霆
tǐng	tóng	tǒng	tōu	tóu	tòu	tū	tū	tuān	tuǐ
艇	彤	统	偷	投	透	凸	秃	湍	腿
tún	tuō	tuó	tuǒ						
豚	托	驮	椭						

3. n

nà	nà	nǎi	nài	nān	nán	nǎn	nāng	náng	náo
钠	捺	乃	耐	囡	楠	赧	囔	囊	孬
náo	nǎo	nè	něi	nèn	nèn	néng	nī	ní	nǐ
挠	瑙	讷	馁	恁	嫩	能	妮	霓	拟
nì	nì	niān	nián	niǎn	niáng	niàng	niǎo	niē	niè
匿	腻	蔫	黏	碾	娘	酿	袅	捏	蹑
niè	nín	níng	nìng	niǔ	niù	nóng	nòu	nú	nù
孽	您	凝	泞	扭	拗	脓	耨	驽	怒
nǚ	nuǎn	nüè	nuó						
女	暖	疟	挪						

4. l

là	lài	lán	lán	lǎn	láng	lǎng	lāo	lào	lào
蜡	籁	阑	婪	缆	狼	朗	捞	涝	烙
lè	lěi	léng	lèng	lí	lì	lì	liǎ	lián	liǎn
勒	蕾	棱	愣	犁	痢	苈	俩	帘	敛

liàn	liáng	liàng	liāo	liào	Liào	liē	līn	lín	líng
链	梁	靓	撩	撂	廖	咧	拎	磷	伶
lǐng	liǔ	liù	lóng	lǒu	lù	lǚ	lǜ	luán	luǎn
领	绺	遛	隆	篓	麓	捋	滤	孪	卵
lüè	lūn	luó	luò						
掠	抡	骡	摞						

（五）舌尖后音 zh、ch、sh、r 单字训练

1. zh

zhá	zhǎ	zhāi	zhái	zhǎi	zhān	zhǎn	zhàn	zhāng	zhǎng
铡	眨	斋	宅	窄	瞻	盏	绽	璋	掌
zhàng	zhāo	zhǎo	zhào	zhē	zhé	zhè	zhēn	zhěn	zhēng
账	昭	爪	肇	遮	蛰	蔗	贞	疹	睁
zhěng	zhèng	zhī	zhí	zhǐ	zhì	zhōng	zhòng	zhōu	zhǒu
拯	怔	脂	侄	旨	炙	衷	仲	粥	肘
zhòu	zhū	zhú	zhǔ	zhù	zhuā	zhuài	zhuān	zhuàn	zhuāng
皱	诸	逐	煮	驻	抓	拽	砖	赚	桩
zhuàng	zhuī	zhūn	zhuó						
撞	追	谆	茁						

2. ch

chā	chá	chà	chāi	chái	chán	chǎn	chàn	cháng	chàng
插	茬	刹	拆	柴	蝉	铲	忏	尝	畅
chāo	cháo	chě	chè	chè	chēn	chèn	chēng	chéng	chěng
超	巢	扯	撤	掣	琛	衬	瞠	惩	逞
chī	chī	chǐ	chì	chōng	chōng	chǒng	chōu	chóu	chǒu
痴	嗤	耻	敕	憧	春	宠	抽	绸	丑
chú	chǔ	chù	chuāi	chuài	chuān	chuán	chuǎn	chuāng	chuī
锄	础	触	揣	踹	穿	船	喘	疮	炊
chuí	chún	chǔn	chuò						
捶	淳	蠢	绰						

3. sh

shā 鲨	shá 啥	shǎ 傻	shà 煞	shāi 筛	shài 晒	shān 删	shān 煸	Shǎn 陕	shàn 赡
shāng 商	shǎng 晌	shàng 尚	shāo 捎	shāo 艄	shào 绍	shē 奢	shē 赊	shé 蛇	shè 赦
shè 麝	shēn 呻	shēn 娠	shén 什	shěn 沈	shēng 升	shéng 绳	shèng 剩	shī 湿	shì 嗜
shòu 狩	shū 倏	shú 赎	Shǔ 蜀	shuā 刷	shuǎ 耍	shuāi 摔	shuǎi 甩	shuān 拴	shuì 税
shǔn 吮	shùn 瞬	shuò 朔							

4. r

rán 燃	rǎn 染	rǎn 冉	rāng 嚷	rǎng 壤	rǎng 攘	ràng 让	ráo 饶	ráo 娆	rǎo 扰
rào 绕	rě 惹	rè 热	rén 仁	rěn 忍	rèn 韧	rèn 纫	rèn 妊	rēng 扔	réng 仍
rì 日	róng 茸	róng 绒	róng 融	rǒng 冗	róu 蹂	róu 糅	ròu 肉	rú 茹	rú 儒
rú 濡	rǔ 汝	rǔ 辱	rù 褥	ruǎn 软	ruǎn 阮	ruǐ 蕊	ruì 锐	ruì 瑞	ruì 睿
rùn 润	ruò 若	ruò 弱							

（六）舌面音 j、q、x 单字训练

1. j

jī 激	jī 缉	jī 畸	jí 即	jí 汲	jǐ 脊	jì 剂	jì 髻	jiā 嘉	jiá 戛
jiǎ 钾	Jiǎ 贾	jià 驾	jiān 兼	jiān 歼	jiǎn 茧	jiàn 谏	jiàn 键	jiāng 姜	jiāng 僵
Jiǎng 蒋	jiāo 浇	jiāo 蕉	jiǎo 脚	jiǎo 矫	jiào 窖	jiē 皆	jié 结	jié 截	jiě 解
jiè 藉	jīn 襟	jǐn 仅	jìn 浸	jīng 茎	jǐng 憬	jìng 镜	jiū 揪	jiǔ 韭	jū 狙
jù 聚	juān 捐	jué 嚼	jūn 均						

2. q

qī 沏	qī 漆	qí 奇	qí 畦	qǐ 岂	qǐ 绮	qì 砌	qì 憩	qiā 掐	qià 恰
qiān 谦	qián 潜	qián 黔	qiàn 嵌	Qiāng 羌	qiáng 强	qiǎng 襁	qiāo 跷	qiáo 瞧	qiě 且
qiè 怯	qīn 侵	qǐn 寝	qìn 沁	qīng 氢	qīng 倾	qíng 擎	qǐng 顷	qióng 琼	qiū 蚯
qiú 酋	qiǔ 糗	qū 驱	qú 渠	Qú 瞿	qù 觑	quān 圈	quán 拳	quán 泉	quē 缺
qué 瘸	què 确	qūn 逡	qún 裙						

3. x

xī 淅	xī 奚	xí 媳	xí 袭	xǐ 徙	xiā 瞎	xiá 狭	xià 夏	xiān 掀	xián 舷
xián 涎	xiǎn 鲜	xiàn 陷	xiāng 襄	xiàng 巷	xiāo 枭	xiáo 淆	xiào 啸	xiē 蝎	xié 邪
xié 谐	xiè 亵	xīn 锌	xìn 衅	xīng 惺	xíng 型	xǐng 醒	xìng 杏	xiōng 凶	xióng 雄
xiū 修	xiǔ 朽	xiù 袖	xiù 嗅	xū 戌	xū 胥	xū 嘘	xǔ 栩	xuán 悬	xuǎn 癣
Xuē 薛	xué 穴	xuě 雪	xùn 徇						

（七）舌根音 g、k、h 单字训练

1. g

gā 旮	gāi 赅	gài 溉	gān 杆	gǎn 感	Gàn 赣	gāng 刚	gǎng 港	gāo 膏	gǎo 缟
gào 诰	gē 搁	gé 骼	gēn 跟	gèn 亘	gēng 耕	gěng 哽	gōng 恭	gōng 躬	gǒng 巩
gōu 沟	gòu 诟	gū 呱	gū 辜	gǔ 蛊	gǔ 汩	gù 雇	guā 刮	guǎ 寡	guà 卦
guǎi 拐	guài 怪	guān 纶	guǎn 馆	guàn 灌	guǎng 犷	guàng 逛	guī 皈	guī 瑰	guǐ 轨

guì	gǔn	guō	guǒ
鳜	滚	锅	裹

2. k

kā	kāi	kǎi	kǎi	kān	kǎn	kàn	kāng	káng	kàng
咔	揩	铠	慨	刊	槛	瞰	慷	扛	炕
kǎo	kào	kē	kē	ké	kě	kè	kěn	kěn	kēng
烤	犒	苛	瞌	咳	渴	恪	恳	啃	坑
kēng	kǒng	kǒng	kòng	kōu	kòu	kòu	kū	kū	kù
铿	孔	恐	控	抠	叩	寇	哭	窟	酷
kuǎ	kuà	kuài	kuān	kuǎn	kuáng	kuàng	kuī	kuī	kuí
垮	跨	胯	宽	款	狂	矿	亏	岿	奎
kuí	kuì	kǔn	kuò
睽	愧	捆	廓

3. h

hā	há	hāi	hái	hài	hān	hán	hǎn	hàn	háng
哈	蛤	嗨	骸	氦	酣	涵	罕	瀚	航
hāo	Hǎo	hào	hē	hé	hè	hēi	hén	hěn	hēng
蒿	郝	皓	呵	盒	壑	嘿	痕	很	亨
héng	hōng	hòng	hóu	hòu	hū	hú	hǔ	huá	huà
衡	薨	讧	侯	厚	忽	弧	琥	滑	桦
huái	huán	huǎn	huàn	huāng	huáng	huǎng	huī	huǐ	huì
怀	环	缓	宦	慌	黄	谎	挥	毁	绘
hūn	hún	huǒ	huò
荤	馄	伙	霍

（八）零声母单字训练

ā	āi	ái	ǎi	ài	ān	àn	āng	áng	āo
阿	哀	挨	矮	爱	氨	案	肮	昂	凹
áo	ǎo	ào	ē	é	è	ēn	èn	ér	ěr
熬	袄	懊	婀	额	厄	恩	摁	而	饵
èr	ō	ōu	ǒu	òu	wā	wá	Wǎ	wà	wāi
贰	噢	鸥	偶	怄	娲	娃	佤	袜	歪
wǎi	wān	wán	wǎn	wàn	wāng	wǎng	wēi	wéi	wěi
崴	湾	丸	挽	腕	汪	柱	偎	韦	伪

wèi	wēn	wén	wěn	Wèn	wēng	wèng	wō	wò	wū
胃	瘟	雯	紊	汶	嗡	瓮	涡	腥	诬

wú	wǔ	wù	yā	yá	yǎ	yà	yān	yán	yǎn
吾	舞	坞	押	衙	雅	讶	烟	筵	演

yàn	yāng	yáng	yǎng	yàng	yāo	Yáo	yǎo	yào	yē
宴	秧	扬	仰	漾	邀	瑶	舀	钥	噎

yè	yī	yǐ	yì	yīn	yín	yǐn	yīng	yíng	Yǐng
谒	揖	蚁	翼	姻	吟	瘾	膺	蝇	郢

yō	yōng	yǒng	yōu	yóu	yǒu	yòu	yū	yú	Yǔ
哟	雍	咏	悠	犹	酉	诱	淤	愚	禹

yù	yuān	yuán	yuàn	yuē	Yuè	yūn	yǔn	yùn
毓	鸢	垣	苑	曰	粤	晕	陨	蕴

二、单字对比训练

（一）z、zh 单字对比训练

zā	zhā	zá	zhá	zāi	zhāi	zāi	zhāi
咂 — 扎		杂 — 铡		栽 — 摘		灾 — 斋	

zǎi	zhǎi	zài	zhài	zān	zhān	zàn	zhàn
崽 — 窄		再 — 债		簪 — 粘		赞 — 占	

zāng	zhāng	zàng	zhàng	zāo	zhāo	záo	zháo
脏 — 章		葬 — 丈		糟 — 招		凿 — 着	

zǎo	zhǎo	zǎo	zhǎo	zào	zhào	zào	zhào
早 — 爪		枣 — 找		造 — 照		皂 — 召	

zé	zhé	zé	zhé	zè	zhè	zěn	zhěn
泽 — 哲		责 — 折		仄 — 浙		怎 — 枕	

zēng	zhēng	zēng	zhēng	zèng	zhèng	zèng	zhèng
增 — 争		憎 — 征		赠 — 政		甑 — 证	

zī	zhī	zī	zhī	zǐ	zhǐ	zǐ	zhǐ
咨 — 汁		资 — 枝		子 — 纸		紫 — 止	

zì	zhì	zì	zhì	zōng	zhōng	zōng	zhōng
自 — 至		字 — 治		宗 — 忠		踪 — 钟	

zǒng	zhǒng	zòng	zhòng	zòng	zhòng	Zōu	zhōu
总 — 肿		纵 — 众		粽 — 重		邹 — 周	

zǒu	zhǒu	zòu	zhòu	zòu	zhòu	zū	zhū
走 — 肘	奏 — 皱	揍 — 宙	租 — 朱

zú	zhú	zǔ	zhǔ	zuì	zhuì	zuì	zhuì
足 — 烛	阻 — 煮	最 — 坠	醉 — 缀

zuān	zhuān	zuǎn	zhuǎn	zuàn	zhuàn	zuó	zhuó
钻 — 专	纂 — 转	钻 — 撰	昨 — 浊

（二）c、ch 单字对比训练

cā	chā	cāi	chāi	cái	chái	cān	chān
擦 — 插	猜 — 钗	材 — 柴	参 — 搀

cán	chán	cán	chán	cǎn	chǎn	càn	chàn
蚕 — 蝉	惭 — 缠	惨 — 铲	灿 — 忏

cāng	chāng	cáng	cháng	cāo	chāo	cáo	cháo
仓 — 昌	藏 — 尝	糙 — 超	曹 — 朝

cǎo	chǎo	cè	chè	cè	chè	cén	chén
草 — 吵	策 — 彻	侧 — 澈	岑 — 臣

céng	chéng	céng	chéng	cī	chī	cí	chí
曾 — 城	层 — 程	疵 — 吃	慈 — 池

cǐ	chǐ	cì	chì	cōng	chōng	cōng	chōng
此 — 齿	次 — 赤	聪 — 冲	葱 — 充

cóng	chóng	cóng	chóng	còu	chòu	cū	chū
从 — 虫	丛 — 崇	凑 — 臭	粗 — 初

cù	chù	cù	chù	cuān	chuān	cuán	chuán
促 — 触	簇 — 矗	蹿 — 穿	攒 — 船

cuàn	chuàn	cuī	chuī	cuī	chuī	cūn	chūn
篡 — 串	催 — 吹	崔 — 炊	村 — 春

cún	chún	cǔn	chǔn	cuō	chuō	cuò	chuò
存 — 纯	忖 — 蠢	搓 — 戳	错 — 辍

（三）s、sh 单字对比训练

sā	shā	sā	shā	sǎ	shǎ	sà	shà
撒 — 纱	仨 — 杀	洒 — 傻	萨 — 煞

sà	shà	sāi	shāi	sài	shài	sān	shān
飒 — 霎	腮 — 筛	赛 — 晒	三 — 山

sǎn	shǎn	sàn	shàn	sāng	shāng	sǎng	shǎng
伞 — 闪		散 — 扇		桑 — 商		嗓 — 赏	

sàng	shàng	sāo	shāo	sāo	shāo	sǎo	shǎo
丧 — 尚		骚 — 烧		缫 — 稍		扫 — 少	

sào	shào	sè	shè	sè	shè	sēn	shēn
臊 — 绍		色 — 社		涩 — 设		森 — 绅	

sēng	shēng	sī	shī	sī	shī	sǐ	shǐ
僧 — 声		丝 — 师		思 — 施		死 — 使	

sì	shì	sì	shì	sōu	shōu	sū	shū
寺 — 室		肆 — 势		搜 — 收		苏 — 叔	

sū	shū	sú	shú	sù	shù	sù	shù
酥 — 书		俗 — 熟		肃 — 束		速 — 树	

suān	shuān	suàn	shuàn	suí	shuí	suǐ	shuǐ
酸 — 闩		算 — 涮		绥 — 谁		髓 — 水	

suì	shuì	suì	shuì	sǔn	shǔn	suō	shuō
碎 — 税		岁 — 睡		损 — 吮		梭 — 说	

（四）n、l 单字对比训练

nǎ	lǎ	nà	là	nà	là	nài	lài
哪 — 喇		那 — 腊		纳 — 辣		奈 — 赖	

nài	lài	nán	lán	nán	lán	náng	láng
耐 — 籁		南 — 蓝		难 — 栏		囊 — 郎	

nāo	lāo	náo	láo	nǎo	lǎo	nào	lào
孬 — 捞		挠 — 牢		脑 — 老		闹 — 涝	

nè	lè	něi	lěi	nèi	lèi	néng	léng
讷 — 勒		馁 — 垒		内 — 泪		能 — 棱	

ní	lí	ní	lí	nǐ	lǐ	nǐ	lǐ
泥 — 离		霓 — 黎		拟 — 李		你 — 礼	

nì	lì	nì	lì	nián	lián	nián	lián
逆 — 厉		溺 — 痢		年 — 联		黏 — 廉	

niǎn	liǎn	niǎn	liǎn	niàn	liàn	niàn	liàn
碾 — 敛		撵 — 脸		廿 — 恋		念 — 练	

niáng	liáng	niàng	liàng	niǎo	liǎo	niào	liào
娘 — 粮		酿 — 亮		鸟 — 蓼		尿 — 料	

niē 捏 —	liē 咧	niè 镊 —	liè 劣	niè 涅 —	liè 猎	niè 蹑 —	liè 烈
nín 您 —	lín 临	níng 宁 —	líng 玲	níng 凝 —	líng 凌	níng 柠 —	líng 零
nǐng 拧 —	lǐng 岭	nìng 佞 —	lìng 另	nìng 泞 —	lìng 令	niú 牛 —	liú 留
niǔ 扭 —	liǔ 绺	niù 拗 —	liù 遛	nóng 浓 —	lóng 聋	nóng 脓 —	lóng 隆
nú 奴 —	lú 庐	nǔ 弩 —	lǔ 卤	nǔ 努 —	lǔ 鲁	nù 怒 —	lù 陆
nǚ 女 —	lǚ 铝	nuǎn 暖 —	luǎn 卵	nüè 虐 —	lüè 略	nüè 疟 —	lüè 掠
nuó 挪 —	luó 逻	nuó 傩 —	luó 锣	nuò 诺 —	luò 洛	nuò 糯 —	luò 擦

（五）f、h 单字对比训练

fā 发 —	hā 哈	fá 罚 —	há 蛤	fān 帆 —	hān 酣	fān 翻 —	hān 憨
fán 烦 —	hán 涵	fán 樊 —	hán 含	fàn 范 —	hàn 旱	fàn 贩 —	hàn 翰
fāng 芳 —	hāng 夯	fáng 妨 —	háng 杭	fáng 房 —	háng 航	fàng 放 —	hàng 沆
fēi 非 —	hēi 黑	fén 焚 —	hén 痕	fěn 粉 —	hěn 狠	fèn 愤 —	hèn 恨
fēng 封 —	hēng 亨	féng 缝 —	héng 横	Féng 冯 —	héng 恒	fèng 奉 —	hèng 横
fū 夫 —	hū 呼	fū 孵 —	hū 忽	fú 服 —	hú 胡	fú 伏 —	hú 弧
fú 浮 —	hú 壶	fú 辐 —	hú 葫	fǔ 抚 —	hǔ 唬	fǔ 斧 —	hǔ 虎
fǔ 俯 —	hǔ 浒	fù 付 —	hù 护	fù 赴 —	hù 扈	fù 赋 —	hù 互

（六）j、q、x 与 z、c、s 单字对比训练

jī 讥 — zī 咨	jī 积 — zī 姿	jī 畸 — zī 资	jī 激 — zī 滋
jǐ 挤 — zǐ 紫	jǐ 脊 — zǐ 姊	jì 济 — zì 字	jì 寄 — zì 恣
jì 寂 — zì 渍	jì 迹 — zì 眦	jūn 均 — zūn 尊	jūn 君 — zūn 遵
jūn 钧 — zūn 樽	qī 漆 — cī 疵	qī 凄 — cī 呲	qí 祈 — cí 祠
Qí 祁 — cí 慈	qí 歧 — cí 瓷	qǐ 岂 — cǐ 此	qì 泣 — cì 刺
qì 砌 — cì 赐	qì 憩 — cì 伺	qūn 逡 — cūn 村	qún 裙 — cún 存
xī 膝 — sī 思	xī 溪 — sī 私	xī 悉 — sī 蛳	xī 惜 — sī 司
xǐ 洗 — sǐ 死	xì 隙 — sì 饲	xì 戏 — sì 肆	xì 郄 — sì 寺
xì 细 — sì 嗣	xūn 熏 — sūn 孙	xūn 勋 — sūn 狲	

（七）r、l 单字对比训练

rán 然 — lán 岚	rán 燃 — lán 栏	rǎn 冉 — lǎn 揽	rǎn 染 — lǎn 懒
ráng 瓤 — láng 琅	rǎng 壤 — lǎng 朗	rǎng 攘 — lǎng 烺	ràng 让 — làng 浪
ráo 娆 — láo 劳	ráo 饶 — láo 牢	rǎo 扰 — lǎo 姥	rào 绕 — lào 烙
rè 热 — lè 乐	réng 仍 — léng 棱	róng 融 — lóng 珑	róng 溶 — lóng 笼
róng 荣 — lóng 隆	rǒng 冗 — lǒng 垄	róu 揉 — lóu 楼	róu 蹂 — lóu 蒌
ròu 肉 — lòu 漏	rú 茹 — lú 炉	rú 儒 — lú 颅	rǔ 乳 — lǔ 虏

rǔ	lǔ	rù	lù	rù	lù	ruǎn	luǎn
辱	— 掳	入	— 碌	褥	— 鹿	阮	— 卵

rùn	lùn	ruò	luò	ruò	luò	ruò	luò
润	— 论	若	— 落	弱	— 络	偌	— 骆

三、声母类推字表

（一）z、c、s 声母类推字表[①]

1. z 声母类推字表

匝（zā）：咂（zā）砸（zá）

杲（zào）：澡（zǎo）藻（zǎo）噪（zào）燥（zào）躁（zào）

责（zé）：啧（zé）帻（zé）箦（zé）

曾（zēng）：憎（zēng）增（zēng）缯（zèng）赠（zèng）

兹（zī）：滋（zī）孳（zī）

子（zǐ）：仔（zǐ）籽（zǐ）孜（zī）字（zì）

宗（zōng）：综（zōng）棕（zōng）踪（zōng）鬃（zōng）粽（zòng）

尊（zūn）：遵（zūn）樽（zūn）鳟（zūn）

2. c 声母类推字表

才（cái）：材（cái）财（cái）

采（cǎi）：彩（cǎi）睬（cǎi）踩（cǎi）菜（cài）

仓（cāng）：伧（cāng）沧（cāng）苍（cāng）鸧（cāng）舱（cāng）

曹（cáo）：漕（cáo）嘈（cáo）槽（cáo）螬（cáo）

慈（cí）：磁（cí）鹚（cí）糍（cí）

窜（cuàn）：撺（cuān）蹿（cuān）

崔（cuī）：催（cuī）摧（cuī）璀（cuǐ）

[①] 声母类推字表中，根据声旁类推出来的字音存在一定的特例，如形声字"识（shí）""炽（chì）"的声旁，就与声旁"只"的声母 zh 不一致。识记时，应注意这些特殊情况，以免误读字音。

卒（cù）：萃（cuì）淬（cuì）翠（cuì）粹（cuì）啐（cuì）悴（cuì）瘁（cuì）

寸（cùn）：村（cūn）忖（cǔn）

3. s 声母类推字表

散（sàn）：馓（sǎn）撒（sā）

桑（sāng）：搡（sǎng）嗓（sǎng）颡（sǎng）

司（sī）：伺（sì）饲（sì）嗣（sì）

斯（sī）：厮（sī）澌（sī）撕（sī）嘶（sī）

思（sī）：锶（sī）腮（sāi）鳃（sāi）

四（sì）：泗（sì）驷（sì）

叟（sǒu）：搜（sōu）溲（sōu）嗖（sōu）馊（sōu）飕（sōu）艘（sōu）嫂（sǎo）

遂（suì）：隧（suì）燧（suì）邃（suì）

孙（sūn）：荪（sūn）狲（sūn）

（二）zh、ch、sh 声母类推字表

1. zh 声母类推字表

占（zhān）：沾（zhān）毡（zhān）粘（zhān）战（zhàn）站（zhàn）砧（zhēn）

章（zhāng）：漳（Zhāng）彰（zhāng）獐（zhāng）璋（zhāng）樟（zhāng）
　　　　　　蟑（zhāng）障（zhàng）嶂（zhàng）幛（zhàng）瘴（zhàng）

丈（zhàng）：仗（zhàng）杖（zhàng）

召（zhào）：招（zhāo）昭（zhāo）沼（zhǎo）诏（zhào）照（zhào）

折（zhé）：蜇（zhē）哲（zhé）浙（zhè）

者（zhě）：赭（zhě）锗（zhě）诸（zhū）猪（zhū）潴（zhū）渚（zhǔ）煮（zhǔ）
　　　　　著（zhù）箸（zhù）

贞（zhēn）：侦（zhēn）祯（zhēn）桢（zhēn）帧（zhēn）

真（zhēn）：缜（zhěn）镇（zhèn）

争（zhēng）：挣（zhēng）峥（zhēng）狰（zhēng）铮（zhēng）睁（zhēng）
　　　　　　筝（zhēng）净（zhèng）

正（zhèng）：怔（zhēng）征（zhēng）症（zhēng）整（zhěng）证（zhèng）
　　　　　　政（zhèng）

只（zhī）：织（zhī）职（zhí）帜（zhì）

支（zhī）：枝（zhī）肢（zhī）

知（zhī）：蜘（zhī）智（zhì）

直（zhí）：值（zhí）植（zhí）殖（zhí）置（zhì）

执（zhí）：贽（zhì）挚（zhì）鸷（zhì）蛰（zhé）

止（zhǐ）：芷（zhǐ）址（zhǐ）趾（zhǐ）

至（zhì）：侄（zhí）致（zhì）窒（zhì）蛭（zhì）

志（zhì）：痣（zhì）梽（zhì）

中（zhōng）：忠（zhōng）钟（zhōng）盅（zhōng）衷（zhōng）种（zhǒng）肿（zhǒng）仲（zhòng）

朱（zhū）：诛（zhū）侏（zhū）洙（Zhū）茱（zhū）珠（zhū）株（zhū）铢（zhū）蛛（zhū）

主（zhǔ）：拄（zhǔ）住（zhù）注（zhù）炷（zhù）柱（zhù）驻（zhù）蛀（zhù）

专（zhuān）：砖（zhuān）转（zhuǎn）传（zhuàn）啭（zhuàn）

2. ch 声母类推字表

叉（chā）：杈（chā）衩（chà）钗（chāi）

产（chǎn）：浐（Chǎn）铲（chǎn）

昌（chāng）：阊（chāng）菖（chāng）猖（chāng）鲳（chāng）倡（chàng）唱（chàng）

朝（cháo）：潮（cháo）嘲（cháo）

辰（chén）：宸（chén）晨（chén）唇（chún）

呈（chéng）：程（chéng）酲（chéng）逞（chěng）

成（chéng）：诚（chéng）城（chéng）盛（chéng）

斥（chì）：坼（chè）拆（chāi）

出（chū）：础（chǔ）绌（chù）黜（chù）

厨（chú）：橱（chú）躇（chú）

除（chú）：滁（Chú）蜍（chú）

垂（chuí）：陲（chuí）捶（chuí）棰（chuí）锤（chuí）

春（chūn）：椿（chūn）蠢（chǔn）

3. sh 声母类推字表

山（shān）：舢（shān）讪（shàn）汕（shàn）疝（shàn）

沙（shā）：莎（shā）纱（shā）痧（shā）砂（shā）裟（shā）鲨（shā）

善（shàn）：鄯（shàn）缮（shàn）膳（shàn）蟮（shàn）鳝（shàn）

申（shēn）：伸（shēn）呻（shēn）绅（shēn）砷（shēn）神（shén）审（shěn）
　　　　　婶（shěn）

生（shēng）：牲（shēng）笙（shēng）甥（shēng）胜（shèng）

师（shī）：狮（Shī）狮（shī）筛（shāi）

式（shì）：试（shì）拭（shì）轼（shì）弑（shì）

市（shì）：柿（shì）铈（shì）

受（shòu）：授（shòu）绶（shòu）

叔（shū）：淑（shū）菽（shū）

孰（shú）：熟（shú）塾（shú）

署（shǔ）：薯（shǔ）曙（shǔ）

率（shuài）：摔（shuāi）蟀（shuài）

（三）n、l 声母类推字表

1. n 声母类推字表

那（nà）：哪（nǎ）娜（nà）挪（nuó）

乃（nǎi）：奶（nǎi）艿（nǎi）氖（nǎi）

奈（nài）：萘（nài）捺（nà）

南（nán）：喃（nán）楠（nán）

内（nèi）：讷（nè）呐（nà）纳（nà）衲（nà）钠（nà）

尼（ní）：妮（nī）泥（ní）呢（ne）怩（ní）铌（ní）昵（nì）

念（niàn）：鲶（nián）捻（niǎn）埝（niàn）

聂（Niè）：蹑（niè）镊（niè）嗫（niè）

宁（níng）：咛（níng）狞（níng）柠（níng）拧（nǐng）泞（nìng）

农（nóng）：浓（nóng）脓（nóng）侬（nóng）秾（nóng）哝（nóng）

奴（nú）：孥（nú）驽（nú）努（nǔ）弩（nǔ）胬（nǔ）怒（nù）

2.1 声母类推字表

赖（lài）：癞（lài）籁（lài）懒（lǎn）

兰（lán）：拦（lán）栏（lán）烂（làn）

阑（lán）：斓（lán）澜（lán）镧（lán）襕（lán）

览（lǎn）：揽（lǎn）缆（lǎn）榄（lǎn）

劳（láo）：捞（lāo）痨（láo）崂（Láo）唠（lào）涝（lào）

老（lǎo）：佬（lǎo）姥（lǎo）铑（lǎo）栳（lǎo）

乐（lè）：砾（lì）栎（lì）泺（Luò）

雷（léi）：镭（léi）蕾（lěi）擂（lèi）

累（lèi）：骡（luó）螺（luó）瘰（luǒ）漯（luò）摞（luò）

离（lí）：漓（lí）篱（lí）璃（lí）

里（lǐ）：理（lǐ）鲤（lǐ）狸（lí）厘（lí）量（liàng）

力（lì）：荔（lì）劣（liè）肋（lèi）勒（lè）

历（lì）：沥（lì）雳（lì）呖（lì）枥（lì）

厉（lì）：励（lì）砺（lì）蛎（lì）

立（lì）：粒（lì）笠（lì）拉（lā）垃（lā）啦（lā）

利（lì）：梨（lí）犁（lí）蜊（lí）俐（lì）痢（lì）莉（lì）猁（lì）

连（lián）：莲（lián）涟（lián）鲢（lián）琏（liǎn）链（liàn）

廉（lián）：濂（lián）镰（lián）

良（liáng）：粮（liáng）狼（láng）琅（láng）浪（làng）

两（liǎng）：魉（liǎng）辆（liàng）俩（liǎ）

列（liè）：烈（liè）裂（liè）咧（liě）例（lì）

林（lín）：淋（lín）琳（lín）霖（lín）婪（lán）

粦（lín）：鳞（lín）磷（lín）辚（lín）麟（lín）邻（lín）璘（lín）嶙（lín）

令（lìng）：伶（líng）玲（líng）铃（líng）羚（líng）聆（líng）蛉（líng）零（líng）龄（líng）岭（lǐng）领（lǐng）冷（lěng）拎（līn）邻（lín）怜（lián）

留（liú）：馏（liú）榴（liú）瘤（liú）溜（liū）

龙（lóng）：咙（lóng）聋（lóng）笼（lóng）胧（lóng）珑（lóng）陇（lǒng）垄（lǒng）拢（lǒng）

隆（lóng）：癃（lóng）窿（lóng）

娄（lóu）：喽（lóu）楼（lóu）搂（lǒu）篓（lǒu）缕（lǚ）屡（lǚ）

卢（lú）：颅（lú）鸬（lú）胪（lú）鲈（lú）舻（lú）轳（lú）栌（lú）

鹿（lù）：漉（lù）麓（lù）辘（lù）簏（lù）

路（lù）：鹭（lù）露（lù）潞（Lù）璐（lù）

录（lù）：禄（lù）碌（lù）绿（lǜ）氯（lǜ）

吕（lǚ）：侣（lǚ）铝（lǚ）

仑（lún）：伦（lún）沦（lún）轮（lún）抡（lūn）论（lùn）

罗（luó）：逻（luó）萝（luó）锣（luó）箩（luó）

（四）f、h 声母类推字表

1. f 声母类推字表

伐（fá）：阀（fá）筏（fá）垡（fá）

番（fān）：翻（fān）藩（fān）幡（fān）璠（fán）

凡（fán）：矾（fán）钒（fán）帆（fān）

反（fǎn）：返（fǎn）饭（fàn）贩（fàn）畈（fàn）

方（fāng）：芳（fāng）坊（fāng）钫（fāng）枋（fāng）房（fáng）防（fáng）妨（fáng）肪（fáng）访（fǎng）仿（fǎng）昉（fǎng）舫（fǎng）放（fàng）

非（fēi）：菲（fēi）啡（fēi）绯（fēi）扉（fēi）霏（fēi）诽（fěi）匪（fěi）榧（fěi）斐（fěi）蜚（fěi）翡（fěi）痱（fèi）

分（fēn）：芬（fēn）吩（fēn）纷（fēn）氛（fēn）汾（Fén）粉（fěn）份（fèn）忿（fèn）

风（fēng）：枫（fēng）疯（fēng）讽（fěng）

夫（fū）：肤（fū）麸（fū）呋（fū）芙（fú）扶（fú）蚨（fú）

伏（fú）：茯（fú）袱（fú）

弗（fú）：拂（fú）氟（fú）佛（fó）沸（fèi）狒（fèi）费（fèi）

孚（fú）：孵（fū）俘（fú）浮（fú）

畐（fú）：福（fú）幅（fú）辐（fú）蝠（fú）副（fù）富（fù）

甫（fǔ）：敷（fū）辅（fǔ）脯（fǔ）傅（fù）缚（fù）

父（fù）：斧（fǔ）釜（fǔ）

付（fù）：符（fú）府（fǔ）俯（fǔ）腑（fǔ）腐（fǔ）拊（fǔ）附（fù）驸（fù）咐（fù）

复（fù）：腹（fù）蝮（fù）馥（fù）覆（fù）

2. h声母类推字表

红（hóng）：虹（hóng）鸿（hóng）

忽（hū）：惚（hū）唿（hū）

乎（hū）：呼（hū）滹（hū）

胡（hú）：湖（hú）葫（hú）猢（hú）瑚（hú）糊（hú）蝴（hú）

虎（hǔ）：唬（hǔ）琥（hǔ）

户（hù）：沪（hù）护（hù）戽（hù）扈（hù）

化（huà）：花（huā）哗（huā）华（huá）铧（huá）桦（huà）货（huò）

奂（huàn）：涣（huàn）换（huàn）唤（huàn）焕（huàn）痪（huàn）

荒（huāng）：慌（huāng）谎（huǎng）

黄（huáng）：璜（huáng）磺（huáng）蟥（huáng）簧（huáng）潢（huáng）

皇（huáng）：凰（huáng）湟（huáng）惶（huáng）徨（huáng）煌（huáng）蝗（huáng）隍（huáng）

灰（huī）：恢（huī）诙（huī）

回（huí）：茴（huí）蛔（huí）徊（huái）

会（huì）：绘（huì）烩（huì）

昏（hūn）：阍（hūn）婚（hūn）惛（hūn）潜（hūn）睯（hūn）焄（hūn）

火（huǒ）：伙（huǒ）钬（huǒ）

（五）j、q、x 声母类推字表

1. j 声母类推字表

几（jī）：机（jī）讥（jī）饥（jī）肌（jī）叽（jī）玑（jī）矶（jī）

及（jí）：圾（jī）芨（jī）极（jí）级（jí）汲（jí）岌（jí）笈（jí）伋（jí）

己（jǐ）：记（jì）纪（jì）忌（jì）㠱（jǐ）

脊（jǐ）：瘠（jí）鹡（jí）嵴（jí）蹐（jí）

2. q 声母类推字表

七（qī）：柒（qī）沏（qī）砌（qì）

妻（qī）：凄（qī）萋（qī）悽（qī）戚（qī）

其（qí）：期（qī）欺（qī）琪（qí）骐（qí）棋（qí）旗（qí）麒（qí）祺（qí）
綦（qí）

齐（qí）：脐（qí）蛴（qí）荠（qí）

奇（qí）：崎（qí）骑（qí）琦（qí）锜（qí）绮（qǐ）

3. x 声母类推字表

夕（xī）：汐（xī）矽（xī）

西（xī）：茜（xī）硒（xī）牺（xī）舾（xī）粞（xī）栖（xī）

希（xī）：稀（xī）晞（xī）浠（xī）俙（xī）悕（xī）睎（xī）烯（xī）郗（Xī）
唏（xī）欷（xī）

奚（xī）：溪（xī）傒（xī）蹊（xī）

析（xī）：淅（xī）晳（xī）晰（xī）蜥（xī）

息（xī）：熄（xī）螅（xī）媳（xí）

第二节 单字韵母分类辨读

一、单字训练

（一）单元音韵母单字训练①

1. 舌面单元音韵母单字训练

（1）a

bá	bǎ	bà	chà	chà	dā	dǎ	dà	fā	fá
拔	靶	坝	权	岔	搭	打	大	发	伐
fǎ	gā	há	kǎ	lā	là	mā	mǎ	mà	ná
法	嘎	蛤	咔	拉	辣	抹	马	骂	拿
nà	pā	pá	pà	sā	sǎ	sà	shā	shǎ	shà
娜	趴	耙	帕	仨	洒	萨	刹	傻	煞
tā	tǎ	tà	wā	wá	wǎ	wà
塌	塔	榻	洼	娃	瓦	袜

（2）o

| bō | bó | bǒ | bò | fó | pō | pó | pǒ | pò |
| 播 | 驳 | 跛 | 檗 | 佛 | 泼 | 婆 | 叵 | 魄 |

（3）e

chē	chě	chè	dé	gē	gé	gè	hē	hé	hè
车	扯	彻	得	歌	革	个	喝	禾	贺
kē	kě	kè	lè	sè	shè	tè	zé	zè	zhē
磕	渴	客	乐	涩	涉	特	择	仄	遮
zhé	zhě	zhè
哲	褶	蔗

---

① 舌面单元音韵母 ê 除语气词"欸"之外，单用情况不多，只出现在复合元音韵母 ie、üe 中，故此处不再单列训练用单字。舌尖单元音韵母 -i[ɿ]、-i[ʅ] 的单字训练，可参考本章第一节中的舌尖前音 z、c、s 单字训练和舌尖后音 zh、ch、sh、r 单字训练完成。

（4）i

bí	bǐ	bì	dī	dí	dǐ	dì	jī	jí	jǐ
鼻	笔	币	堤	笛	抵	蒂	饥	吉	戟
jì	lí	lǐ	lì	mī	mí	mǐ	mì	nī	ní
寂	厘	鲤	吏	眯	弥	米	秘	妮	尼
nǐ	nì	pī	pī	pí	pì	qī	qí	qǐ	qì
拟	腻	劈	坯	疲	辟	沏	祈	启	迄
tī	tí	tǐ	tì	xī	xí	xǐ	xì		
梯	啼	体	剃	夕	袭	铣	戏		

（5）u

bǔ	bù	chū	chú	chǔ	cū	cù	dū	dú	dǔ
卜	埠	出	厨	储	粗	醋	督	犊	赌
dù	fū	fú	fǔ	fù	gū	gǔ	gù	hū	hú
镀	孵	弗	甫	缚	孤	谷	故	忽	糊
hǔ	hù	kū	kǔ	kù	lú	lǔ	lù	mú	mǔ
唬	互	枯	苦	裤	颅	掳	禄	模	母
mù	nú	nǔ	pū	pú	pǔ	pù	rú	rǔ	rù
牧	奴	努	扑	仆	圃	堡	儒	汝	入
sū	sú	sù	tū	tú	tǔ	tù	wū	wú	wǔ
酥	俗	粟	突	途	土	吐	乌	毋	午
wǔ	zhū	zhú	zhǔ	zhù	zū	zú	zǔ		
捂	诛	烛	拄	贮	租	卒	阻		

（6）ü

jū	jú	jǔ	jù	lǚ	lǚ	lǜ	nǚ	qū	qú
驹	桔	矩	拒	吕	捋	虑	女	屈	渠
qǔ	qù	xū	xú	xǔ	xù				
曲	趣	戌	徐	许	叙				

2. 卷舌元音韵母单字训练

ér	ér	ěr	ěr	èr	èr
儿	而	尔	饵	二	贰

（二）复合元音韵母单字训练

1. 前响复韵母单字训练

（1）ai

āi	ái	ǎi	ài	bāi	bái	bǎi	bài	cāi	cái
哀	癌	矮	碍	掰	白	柏	败	猜	裁
cǎi	cài	chāi	chái	dāi	dǎi	dài	gāi	gǎi	gài
睬	菜	拆	柴	呆	逮	贷	该	改	概
hái	hǎi	hài	kāi	kǎi	lái	lài	nǎi	pāi	pái
孩	海	氦	揩	凯	来	癞	氖	拍	排
pài	sāi	sài	shāi	shài	tāi	tái	tài	zāi	zǎi
派	腮	赛	筛	晒	胎	台	汰	灾	宰
zài	zhāi	zhái	zhài						
在	斋	宅	债						

（2）ei

bēi	běi	bèi	děi	fēi	féi	fěi	fèi	gěi	hēi
碑	北	钡	得	妃	肥	匪	吠	给	黑
lēi	lěi	lèi	méi	mèi	pēi	péi	pèi	shéi	zéi
勒	垒	肋	霉	昧	胚	培	佩	谁	贼

（3）ao

áo	ǎo	ào	bāo	báo	bǎo	páo	cāo	cáo	cǎo
鳌	袄	拗	苞	雹	堡	刨	糙	曹	草
chāo	cháo	chǎo	dāo	dǎo	dào	gāo	gǎo	gào	háo
钞	朝	吵	刀	捣	盗	羔	镐	告	毫
hǎo	hào	kǎo	kào	láo	lǎo	lào	māo	máo	mǎo
好	耗	烤	靠	劳	老	烙	猫	锚	卯
mào	náo	nǎo	nào	pāo	pǎo	pào	ráo	rǎo	rào
貌	挠	恼	闹	抛	跑	炮	饶	扰	绕
sāo	sǎo	sào	shāo	sháo	shào	tāo	táo	tǎo	tào
搔	扫	臊	捎	勺	哨	涛	淘	讨	套
zāo	záo	zǎo	zào	zhāo	zhǎo	zhào			
遭	凿	枣	燥	昭	爪	召			

（4）ou

chōu	chóu	chǒu	chòu	còu	dōu	dǒu	dòu	fǒu	gōu
抽	仇	丑	臭	凑	兜	陡	痘	否	勾
gǒu	gòu	hóu	hǒu	hòu	kōu	kǒu	kòu	lóu	lǒu
狗	垢	侯	吼	后	抠	口	叩	楼	篓
lòu	móu	mǒu	pōu	róu	shōu	shǒu	shòu	sōu	tōu
陋	眸	某	剖	柔	收	守	寿	搜	偷
tóu	tòu	zhōu	zhóu	zhǒu	zhòu	Zōu	zǒu	zòu	
头	透	舟	轴	肘	咒	邹	走	揍	

2. 后响复韵母单字训练

（1）ia

jiā	jiá	Jiǎ	jià	qiā	qiǎ	qià	xiā	xiá	xià
夹	颊	贾	驾	掐	卡	恰	瞎	匣	下

（2）ie

biē	bié	biě	jiē	jié	jiě	jiè	liè	miē	miè
憋	别	瘪	阶	洁	姐	介	劣	咩	蔑
niē	niè	piē	piě	qiē	qié	qiè	tiē	tiě	xiē
捏	啮	瞥	苤	切	茄	怯	贴	铁	楔
xié	xiě	xiè							
协	写	泄							

（3）ua

guā	guǎ	guà	huā	huá	huà	kuā	kuǎ	kuà	shuā
瓜	寡	卦	花	滑	桦	夸	垮	挎	刷
shuǎ	wā	wà	zhuā	zhuǎ					
耍	蛙	袜	抓	爪					

（4）uo

chuō	chuò	cuō	cuò	duō	duó	duǒ	duò	guō	guó
戳	辍	搓	挫	多	踱	垛	剁	锅	国
guǒ	guò	huō	huó	huǒ	huò	kuò	luō	luó	luǒ
果	过	豁	活	伙	祸	扩	啰	锣	裸
luò	nuó	nuò	shuō	shuò	suō	suǒ	tuō	tuó	tuǒ
擦	挪	诺	说	硕	唆	索	拖	驮	妥

tuò	wō	wǒ	wò	zhuō	zhuó	zuǒ	zuò
拓	涡	我	握	拙	灼	佐	坐

（5）üe

juē	jué	juè	lüè	nüè	quē	qué	què	xuē	xué
撅	诀	倔	掠	虐	缺	瘸	雀	靴	学
xuě	xuè	yuē	yuè						
雪	血	约	阅						

3. 中响复韵母单字训练

（1）iao

biāo	biǎo	biào	diāo	diào	jiāo	jiǎo	jiào	liáo	liáo
膘	表	鳔	貂	钓	郊	矫	轿	辽	燎
liào	miāo	miáo	miǎo	miào	niǎo	niào	piāo	piáo	piǎo
撂	喵	描	渺	庙	袅	尿	漂	瓢	瞟
piào	qiāo	qiáo	qiǎo	qiào	tiāo	tiáo	tiào	xiāo	xiáo
票	锹	乔	巧	俏	挑	条	眺	萧	淆
xiǎo	xiào	yāo	yáo	yǎo	yào				
晓	孝	邀	窑	舀	耀				

（2）iou

diū	jiū	jiǔ	jiù	liū	liú	liǔ	liù	miù	niū
丢	揪	灸	厩	溜	流	绺	遛	谬	妞
niú	niǔ	niù	qiū	qiú	xiū	xiǔ	xiù	yōu	yóu
牛	纽	拗	秋	囚	羞	朽	秀	忧	邮
yǒu	yòu								
酉	佑								

（3）uai

guāi	guǎi	guài	huái	huài	shuāi	shuài	wāi	wài
乖	拐	怪	槐	坏	衰	帅	歪	外

（4）uei

chuī	chuí	cuī	cuǐ	cuì	duī	duì	guī	guǐ	guì
吹	捶	摧	璀	脆	堆	兑	龟	轨	柜

huī	huí	huǐ	huì	kuī	kuí	kuì	shuǐ	shuì	suí
辉	回	悔	汇	盔	奎	溃	水	睡	绥
suì	tuī	tuí	tuì	wēi	wéi	wěi	wèi	zhuī	zhuì
岁	推	颓	蜕	危	违	苇	畏	锥	缀
zuǐ	zuì								
嘴	罪								

（三）鼻辅音韵母单字训练

1. 前鼻音韵母单字训练

（1）an

bān	bǎn	bàn	cān	cán	cǎn	càn	chān	chán	chǎn
扳	版	扮	餐	残	惨	灿	掺	蝉	铲
chàn	dān	dǎn	dàn	fān	fán	fǎn	fàn	gān	gǎn
颤	丹	掸	旦	帆	烦	返	贩	甘	秆
gàn	hān	hán	hǎn	hàn	kān	kǎn	kàn	lán	lǎn
干	憨	函	罕	憾	刊	坎	看	拦	懒
làn	mán	mǎn	màn	nán	pān	pán	pàn	rán	rǎn
滥	鳗	螨	曼	南	攀	盘	叛	燃	染
sān	sǎn	shān	shǎn	chán	tān	tán	tǎn	tàn	zǎn
三	伞	杉	闪	禅	贪	潭	坦	炭	攒
zàn	zhān	zhǎn	zhàn						
赞	瞻	展	蘸						

（2）en

bēn	běn	bèn	chēn	chén	chèn	fēn	fén	fěn	fèn
奔	本	笨	抻	辰	衬	酚	焚	粉	愤
gēn	hén	hěn	kěn	mēn	mén	nèn	pēn	pén	rén
根	痕	狠	垦	闷	门	嫩	喷	盆	仁
rěn	rèn	sēn	shēn	shén	shěn	shèn	zhēn	zhěn	zhèn
忍	刃	森	申	神	审	渗	珍	诊	朕

（3）in

bīn	bìn	jīn	jǐn	jìn	līn	lín	mín	mǐn	pīn
滨	鬓	巾	锦	禁	拎	霖	民	皿	拼

pín	pìn	qīn	qín	qǐn	qìn	xīn	xìn	yīn	yín
频	聘	亲	擒	寝	沁	辛	信	殷	寅

yǐn	yìn
尹	印

(4) ün

jūn	jùn	qún	xūn	xún	xùn	yūn	yún	yǔn	yùn
均	郡	裙	熏	巡	训	晕	匀	允	孕

(5) ian

biān	biǎn	biàn	diān	diǎn	diàn	jiān	jiǎn	jiàn	lián
边	贬	辩	颠	典	奠	坚	柬	荐	怜

liǎn	liàn	niān	nián	niǎn	niàn	qiān	qián	qiǎn	qiàn
敛	恋	拈	黏	碾	念	签	乾	浅	歉

tiān	tián	tiǎn	xiān	xián	xiǎn	yān	yán	yǎn	yàn
添	甜	舔	纤	贤	险	焉	延	掩	艳

(6) uan

chuān	chuán	chuǎn	cuān	cuán	cuàn	duān	duǎn	duàn	guān
穿	传	喘	蹿	攒	篡	端	短	缎	观

guǎn	guàn	huān	huán	huǎn	huàn	kuān	kuǎn	luán	luǎn
管	罐	欢	环	缓	幻	宽	款	孪	卵

luàn	nuǎn	ruǎn	shuān	shuàn	suān	suàn	tuān	tuán	wān
乱	暖	软	栓	涮	酸	蒜	湍	团	湾

wán	wǎn	wàn	zhuān	zhuǎn	zhuàn	zuān	zuàn		
丸	晚	腕	专	转	撰	钻	攥		

(7) üan

juān	juǎn	juàn	quān	quán	quǎn	quàn	xuān	xuán	xuǎn
捐	卷	倦	圈	蜷	犬	券	宣	玄	癣

xuàn	yuān	yuán	yuǎn	yuàn					
渲	冤	援	远	苑					

(8) uen

gǔn	gùn	hūn	hún	hùn	lūn	lún	lùn	shǔn	shùn
滚	棍	昏	浑	混	抡	轮	论	吮	顺

sūn	sǔn	tūn	tún	wén	wěn	wèn	zhūn	zhǔn	zūn
孙	损	吞	屯	纹	紊	问	谆	准	尊

3. 后鼻音韵母单字训练

（1）ang

bāng	bǎng	bàng	cāng	cáng	chāng	cháng	chǎng	chàng	dāng
邦	绑	傍	苍	藏	昌	偿	敞	畅	裆
dǎng	dàng	fāng	fáng	fǎng	fàng	gāng	gǎng	gàng	hāng
党	档	芳	防	仿	放	缸	岗	杠	夯
háng	kāng	káng	kàng	láng	lǎng	làng	máng	mǎng	pāng
航	康	扛	抗	郎	朗	浪	盲	蟒	乓
páng	pàng	ráng	rǎng	ràng	sāng	sǎng	sàng	shāng	shǎng
庞	胖	瓤	嚷	让	桑	嗓	丧	商	晌
shàng	tāng	táng	tǎng	tàng	zāng	zàng	zhāng	zhǎng	zhàng
尚	汤	糖	淌	烫	赃	葬	章	涨	障

（2）eng

bēng	bèng	céng	cèng	chēng	chéng	chěng	chèng	dēng	děng
崩	迸	层	蹭	撑	丞	逞	秤	灯	等
dèng	fēng	féng	fěng	fèng	gēng	gěng	hēng	héng	kēng
澄	枫	逢	讽	凤	庚	埂	亨	衡	坑
léng	lěng	méng	měng	mèng	néng	pēng	péng	pèng	sēng
棱	冷	盟	锰	梦	能	烹	蓬	碰	僧
shēng	shěng	shèng	téng	zēng	zèng	zhēng	zhěng	zhèng	
笙	省	圣	疼	憎	赠	蒸	整	政	

（3）ing

bīng	bǐng	bìng	dīng	dǐng	dìng	jīng	jǐng	jìng	líng
冰	禀	病	叮	鼎	订	荆	警	竞	伶
lǐng	lìng	míng	mìng	níng	píng	qīng	qíng	qǐng	qìng
领	另	名	命	凝	萍	卿	晴	请	庆
tīng	tíng	tǐng	xīng	xǐng	xìng	yīng	yíng	yǐng	yìng
听	廷	艇	腥	醒	幸	婴	盈	影	映

（4）ong

cōng	cóng	dōng	dǒng	dòng	gōng	gǒng	gòng	hōng	hóng
葱	从	东	董	栋	躬	拱	贡	烘	虹
kōng	kǒng	kòng	lóng	lǒng	nóng	nòng	róng	rǒng	sōng
空	恐	控	聋	垄	浓	弄	荣	冗	松
sǒng	sòng	tōng	tóng	tǒng	tòng	zhōng	zhǒng	zhòng	zōng
耸	讼	通	童	捅	痛	忠	冢	仲	棕
zǒng	zòng								
总	纵								

（5）iang

liáng	liǎng	liàng	niáng	niàng	qiāng	qiáng	qiǎng	qiàng	xiāng
良	两	晾	娘	酿	枪	墙	抢	呛	厢
xiáng	xiǎng	xiàng	yāng	yáng	yǎng	yàng			
详	饷	巷	央	佯	痒	漾			

（6）iong

jiǒng	qióng	xiōng	xióng	yōng	yǒng	yòng
窘	琼	凶	雄	壅	咏	用

（7）uang

chuāng	chuáng	chuǎng	chuàng	guāng	guǎng	guàng	huāng	huáng	huǎng
疮	床	闯	创	光	广	逛	荒	皇	谎
huàng	kuāng	kuáng	kuàng	shuāng	shuǎng	wāng	wáng	wǎng	wàng
晃	筐	狂	旷	双	爽	汪	王	枉	妄

（8）ueng

wēng	wěng	wèng
嗡	翁	瓮

二、单字对比训练

（一）单元音韵母单字对比训练

1. o、e 单字对比练习

bō	gē	mō	kē	pō	hē	fó	dé
波 —	哥	摸 —	磕	坡 —	喝	佛 —	德

mó	hé	bó	gé	bǒ	kě	mǒ	shě
魔 —	禾	博 —	阁	跛 —	渴	抹 —	舍

bò	tè	pò	lè	mò	nè		
簸 —	特	破 —	乐	墨 —	讷		

2. e、er 单字对比练习

é	ér	ké	ér	chě	ěr	kě	ěr
鹅 —	而	咳 —	儿	扯 —	耳	可 —	饵

rě	ěr	shě	Ěr	è	èr	kè	èr
惹 —	迩	舍 —	洱	腭 —	二	克 —	贰

3. i、ü 单字对比练习

yī	yū	yí	yú	yí	yú	yí	yú
衣 —	淤	移 —	余	姨 —	俞	疑 —	愉

yǐ	yǔ	yǐ	yǔ	yǐ	yǔ	yǐ	yǔ
以 —	语	已 —	与	椅 —	雨	乙 —	宇

yì	yù	yì	yù	yì	yù	yì	yù
义 —	育	异 —	玉	忆 —	遇	意 —	预

lí	lǘ	lǐ	lǚ	lǐ	lǚ	lì	lǜ
离 —	驴	李 —	吕	里 —	旅	立 —	绿

lì	lǜ	lì	lǜ	nǐ	nǚ	jī	jū
历 —	律	励 —	率	拟 —	女	机 —	拘

jī	jū	jī	jū	jí	jú	jí	jú
击 —	居	基 —	鞠	辑 —	菊	集 —	橘

jí	jú	jǐ	jǔ	jǐ	jǔ	jì	jù
疾 —	局	脊 —	举	挤 —	沮	记 —	具

jì	jù	jì	jù	jì	jù	qī	qū
技 —	惧	寄 —	句	继 —	聚	期 —	区

qī	qū	qī	qū	qí	qú	qǐ	qǔ
欺 — 屈		漆 — 驱		骑 — 渠		起 — 取	

qǐ	qǔ	qì	qù	qì	qù	xī	xū
启 — 娶		气 — 趣		器 — 去		昔 — 需	

xī	xū	xī	xū	xí	xú	xǐ	xǔ
悉 — 虚		惜 — 须		席 — 徐		洗 — 许	

xǐ	xǔ	xì	xù	xì	xù	xì	xù
喜 — 诩		戏 — 旭		细 — 绪		隙 — 续	

（二）复合元音韵母单字对比训练

1. ai、ei 单字对比练习

bāi	bēi	bǎi	běi	bài	bèi	bài	bèi
掰 — 悲		百 — 北		败 — 备		拜 — 背	

gǎi	gěi	hāi	hēi	lái	léi	lái	léi
改 — 给		咳 — 黑		来 — 雷		莱 — 镭	

lài	lèi	mái	méi	mǎi	měi	mài	mèi
赖 — 类		埋 — 煤		买 — 美		迈 — 媚	

mài	mèi	nài	nèi	pāi	pēi	pái	péi
卖 — 魅		奈 — 内		拍 — 胚		排 — 陪	

pái	péi	pài	pèi
牌 — 赔		派 — 配	

2. ie、üe 单字对比练习

yē	yuē	yè	yuè	yè	yuè	yè	yuè
椰 — 约		业 — 越		叶 — 岳		业 — 悦	

yè	yuè	jiē	juē	jié	jué	jié	jué
掖 — 月		揭 — 撅		捷 — 决		结 — 觉	

jié	jué	jié	jué	jiè	juè	liè	lüè
截 — 绝		竭 — 攫		诫 — 倔		烈 — 略	

niè	nüè	qiē	quē	qié	qué	qiè	què
孽 — 疟		切 — 缺		茄 — 瘸		怯 — 确	

qiè	què	xiē	xuē	xié	xué	xié	xué
窃 — 阙		歇 — 削		胁 — 穴		携 — 学	

xiě	xuě	xiè	xuè	xiè	xuè
写 — 雪		屑 — 血		械 — 谑	

3. ou、iou 单字对比练习

ōu	yōu	ōu	yōu	ǒu	yǒu	ǒu	yǒu
鸥 —	优	殴 —	幽	偶 —	友	藕 —	有

òu	yòu	lóu	liú	lǒu	liǔ	lòu	liù
怄 —	又	楼 —	留	篓 —	柳	漏 —	遛

móu	miù	mǒu	miù	dōu	diū		
眸 —	缪	某 —	谬	都 —	丢		

4. uai、uei 单字对比练习

wāi	wēi	wǎi	wěi	wài	wèi	chuāi	chuī
歪 —	威	崴 —	伟	外 —	位	揣 —	吹

guāi	guī	guǎi	guǐ	guài	guì	huái	huí
乖 —	归	拐 —	诡	怪 —	桂	槐 —	回

huái	huí	huài	huì	kuài	kuì	shuǎi	shuǐ
怀 —	茴	坏 —	惠	快 —	匮	甩 —	水

shuài	shuì	zhuài	zhuì				
率 —	睡	拽 —	坠				

（三）鼻辅音韵母单字对比训练

1. an、ang 单字对比练习

ān	āng	àn	àng	bān	bāng	bān	bāng
安 —	肮	暗 —	盎	班 —	帮	斑 —	梆

bǎn	bǎng	bǎn	bǎng	bàn	bàng	bàn	bàng
版 —	绑	板 —	榜	办 —	磅	绊 —	棒

cān	cāng	cán	cáng	chān	chāng	chán	cháng
餐 —	仓	惭 —	藏	搀 —	猖	缠 —	肠

chán	cháng	chán	cháng	chǎn	chǎng	chǎn	chǎng
禅 —	尝	馋 —	常	产 —	敞	铲 —	场

chàn	chàng	chàn	chàng	dān	dāng	dǎn	dǎng
颤 —	倡	忏 —	唱	担 —	当	胆 —	党

dàn	dàng	fān	fāng	fān	fāng	fán	fáng
淡 —	荡	帆 —	方	翻 —	芳	烦 —	防

fán	fáng	fǎn	fǎng	fǎn	fǎng	fàn	fàng
繁 —	房	反 —	访	返 —	纺	犯 —	放

gān	gāng	gān	gāng	gān	gāng	gǎn	gǎng
甘 — 刚		杆 — 纲		竿 — 钢		感 — 港	

gǎn	gǎng	Gàn	gàng	hān	hāng	hán	háng
赶 — 岗		赣 — 杠		酣 — 夯		含 — 航	

kān	kāng	kān	kāng	kàn	kàng	lán	láng
堪 — 康		勘 — 糠		看 — 亢		栏 — 廊	

lán	láng	lǎn	lǎng	làn	làng	mán	máng
蓝 — 狼		览 — 朗		烂 — 浪		蛮 — 忙	

mán	máng	mǎn	mǎng	pān	pāng	pán	páng
馒 — 芒		满 — 莽		攀 — 乓		盘 — 旁	

pàn	pàng	sān	sāng	sǎn	sǎng	sàn	sàng
畔 — 胖		三 — 桑		伞 — 嗓		散 — 丧	

tán	táng	tán	táng	tǎn	tǎng	tàn	tàng
谈 — 糖		坛 — 棠		毯 — 倘		叹 — 趟	

zàn	zàng	zhān	zhāng	zhān	zhāng	zhǎn	zhǎng
赞 — 葬		沾 — 张		毡 — 章		斩 — 涨	

zhǎn	zhǎng	zhàn	zhàng	zhàn	zhàng		
展 — 掌		战 — 账		站 — 杖			

2. en、eng 单字对比练习

bēn	bēng	bèn	bèng	chén	chéng	chén	chéng
奔 — 崩		笨 — 蹦		陈 — 成		晨 — 承	

chén	chéng	chén	chéng	chèn	chèng	fēn	fēng
尘 — 诚		臣 — 惩		趁 — 秤		分 — 封	

fēn	fēng	fēn	fēng	fén	féng	fén	féng
纷 — 丰		芬 — 蜂		坟 — 逢		焚 — 缝	

fěn	fěng	fèn	fèng	gēn	gēng	gēn	gēng
粉 — 讽		奋 — 奉		根 — 耕		跟 — 羹	

hén	héng	mén	méng	pēn	pēng	pén	péng
痕 — 横		门 — 萌		喷 — 抨		盆 — 膨	

sēn	sēng	shēn	shēng	shēn	shēng	shēn	shēng
森 — 僧		伸 — 生		身 — 声		深 — 笙	

shén	shéng	shěn	shěng	shèn	shèng	shèn	shèng
神 — 绳		审 — 省		肾 — 胜		甚 — 圣	

shèn	shèng	zhēn	zhēng	zhēn	zhēng	zhēn	zhēng
渗 — 盛		针 — 争		贞 — 征		珍 — 睁	
zhēn	zhēng	zhěn	zhěng	zhěn	zhěng	zhèn	zhèng
真 — 蒸		枕 — 整		诊 — 拯		阵 — 正	
zhèn	zhèng	zhèn	zhèng				
镇 — 证		震 — 政					

3. in、ing 单字对比练习

bīn	bīng	bīn	bīng	bìn	bìng	jīn	jīng
宾 — 冰		濒 — 兵		鬓 — 病		巾 — 京	
jīn	jīng	jīn	jīng	jǐn	jǐng	jǐn	jǐng
金 — 惊		津 — 精		仅 — 井		紧 — 景	
jǐn	jǐng	jìn	jìng	jìn	jìng	jìn	jìng
谨 — 警		近 — 竞		进 — 敬		浸 — 境	
lín	líng	lín	líng	lín	líng	lín	líng
邻 — 灵		林 — 凌		临 — 零		鳞 — 聆	
lìn	lìng	mín	míng	pīn	pīng	pín	píng
吝 — 令		民 — 鸣		拼 — 乒		贫 — 评	
pín	píng	qīn	qīng	qīn	qīng	qīn	qīng
频 — 凭		亲 — 青		侵 — 轻		钦 — 倾	
qǐn	qǐng	qìn	qìng	xīn	xīng	xīn	xīng
寝 — 顷		沁 — 庆		心 — 星		芯 — 兴	
xīn	xīng	xìn	xìng	xìn	xìng	yīn	yīng
薪 — 猩		信 — 杏		衅 — 幸		阴 — 英	
yīn	yīng	yín	yíng	yín	yíng	yǐn	yǐng
音 — 鹰		银 — 赢		吟 — 萤		引 — 影	
yǐn	yǐng	yìn	yìng				
瘾 — 颖		印 — 硬					

4. in、ian 单字对比练习

bīn	biān	bīn	biān	bìn	biàn	jīn	jiān
滨 — 鞭		彬 — 边		摈 — 辫		斤 — 肩	
jīn	jiān	jīn	jiān	jīn	jiān	jǐn	jiǎn
金 — 艰		筋 — 监		襟 — 煎		锦 — 减	
jìn	jiàn	jìn	jiàn	lín	lián	lín	lián
尽 — 舰		禁 — 溅		淋 — 帘		磷 — 莲	

lǐn	liǎn	lìn	liàn	mín	mián	mǐn	miǎn
凛 — 脸		赁 — 练		民 — 绵		敏 — 勉	

mǐn	miǎn	qīn	qiān	qín	qián	qín	qián
悯 — 缅		亲 — 牵		琴 — 前		禽 — 潜	

qín	qián	qǐn	qiǎn	qìn	qiàn	xīn	xiān
勤 — 钳		寝 — 遣		沁 — 欠		辛 — 掀	

xīn	xiān	xīn	xiān	xìn	xiàn		
欣 — 仙		新 — 鲜		信 — 限			

5. ün、üan 单字对比练习

jūn	juān	jūn	juān	jūn	juān	jùn	juàn
军 — 捐		君 — 鹃		均 — 娟		俊 — 卷	

jùn	juàn	jùn	juàn	jùn	juàn	qún	quán
峻 — 倦		骏 — 绢		竣 — 眷		裙 — 权	

xūn	xuān	xūn	xuān	xún	xuán	xún	xuán
勋 — 喧		熏 — 轩		循 — 悬		旬 — 旋	

xún	xuán	xùn	xuàn	xùn	xuàn	xùn	xuàn
寻 — 漩		驯 — 炫		汛 — 绚		逊 — 眩	

yūn	yuān	yún	yuán	yún	yuán	yún	yuán
晕 — 渊		云 — 原		匀 — 圆		耘 — 援	

yǔn	yuǎn	yùn	yuàn	yùn	yuàn	yùn	yuàn
陨 — 远		韵 — 怨		蕴 — 院		酝 — 愿	

6. ian、üan 单字对比练习

jiān	juān	jiān	juān	jiān	juān	jiàn	juàn
坚 — 娟		间 — 鹃		兼 — 捐		见 — 眷	

jiàn	juàn	jiàn	juàn	jiàn	juàn	qiān	quān
件 — 倦		建 — 绢		剑 — 卷		签 — 圈	

qián	quán	qián	quán	qiǎn	quǎn	qiàn	quàn
钱 — 全		乾 — 拳		浅 — 犬		歉 — 劝	

qiàn	quàn	xiān	xuān	xiān	xuān	xián	xuán
嵌 — 券		先 — 轩		纤 — 宣		闲 — 悬	

xián	xuán	xián	xuán	xiǎn	xuǎn	xiǎn	xuǎn
咸 — 玄		涎 — 漩		显 — 选		险 — 癣	

xiàn	xuàn	xiàn	xuàn	xiàn	xuàn	yān	yuān
宪 — 渲		陷 — 炫		献 — 绚		烟 — 冤	

yān	yuān	yān	yuān
淹 — 鸳		焉 — 渊	

7. uan、uen 单字对比练习

chuān chūn	chuán chún	chuán chún	chuǎn chǔn
穿 — 春	传 — 纯	船 — 醇	喘 — 蠢
cuān cūn	duān dūn	duǎn dǔn	duàn dùn
蹿 — 村	端 — 墩	短 — 盹	断 — 盾
duàn dùn	duàn dùn	guǎn gǔn	guàn gùn
缎 — 顿	锻 — 钝	馆 — 滚	贯 — 棍
huān hūn	huán hún	huàn hùn	kuān kūn
欢 — 荤	环 — 魂	患 — 混	宽 — 坤
kuǎn kǔn	luán lún	luàn lùn	shuàn shùn
款 — 捆	峦 — 沦	乱 — 论	涮 — 顺
suān sūn	tuān tūn	tuán tún	wān wēn
酸 — 孙	湍 — 吞	团 — 囤	弯 — 温
wān wēn	wán wén	wán wén	wán wén
豌 — 瘟	丸 — 闻	完 — 纹	玩 — 文
wán wén	wǎn wěn	wǎn wěn	wàn wèn
顽 — 蚊	晚 — 吻	惋 — 紊	万 — 问
zhuān zhūn	zhuǎn zhǔn	zuān zūn	
砖 — 谆	转 — 准	钻 — 尊	

8. eng、ong 单字对比练习

céng cóng	chēng chōng	chéng chóng	chěng chǒng
曾 — 从	撑 — 舂	橙 — 崇	逞 — 宠
dēng dōng	dēng dōng	děng dǒng	dèng dòng
灯 — 东	登 — 冬	等 — 懂	凳 — 动
dèng dòng	gēng gōng	gēng gōng	gēng gōng
瞪 — 冻	耕 — 功	庚 — 攻	羹 — 躬
gěng gǒng	gěng gǒng	gèng gòng	hēng hōng
埂 — 巩	耿 — 拱	更 — 供	哼 — 轰
héng hóng	héng hóng	héng hóng	kēng kōng
恒 — 弘	横 — 宏	衡 — 红	坑 — 空
léng lóng	lěng lǒng	téng tóng	téng tóng
棱 — 聋	冷 — 拢	疼 — 童	藤 — 瞳

```
zhēng  zhōng    zhēng  zhōng    zhēng  zhōng    zhěng  zhǒng
 争  —  终      征  —  钟      蒸  —  盅      整  —  肿
zhěng  zhǒng    zhèng  zhòng    zhèng  zhòng    zhèng  zhòng
 拯  —  种      证  —  众      政  —  重      症  —  仲
zēng  zōng     zèng  zòng
 增  —  棕      赠  —  纵
```

三、韵母类推字表①

（一）i 韵类推字表

比（bǐ）：毙（bì）毕（bì）庇（bì）批（pī）琵（pí）媲（pì）砒（pī）纰（pī）陛（bì）荜（bì）妣（bǐ）枇（pí）毗（pí）

辟（pì）：避（bì）壁（bì）臂（bì）璧（bì）嬖（bì）癖（pǐ）劈（pī）噼（pī）僻（pì）譬（pì）霹（pī）

氐（dī）：低（dī）抵（dǐ）邸（dǐ）诋（dǐ）底（dǐ）砥（dǐ）

弟（dì）：递（dì）娣（dì）睇（dì）剃（tì）涕（tì）梯（tī）锑（tī）悌（tì）

帝（dì）：蒂（dì）谛（dì）缔（dì）

及（jí）：级（jí）极（jí）汲（jí）笈（jí）圾（jī）芨（jī）岌（jí）

几（jǐ）：机（jī）肌（jī）讥（jī）叽（jī）饥（jī）玑（jī）矶（jī）

脊（jǐ）：瘠（jí）嵴（jí）

里（lǐ）：理（lǐ）鲤（lǐ）狸（lí）哩（lǐ）厘（lí）俚（lǐ）浬（lǐ）娌（lǐ）锂（lǐ）

立（lì）：莅（lì）笠（lì）粒（lì）翌（yì）翊（yì）意（yì）

丽（lì）：俪（lì）郦（Lì）骊（lí）鹂（lí）逦（lǐ）

利（lì）：梨（lí）犁（lí）莉（lì）俐（lì）蜊（lí）痢（lì）

米（mǐ）：咪（mī）眯（mī）迷（mí）谜（mí）糜（mí）醚（mí）麋（mí）

尼（ní）：妮（nī）泥（ní）昵（nì）旎（nǐ）

---

① 韵母类推字表中，根据声旁类推出来的字音存在一定的特例，如形声字"拙（zhuó）茁（zhuó）"的韵母，就与声旁"出"的韵母 u 不一致。识记时，应注意这些特殊情况，以免误读字音。

皮（pí）：披（pī）疲（pí）铍（pí）
其（qí）：期（qī）欺（qī）琪（qí）旗（qí）棋（qí）祺（qí）淇（qí）麒（qí）
　　　　骐（qí）萁（qí）
奇（qí）：椅（yǐ）倚（yǐ）旖（yǐ）猗（yī）漪（yī）骑（qí）琦（qí）崎（qí）
　　　　绮（qǐ）
乞（qǐ）：迄（qì）讫（qì）汔（qì）屹（yì）
奚（xī）：溪（xī）蹊（qī）
衣（yī）：依（yī）铱（yī）裔（yì）
义（yì）：仪（yí）蚁（yǐ）舣（yǐ）议（yì）

（二）u韵类推字表

卜（bǔ）：补（bǔ）讣（fù）仆（pú）扑（pū）朴（pǔ）
出（chū）：础（chǔ）绌（chù）黜（chù）
度（dù）：渡（dù）镀（dù）
夫（fū）：肤（fū）麸（fū）扶（fú）芙（fú）
弗（fú）：佛（fú）拂（fú）氟（fú）
孚（fú）：俘（fú）孵（fū）浮（fú）莩（fú）蜉（fú）
甫（fǔ）：辅（fǔ）脯（fǔ）傅（fù）缚（fù）铺（pū）匍（pú）莆（pú）葡（pú）
　　　　蒲（pú）浦（pǔ）埔（pǔ）圃（pǔ）簿（pú）溥（pǔ）捕（bǔ）
　　　　哺（bǔ）
付（fù）：符（fú）拊（fǔ）府（fǔ）俯（fǔ）腑（fǔ）腐（fǔ）附（fù）
　　　　咐（fù）驸（fù）
古（gǔ）：估（gū）咕（gū）沽（gū）姑（gū）轱（gū）菇（gū）诂（gǔ）
　　　　牯（gǔ）固（gù）故（gù）崮（gù）锢（gù）痼（gù）怙（hù）
　　　　祜（hù）
胡（hú）：葫（hú）湖（hú）蝴（hú）糊（hú）醐（hú）
户（hù）：护（hù）沪（hù）戽（hù）庐（lú）炉（lú）芦（lú）
卢（lú）：泸（lú）颅（lú）鲈（lú）胪（lú）轳（lú）
奴（nú）：努（nǔ）弩（nǔ）驽（nú）怒（nù）
吾（wú）：捂（wǔ）梧（wú）悟（wù）唔（wú）晤（wù）痦（wù）

朱（zhū）：珠（zhū）诛（zhū）株（zhū）茱（zhū）蛛（zhu）铢（zhū）

主（zhǔ）：拄（zhǔ）注（zhù）住（zhù）驻（zhù）柱（zhù）蛀（zhù）

（三）ü 韵类推字表

居（jū）：据（jù）剧（jù）锯（jù）

巨（jù）：矩（jǔ）拒（jù）距（jù）炬（jù）苣（jù）

区（qū）：岖（qū）驱（qū）躯（qū）伛（yǔ）妪（yù）

于（yú）：迂（yū）吁（yù）盂（yú）宇（yǔ）芋（yù）竽（yú）纡（yū）

俞（yú）：愉（yú）逾（yú）瑜（yú）愈（yù）喻（yù）榆（yú）

禺（yú）：愚（yú）隅（yú）寓（yù）遇（yù）

（四）üe 韵类推字表

厥（jué）：噘（juē）撅（juē）蕨（jué）蹶（jué）橛（jué）镢（jué）獗（jué）

爵（jué）：嚼（jué）爝（jué）

月（yuè）：玥（yuè）刖（yuè）

（五）an 韵类推字表

安（ān）：鞍（ān）桉（ān）氨（ān）案（àn）按（àn）

般（bān）：搬（bān）磐（pán）

半（bàn）：拌（bàn）伴（bàn）绊（bàn）判（pàn）叛（pàn）畔（pàn）

单（dān）：殚（dān）郸（Dān）掸（dǎn）弹（dàn）蝉（chán）婵（chán）

旦（dàn）：担（dān）但（dàn）胆（dǎn）坦（tǎn）袒（tǎn）

反（fǎn）：返（fǎn）饭（fàn）贩（fàn）扳（bān）坂（bǎn）板（bǎn）
　　　　　版（bǎn）

干（gàn）：杆（gǎn）竿（gān）肝（gān）赶（gǎn）秆（gǎn）鼾（hān）
　　　　　汗（hàn）罕（hǎn）旱（hàn）悍（hàn）捍（hàn）刊（kān）

甘（gān）：柑（gān）酣（hān）邯（hán）

曼（màn）：漫（màn）慢（màn）谩（mán）蔓（màn）幔（màn）馒（mán）

难（nán）：滩（tān）瘫（tān）

山（shān）：岸（àn）汕（shàn）疝（shàn）炭（tàn）舢（shān）
炎（yán）：淡（dàn）啖（dàn）谈（tán）痰（tán）毯（tǎn）
元（yuán）：远（yuǎn）院（yuàn）园（yuán）
番（fān）：翻（fān）蕃（fān）潘（Pān）蟠（pán）
扁（biǎn）：编（biān）偏（piān）篇（piān）骗（piàn）
斩（zhǎn）：崭（zhǎn）暂（zàn）惭（cán）
戋（jiān）：践（jiàn）贱（jiàn）溅（jiàn）钱（qián）浅（qiǎn）线（xiàn）
专（zhuān）：砖（zhuān）转（zhuǎn）传（chuán）
咸（xián）：感（gǎn）喊（hǎn）憾（hàn）
见（jiàn）：舰（jiàn）现（xiàn）
千（qiān）：迁（qiān）纤（xiān）奸（jiān）歼（jiān）
前（qián）：煎（jiān）剪（jiǎn）箭（jiàn）
检（jiǎn）：俭（jiǎn）剑（jiàn）脸（liǎn）敛（liǎn）签（qiān）险（xiǎn）验（yàn）
卷（juǎn）：倦（juàn）眷（juàn）圈（quān）拳（quán）券（quàn）
占（zhàn）：战（zhàn）站（zhàn）粘（zhān）
宛（wǎn）：碗（wǎn）婉（wǎn）腕（wàn）豌（wān）

（六）in 韵类推字表

宾（bīn）：滨（bīn）缤（bīn）摈（bìn）殡（bìn）鬓（bìn）嫔（pín）
今（jīn）：衿（jīn）矜（jīn）妗（jìn）衾（qīn）琴（qín）吟（yín）
斤（jīn）：近（jìn）靳（jìn）芹（qín）欣（xīn）新（xīn）薪（xīn）
禁（jìn）：襟（jīn）噤（jìn）
堇（qín）：谨（jǐn）馑（jǐn）勤（qín）
林（lín）：淋（lín）琳（lín）霖（lín）彬（bīn）
磷（lín）：鳞（lín）嶙（lín）
民（mín）：岷（Mín）泯（mǐn）抿（mǐn）
侵（qīn）：寝（qǐn）浸（jìn）
禽（qín）：擒（qín）噙（qín）

心（xīn）：芯（xīn）沁（qìn）

辛（xīn）：锌（xīn）亲（qīn）

因（yīn）：茵（yīn）姻（yīn）氤（yīn）

（七）en 韵类推字表

本（běn）：苯（běn）笨（bèn）奔（bēn）

辰（chén）：晨（chén）娠（shēn）震（zhèn）振（zhèn）赈（zhèn）

分（fēn）：纷（fēn）芬（fēn）吩（fēn）氛（fēn）酚（fēn）粉（fěn）忿（fèn）
　　　　　份（fèn）盆（pén）

沈（shěn）：忱（chén）枕（zhěn）鸩（zhèn）

甚（shèn）：葚（shèn）斟（zhēn）

艮（gěn）：根（gēn）跟（gēn）痕（hén）狠（hěn）很（hěn）恨（hèn）
　　　　　恳（kěn）垦（kěn）

真（zhēn）：缜（zhěn）镇（zhèn）嗔（chēn）慎（shèn）

门（mén）：闷（mèn）扪（mén）焖（mèn）们（men）

贲（bēn）：喷（pēn）愤（fèn）

刃（rèn）：忍（rěn）仞（rèn）纫（rèn）韧（rèn）

壬（rén）：任（rèn）妊（rèn）

参（shēn）：渗（shèn）糁（shēn）

申（shēn）：绅（shēn）伸（shēn）呻（shēn）砷（shēn）神（shén）审（shěn）
　　　　　婶（shěn）抻（chēn）

珍（zhēn）：疹（zhěn）诊（zhěn）趁（chèn）

贞（zhēn）：侦（zhēn）桢（zhēn）祯（zhēn）

臻（zhēn）：蓁（zhēn）榛（zhēn）

（八）ang 韵类推字表

邦（bāng）：帮（bāng）绑（bǎng）梆（bāng）

仓（cāng）：舱（cāng）沧（cāng）苍（cāng）

昌（chāng）：唱（chàng）倡（chàng）猖（chāng）菖（chāng）阊（chāng）

当（dāng）：档（dàng）挡（dǎng）铛（dāng）

方（fāng）：访（fǎng）放（fàng）房（fáng）防（fáng）芳（fāng）纺（fǎng）
仿（fǎng）舫（fǎng）坊（fāng）妨（fáng）肪（fáng）

冈（gāng）：钢（gāng）岗（gǎng）刚（gāng）纲（gāng）

康（kāng）：糠（kāng）慷（kāng）穅（kāng）

亢（kàng）：抗（kàng）炕（kàng）伉（kàng）

良（liáng）：粮（liáng）踉（liàng）娘（niáng）茛（liáng）

囊（náng）：攮（nǎng）曩（nāng）馕（nǎng）齉（nàng）

旁（páng）：磅（bàng）滂（pāng）膀（páng）榜（bǎng）傍（bàng）

桑（sāng）：嗓（sǎng）搡（sǎng）

商（shāng）：熵（shāng）墒（shāng）

尚（shàng）：赏（shǎng）裳（cháng）躺（tǎng）趟（tàng）棠（táng）
淌（tǎng）倘（tǎng）常（cháng）敞（chǎng）徜（cháng）

唐（táng）：糖（táng）塘（táng）搪（táng）溏（táng）

堂（táng）：膛（táng）镗（tāng）樘（táng）

亡（wáng）：忘（wàng）妄（wàng）忙（máng）芒（máng）盲（máng）
氓（máng）茫（máng）邙（Máng）

王（wáng）：旺（wàng）汪（wāng）枉（wǎng）

羊（yáng）：样（yàng）痒（yǎng）洋（yáng）烊（yáng）氧（yǎng）佯（yáng）
徉（yáng）

章（zhāng）：障（zhàng）樟（zhāng）彰（zhāng）璋（zhāng）漳（Zhāng）
蟑（zhāng）嶂（zhàng）獐（zhāng）幛（zhàng）

长（zhǎng）：张（zhāng）涨（zhǎng）胀（zhàng）账（zhàng）帐（zhàng）
怅（chàng）伥（chāng）

丈（zhàng）：仗（zhàng）杖（zhàng）

（九）ing 韵类推字表

丙（bǐng）：炳（bǐng）病（bìng）柄（bǐng）

并（bìng）：饼（bǐng）摒（bìng）屏（píng）瓶（píng）

丁（dīng）：顶（dǐng）订（dìng）盯（dīng）钉（dìng）厅（tīng）汀（tīng）

定（dìng）：锭（dìng）腚（dìng）啶（dìng）碇（dìng）

茎（jīng）：径（jìng）胫（jìng）颈（jǐng）经（jīng）泾（jīng）迳（jìng）痉（jìng）
　　　　　劲（jìng）轻（qīng）氢（qīng）

京（jīng）：景（jǐng）惊（jīng）鲸（jīng）憬（jǐng）璟（jǐng）影（yǐng）

令（lìng）：领（lǐng）岭（lǐng）零（líng）龄（líng）铃（líng）羚（líng）玲（líng）
　　　　　翎（líng）伶（líng）聆（líng）

名（míng）：铭（míng）茗（míng）酩（mǐng）

平（píng）：评（píng）萍（píng）坪（píng）苹（píng）枰（píng）

青（qīng）：清（qīng）情（qíng）请（qǐng）晴（qíng）氰（qíng）箐（qìng）
　　　　　蜻（qīng）静（jìng）精（jīng）靖（jìng）睛（jīng）菁（jīng）

廷（tíng）：挺（tǐng）庭（tíng）艇（tǐng）霆（tíng）蜓（tíng）

亭（tíng）：婷（tíng）停（tíng）葶（tíng）

星（xīng）：醒（xǐng）腥（xīng）惺（xīng）猩（xīng）

形（xíng）：型（xíng）刑（xíng）邢（Xíng）铏（xíng）

婴（yīng）：樱（yīng）缨（yīng）嘤（yīng）瘿（yǐng）罂（yīng）璎（yīng）

莹（yíng）：营（yíng）萦（yíng）萤（yíng）莺（yīng）荧（yíng）荥（xíng）

菱（líng）：凌（líng）绫（líng）陵（líng）

英（yīng）：瑛（yīng）缨（yīng）

冥（míng）：螟（míng）溟（míng）暝（míng）瞑（míng）

宁（níng）：拧（nǐng）狞（níng）泞（nìng）聍（níng）

（十）eng 韵类推字表

风（fēng）：疯（fēng）枫（fēng）讽（fěng）凤（fèng）

逢（féng）：峰（fēng）缝（féng）锋（fēng）蜂（fēng）烽（fēng）蓬（péng）
　　　　　篷（péng）

奉（fèng）：俸（fèng）捧（pěng）

正（zhèng）：政（zhèng）征（zhēng）整（zhěng）证（zhèng）症（zhèng）
　　　　　怔（zhēng）惩（chéng）

争（zhēng）：挣（zhèng）睁（zhēng）铮（zhēng）净（zhèng）峥（zhēng）
　　　　　筝（zhēng）狰（zhēng）

成（chéng）：城（chéng）诚（chéng）宬（chéng）晟（shèng）盛（shèng）
曾（céng）：蹭（cèng）增（zēng）赠（zèng）憎（zēng）甑（zèng）矰（zēng）
生（shēng）：胜（shèng）笙（shēng）牲（shēng）甥（shēng）眚（shěng）
登（dēng）：瞪（dèng）蹬（dēng）凳（dèng）澄（chéng）橙（chéng）
呈（chéng）：程（chéng）逞（chěng）酲（chéng）
更（gèng）：梗（gěng）埂（gěng）哽（gěng）绠（gěng）鲠（gěng）
朋（péng）：鹏（péng）棚（péng）硼（péng）蹦（bèng）崩（bēng）
　　　　　　绷（bēng）绷（bēng）
蒙（méng）：朦（méng）蠓（měng）艨（méng）檬（méng）
孟（mèng）：锰（měng）勐（měng）猛（měng）蜢（měng）艋（měng）
彭（Péng）：膨（péng）澎（péng）嘭（pēng）

第三节　单字声调分类辨读

一、同声韵字四声训练

（一）b、p、m 同韵字四声训练

bā	bá	bǎ	bà	bāi	bái	bǎi	bài
巴	拔	把	爸	掰	白	百	拜

bāo	báo	bǎo	bào	bēng	béng	běng	bèng
包	薄	宝	报	崩	甭	绷	蹦

bī	bí	bǐ	bì	biē	bié	biě	biè
逼	鼻	比	必	憋	鳖	瘪	别

bō	bó	bǒ	bò	bū	bú	bǔ	bù
波	博	跛	簸	逋	醭	卜	不

pāo	páo	pǎo	pào	pāi	pái	pǎi	pài
抛	刨	跑	炮	拍	排	迫	派

pēng	péng	pěng	pèng	pī	pí	pǐ	pì
烹	朋	捧	碰	披	皮	匹	屁

pīn	pín	pǐn	pìn		pū	pú	pǔ	pù
拼 —	频 —	品 —	聘		铺 —	葡 —	普 —	瀑
piāo	piáo	piǎo	piào		pō	pó	pǒ	pò
飘 —	嫖 —	瞟 —	漂		坡 —	婆 —	叵 —	破
pāng	páng	pǎng	pàng		piān	pián	piǎn	piàn
乓 —	旁 —	耪 —	胖		偏 —	骈 —	谝 —	片
mān	mán	mǎn	màn		mā	má	mǎ	mà
颟 —	瞒 —	满 —	慢		妈 —	麻 —	马 —	骂
māo	máo	mǎo	mào		mēng	méng	měng	mèng
猫 —	毛 —	铆 —	冒		蒙 —	萌 —	猛 —	孟
mī	mí	mǐ	mì		miāo	miáo	miǎo	miào
咪 —	迷 —	米 —	觅		喵 —	苗 —	秒 —	妙
mō	mó	mǒ	mò					
摸 —	磨 —	抹 —	末					

（二）f同韵字四声训练

fā	fá	fǎ	fà		fān	fán	fǎn	fàn
发 —	罚 —	法 —	发		翻 —	烦 —	反 —	范
fāng	fáng	fǎng	fàng		fēi	féi	fěi	fèi
方 —	房 —	纺 —	放		非 —	肥 —	匪 —	废
fēng	Féng	fěng	fèng		fū	fú	fǔ	fù
峰 —	冯 —	讽 —	奉		夫 —	扶 —	府 —	父
fēn	fén	fěn	fèn					
分 —	焚 —	粉 —	奋					

（三）z、c、s同韵字四声训练

zāo	záo	zǎo	zào		zān	zán	zǎn	zàn
糟 —	凿 —	枣 —	燥		簪 —	咱 —	攒 —	赞
zuō	zuó	zuǒ	zuò		cūn	cún	cǔn	cùn
嘬 —	昨 —	左 —	做		村 —	存 —	忖 —	寸
cāi	cái	cǎi	cài		cān	cán	cǎn	càn
猜 —	才 —	采 —	菜		参 —	残 —	惨 —	灿
cī	cí	cǐ	cì		cuō	cuó	cuǒ	cuò
呲 —	词 —	此 —	次		蹉 —	痤 —	脞 —	挫

suī	suí	suǐ	suì
虽 —	随 —	髓 —	岁

（四）d、t、n、l 同韵字四声训练

dā	dá	dǎ	dà	dī	dí	dǐ	dì
搭 —	达 —	打 —	大	低 —	迪 —	抵 —	弟
dū	dú	dǔ	dù	duō	duó	duǒ	duò
都 —	毒 —	堵 —	杜	多 —	夺 —	躲 —	剁
dāo	dáo	dǎo	dào	tāi	tái	tǎi	tài
刀 —	叨 —	岛 —	倒	胎 —	抬 —	呔 —	太
tān	tán	tǎn	tàn	tāng	táng	tǎng	tàng
摊 —	谈 —	坦 —	叹	汤 —	糖 —	躺 —	烫
tāo	táo	tǎo	tào	tī	tí	tǐ	tì
韬 —	逃 —	讨 —	套	踢 —	题 —	体 —	替
tiāo	tiáo	tiǎo	tiào	tōng	tóng	tǒng	tòng
挑 —	条 —	窕 —	跳	通 —	同 —	桶 —	痛
tū	tú	tǔ	tù	tuī	tuí	tuǐ	tuì
突 —	图 —	土 —	兔	推 —	颓 —	腿 —	退
tuō	tuó	tuǒ	tuò	tiān	tián	tiǎn	tiàn
拖 —	驼 —	妥 —	唾	天 —	田 —	舔 —	掭
tīng	tíng	tǐng	tìng	tōu	tóu	Tǒu	tòu
听 —	停 —	挺 —	梃	偷 —	头 —	钭 —	透
nī	ní	nǐ	nì	nā	ná	nǎ	nà
妮 —	泥 —	你 —	逆	那 —	拿 —	哪 —	纳
niān	nián	niǎn	niàn	nān	nán	nǎn	nàn
拈 —	年 —	撵 —	念	囡 —	难 —	赧 —	难
nāo	náo	nǎo	nào	niū	niú	niǔ	niù
孬 —	挠 —	恼 —	闹	妞 —	牛 —	钮 —	拗
lā	lá	lǎ	là	lāo	láo	lǎo	lào
拉 —	旯 —	喇 —	辣	捞 —	劳 —	老 —	烙
lāng	láng	lǎng	làng	lēi	léi	lěi	lèi
啷 —	郎 —	朗 —	浪	勒 —	雷 —	累 —	类
lī	lí	lǐ	lì	līn	lín	lǐn	lìn
哩 —	离 —	礼 —	例	拎 —	林 —	凛 —	吝

liū	Liú	liǔ	liù		lōu	lóu	lǒu	lòu
溜 —	刘 —	柳 —	遛		搂 —	楼 —	篓 —	漏
lēng	léng	lěng	lèng		liāo	liáo	liǎo	Liào
棱 —	塄 —	冷 —	愣		撩 —	辽 —	了 —	廖
lōng	lóng	lǒng	lòng		lū	lú	lǔ	lù
隆 —	龙 —	拢 —	弄		撸 —	芦 —	鲁 —	路
luō	luó	luǒ	luò					
捋 —	锣 —	裸 —	落					

（五）zh、ch、sh、r 同韵字四声训练

zhā	zhá	zhǎ	zhà		zhāo	zháo	zhǎo	zhào
渣 —	炸 —	眨 —	榨		招 —	着 —	找 —	照
zhē	zhé	zhě	zhè		zhī	zhí	zhǐ	zhì
遮 —	哲 —	者 —	这		只 —	执 —	指 —	至
zhōu	zhóu	zhǒu	zhòu		zhū	zhú	zhǔ	zhù
周 —	轴 —	肘 —	咒		朱 —	竹 —	煮 —	住
zhāi	zhái	zhǎi	zhài		chā	chá	chǎ	chà
摘 —	宅 —	窄 —	债		插 —	查 —	镲 —	岔
chū	chú	chǔ	chù		chī	chí	chǐ	chì
出 —	厨 —	处 —	触		吃 —	池 —	尺 —	赤
chān	chán	chǎn	chàn		chāng	cháng	chǎng	chàng
搀 —	馋 —	产 —	颤		昌 —	常 —	场 —	唱
chēn	chén	chěn	chèn		chōu	chóu	chǒu	chòu
琛 —	陈 —	碜 —	趁		抽 —	愁 —	丑 —	臭
chēng	chéng	chěng	chèng		chāo	cháo	chǎo	chào
称 —	乘 —	逞 —	秤		超 —	潮 —	吵 —	耖
chōng	chóng	chǒng	chòng		chuān	chuán	chuǎn	chuàn
充 —	虫 —	宠 —	冲		川 —	船 —	喘 —	钏
chuāng	chuáng	chuǎng	chuàng		shā	shá	shǎ	shà
窗 —	床 —	闯 —	创		杀 —	啥 —	傻 —	煞
shāo	sháo	shǎo	shào		shē	shé	shě	shè
稍 —	韶 —	少 —	绍		奢 —	舌 —	舍 —	设
shēn	shén	shěn	shèn		shēng	shéng	shěng	shèng
身 —	什 —	沈 —	甚		生 —	绳 —	省 —	剩

shī	shí	shǐ	shì
师 —	时 —	使 —	是

shōu	shóu	shǒu	shòu
收 —	熟 —	手 —	受

shū	shú	shǔ	shù
书 —	塾 —	数 —	树

suī	suí	suǐ	suì
虽 —	随 —	髓 —	岁

rāng	ráng	rǎng	ràng
嚷 —	瓤 —	攘 —	让

（六）j、q、x 同韵字四声训练

jī	jí	jǐ	jì
基 —	急 —	己 —	祭

jiā	jiá	Jiǎ	jià
家 —	夹 —	贾 —	嫁

jiāo	jiáo	jiǎo	jiào
交 —	嚼 —	脚 —	叫

jiē	jié	jiě	jiè
接 —	节 —	姐 —	借

jū	jú	jǔ	jù
居 —	局 —	举 —	巨

juē	jué	jué	juè
噘 —	决 —	蹶 —	倔

qī	qí	qǐ	qì
妻 —	骑 —	启 —	器

qiē	qié	qiě	qiè
切 —	茄 —	且 —	妾

qīn	qín	qǐn	qìn
亲 —	秦 —	寝 —	沁

quān	quán	quǎn	quàn
圈 —	全 —	犬 —	劝

qiān	qián	qiǎn	qiàn
千 —	前 —	浅 —	欠

qiāng	qiáng	qiǎng	qiàng
枪 —	墙 —	抢 —	呛

qiāo	qiáo	qiǎo	qiào
敲 —	瞧 —	巧 —	翘

qīng	qíng	qǐng	qìng
青 —	情 —	请 —	庆

qū	qú	qǔ	qù
曲 —	渠 —	取 —	去

xiāo	xiáo	xiǎo	xiào
肖 —	淆 —	晓 —	啸

xī	xí	xǐ	xì
希 —	习 —	喜 —	戏

xiān	xián	xiǎn	xiàn
先 —	咸 —	显 —	现

xiāng	xiáng	xiǎng	xiàng
乡 —	详 —	想 —	向

xiē	xié	xiě	xiè
些 —	鞋 —	写 —	谢

xīng	xíng	xǐng	xìng
星 —	行 —	醒 —	性

xū	xú	xǔ	xù
须 —	徐 —	许 —	续

xuān	xuán	xuǎn	xuàn
宣 —	玄 —	选 —	炫

Xuē	xué	xuě	xuè
薛 —	学 —	雪 —	血

（七）g、k、h 同韵字四声训练

gā	gá	gǎ	gà	gē	gé	Gě	gè
旮 —	嘎 —	尕 —	尬	戈 —	格 —	葛 —	个

guō	guó	guǒ	guò	gēn	gén	gěn	gèn
锅 —	国 —	果 —	过	根 —	哏 —	艮 —	亘

kē	ké	kě	kè	kuāng	kuáng	kuǎng	kuàng
棵 —	咳 —	渴 —	课	匡 —	狂 —	夼 —	况

kuī	kuí	kuǐ	kuì	hā	há	hǎ	hà
亏 —	逵 —	跬 —	愧	哈 —	蛤 —	哈 —	哈

hāi	hái	hǎi	hài	hān	hán	hǎn	hàn
嗨 —	孩 —	海 —	害	憨 —	寒 —	喊 —	汉

hāo	háo	hǎo	hào	hōng	hóng	hǒng	hòng
蒿 —	嚎 —	好 —	号	烘 —	红 —	哄 —	哄

hū	hú	hǔ	hù	huān	huán	huǎn	huàn
乎 —	壶 —	虎 —	户	欢 —	还 —	缓 —	患

huī	huí	huǐ	huì	huāng	huáng	huǎng	huàng
灰 —	回 —	毁 —	惠	荒 —	黄 —	恍 —	晃

huō	huó	huǒ	huò				
豁 —	活 —	火 —	或				

（八）零声母同韵字四声训练

āo	áo	ǎo	ào	āi	ái	ǎi	ài
凹 —	熬 —	袄 —	傲	唉 —	挨 —	矮 —	爱

ē	é	ě	è	wā	wá	wǎ	wà
阿 —	额 —	恶 —	饿	哇 —	娃 —	瓦 —	袜

wān	wán	wǎn	wàn	wāng	wáng	wǎng	wàng
湾 —	完 —	碗 —	万	汪 —	王 —	网 —	忘

wēi	wéi	wěi	wèi	wēn	wén	wěn	wèn
薇 —	维 —	伟 —	卫	温 —	文 —	稳 —	问

wū	wú	wǔ	wù	yā	yá	yǎ	yà
屋 —	无 —	武 —	务	鸭 —	牙 —	哑 —	亚

yān	yán	yǎn	yàn	yāng	yáng	yǎng	yàng
烟 —	延 —	演 —	厌	央 —	羊 —	痒 —	样

yāo	yáo	yǎo	yào	yē	yé	yě	yè
邀 —	谣 —	咬 —	药	耶 —	爷 —	也 —	页

yī	yí	yǐ	yì	yīn	yín	yǐn	yìn
依 —	疑 —	以 —	艺	因 —	银 —	隐 —	印

yīng	yíng	yǐng	yìng	yōu	yóu	yǒu	yòu
英 —	迎 —	影 —	硬	优 —	由 —	有 —	又

yū	yú	yǔ	yù	yuān	yuán	yuǎn	yuàn
迂 —	于 —	语 —	预	渊 —	原 —	远 —	怨

yūn	yún	yǔn	yùn
晕 —	云 —	允 —	运

二、阴平字训练

（一）声母 b、p、m 阴平字训练

bā	bā	bāi	bān	bān	bāo	bāo	bāo	bāo	bēn
疤	芭	掰	颁	斑	苞	褒	煲	鲍	犇
bēn	bēng	bēng	bēng	biān	biān	biān	biān	biān	biāo
贲	绷	崩	嘣	鞭	蝙	砭	鯿	煸	标
biāo	biāo	biāo	biāo	biāo	biāo	bīn	bīn	bīn	bīn
镖	彪	膘	飙	镳	飚	斌	缤	滨	濒
bīn	bīn	bīng	bīng	bō	bō	bō	bō	bō	bēi
槟	彬	冰	兵	播	剥	拨	饽	钵	碑
bēi	bēi	pā	pā	pān	pān	Pān	pāo	pēi	pēn
悲	卑	啪	葩	攀	番	潘	抛	胚	喷
pī	pī	Pī	pī	piān	piān	piān	piāo	piāo	piāo
霹	砒	邳	纰	偏	篇	翩	飘	缥	剽
piāo	pīn	pīng	pīng	pīng	pū	pū	pā	pāi	pēng
嘌	姘	乒	娉	俜	铺	噗	趴	拍	抨
pēng	pēng	pēng	pēng	piē	piē	pō	pō	pōu	mā
烹	砰	怦	嘭	瞥	撇	颇	泊	剖	抹
māng	māo	mēn	mēng	mī	miāo	miē	miē	mōu	
牤	猫	闷	蒙	眯	喵	咩	乜	哞	

（二）声母 f 阴平字训练

fā	fān	fān	fān	fāng	fāng	fēi	fēi	fēi	fēi
发	幡	蕃	帆	坊	枋	绯	扉	霏	蜚
fēi	fēn	fēn	fēn	fēng	fēng	fēng	fēng	fēng	Fēng
啡	氛	酚	昐	风	封	疯	峰	烽	沣
fēng	fēng	fēng	fū	fū	fū	fū	fū	fū	fū
锋	蜂	枫	敷	肤	呋	孵	麸	跌	跗

（三）声母 z、c、s 阴平字训练

zā	zā	zāi	zāi	zāng	zāng	zāo	zēng	zī	zōng
匝	咂	哉	栽	脏	臧	遭	增	姿	综
zōng	zōng	zōng	zōu	Zōu	zōu	zōu	zūn	zān	zāo
棕	踪	鬃	驺	邹	诹	陬	尊	簪	糟
zēng	zēng	zī	zī	zī	zū	zuān	zuān	zūn	zūn
憎	缯	滋	缁	镃	租	钻	躜	樽	鳟
zūn	cā	cā	cāi	cān	cān	cāng	cāng	cāng	cāng
遵	嚓	擦	猜	参	餐	沧	伧	苍	舱
cāo	cāo	cī	cī	cōng	cōng	cōng	cēng	cuān	cuān
糙	操	疵	呲	葱	囱	聪	噌	蹿	撺
cuān	cuī	cuō	cuō	cuō	cūn	cūn	cuō	sā	sā
氽	摧	搓	撮	蹉	村	皴	磋	撒	仨
sāi	sāi	sāi	sēn	sēng	sū	suī	suō	sāng	sāo
噻	鳃	腮	森	僧	苏	虽	缩	桑	缫
sāo	sāo	sū	sū	sū	suān	suān	suī	suī	sūn
搔	臊	酥	稣	窣	酸	狻	睢	濉	荪
sūn	suō	suō	suō	suō	suō	suō	suō	sī	sī
狲	娑	蓑	梭	唆	挲	睃	嗍	嘶	撕
sī	sī	sī							
咝	狮	厮							

（四）声母 d、t、n、l 阴平字训练

dā	dā	dā	dā	dā	dān	Dān	dān	dān	dāng
搭	哒	耷	嗒	褡	耽	郸	箪	担	铛

dāng 裆	dēng 灯	dēng 蹬	dēng 噔	dī 滴	dī 堤	diāo 雕	diē 跌	dīng 盯	dōng 东
dōu 兜	duān 端	dūn 敦	dūn 蹲	dūn 墩	dūn 惇	dūn 礅	duī 堆	dūn 吨	duō 哆
dāi 呆	dāi 待	dāi 呔	dāo 叨	dāo 氘	diū 铥	diān 颠	diān 掂	diān 巅	diān 滇
diān 癫	diāo 凋	diāo 貂	diāo 叼	diāo 刁	diē 爹	dīng 酊	dīng 町	dīng 玎	dīng 仃
diū 丢	dōng 冬	dōu 都	dū 督	dū 嘟	duō 咄	dōng 咚	tā 跶	tā 铊	tā 塌
tāi 苔	tāi 胎	tān 摊	tān 坍	tān 瘫	tāng 汤	tāng 镗	tāo 韬	tī 剔	tī 踢
tiān 天	tiāo 挑	tiāo 佻	tiē 贴	tiē 帖	tōng 通	tōu 偷	tū 突	tuī 推	tuō 拖
tiān 添	tīng 厅	tū 凸	tū 秃	tuān 湍	tuō 托	tuō 脱	tīng 汀	tīng 烃	tūn 吞
nāng 囔	nān 囡	nāo 孬	nī 妮	niān 拈	niān 蔫	niē 捏	niū 妞	lā 邋	lāo 捞
lōu 搂	lēi 勒	lēi 嘞	liū 熘	lū 噜	luō 啰	lī 哩	liū 溜	liāo 撩	liē 咧
līn 拎	lū 撸	lūn 抡	luō 捋						

（五）声母 zh、ch、sh、r 阴平字训练

zhā 扎	zhāng 张	zhāo 招	zhēn 针	zhēng 争	zhōng 中	zhōu 周	zhū 朱	zhuā 抓	zhuān 专
zhuāng 庄	zhuī 追	zhuō 桌	zhā 楂	zhān 粘	zhān 毡	zhāng 章	zhāng 彰	zhuāng 桩	zhāo 钊
zhāo 昭	zhāo 朝	zhē 遮	zhuāng 妆	zhuī 锥	zhuō 拙	zhuō 捉	zhēn 珍	zhēn 侦	zhēn 砧
zhēng 征	zhēng 睁	zhēng 蒸	zhēng 峥	zhī 枝	zhī 知	zhī 肢	zhī 织	zhōng 盅	zhōng 钟
zhōng 终	zhōu 州	zhōu 粥	zhōu 洲	zhū 诸	zhū 珠	zhū 株	zhū 猪	zhū 蛛	chā 插

chāi	chāi	chān	chā	chāo	chē	chēng	chī	chōng	chū
拆	钗	搀	差	超	车	撑	吃	冲	出
chuān	chuāng	chuī	chūn	chāng	chāng	chāo	chēn	chēn	chēng
川	窗	吹	春	娼	猖	钞	琛	抻	称
chēng	chī	chī	chī	chōng	chōu	chuāi	shēn	shēn	shā
瞠	蚩	痴	魑	忡	抽	揣	呻	莘	杀
shāng	shā	shā	shā	shāi	shān	shān	shān	shān	shēng
伤	砂	莎	鲨	筛	珊	删	煽	杉	升
shī	shōu	shū	shuāi	shuāng	shuō	shāng	shāo	shāo	shē
尸	收	书	衰	霜	说	商	烧	梢	奢
Shē	shēn	shēng	shī	shī	shī	shī	shī	rāng	rēng
畲	伸	声	诗	狮	虱	施	湿	嚷	扔

（六）声母 j、q、x 阴平字训练

jī	jiā	jiān	jiāng	jiāo	jiē	jīn	jīng	jiū	jū
几	加	尖	将	交	阶	今	京	纠	居
jūn	jī	jī	jī	jī	jī	jiā	jiā	jiān	jiān
军	饥	肌	积	畸	激	夹	佳	艰	歼
jiān	jiān	jiāng	jiāo	jiāo	jiāo	jiē	jiē	jīn	jīn
兼	煎	江	茭	焦	蛟	皆	揭	津	筋
jīng	jīng	jīng	jīng	jiū	jū	jū	juān	jiā	jiā
惊	晶	睛	精	究	驹	鞠	娟	迦	伽
jiā	jiān	jiān	jiāng	jiāng	jiāng	jiāng	jiāo	jiāo	jiāo
痂	奸	笺	疆	僵	浆	豇	礁	椒	蕉
jiē	jiē	jīn	jīn	jīn	jīng	jīng	jīng	jīng	jīng
接	嗟	矜	襟	衿	荆	旌	泾	兢	菁
jīng	jīng	jīng	jiū	jiū	jiū	jū	jū	juān	juē
腈	茎	粳	鸠	啾	赳	雎	拘	鹃	撅
juē	jūn	jūn	jūn	qī	qī	qī	qī	qī	qī
噘	均	菌	钧	栖	漆	凄	戚	蹊	沏
qī	qiāo	qīn	qiān	qiān	qīng	qiū	qū	quē	qiā
喊	敲	侵	铅	骞	青	秋	区	缺	掐
qiān	qiān	qīn	qīn	qiāo	qiān	Qiāng	qiāng	qiāng	qīng
签	阡	钦	衾	悄	牵	羌	腔	锵	清

qīng 倾	qīng 蜻	qīng 氢	qū 驱	qū 躯	quān 圈	quē 阙	qiē 切	qiāo 锹	xī 西
xiān 先	xiāng 乡	xiāo 消	xiē 些	xīn 心	xīng 兴	xiōng 兄	xiū 休	xī 兮	xī 息
xū 虚	xuān 宣	xī 悉	xī 犀	xiā 瞎	xiān 仙	xiān 纤	xiān 掀	xiāng 相	xiāng 箱
xiāo 枭	xiāo 销	xiē 歇	xīn 辛	xīng 星	xiōng 胸	xī 稀	xī 锡	xī 熙	xiā 呷
xiān 跹	xiān 暹	xiāng 湘	xiāng 镶	xiāng 厢	xiāo 潇	xiāo 霄	xiāo 逍	xiāo 骁	xiāo 嚣
xiē 蝎	xiē 楔	xīn 鑫	xīn 昕	xīn 歆	xīn 馨	xīng 腥	xīng 惺	xīng 猩	xiōng 芎
xiōng 汹	xiōng 讻	xiū 修	xiū 羞	xiū 貅	xiū 馐	xū 嘘	xū 需	xū 墟	xū 盱
xuān 轩	xuān 喧	Xuē 薛	xuē 靴	xūn 勋	xūn 醺	xūn 曛			

（七）声母 g、k、h 阴平字训练

gāi 该	gān 干	gāng 刚	gāo 高	gē 鸽	gēn 根	gēng 更	gōng 工	gōu 勾	gū 姑
guā 瓜	guān 关	guāng 光	guī 归	guō 郭	gā 旮	gā 嘎	gē 胳	gān 尴	gān 肝
gān 甘	gān 竿	gāng 冈	gāng 缸	Gāng 罡	gāo 糕	gāo 睾	gē 疙	gē 搁	gēn 跟
gāi 垓	gān 柑	gān 杆	gān 泔	gāng 钢	gāng 纲	gāo 皋	gāo 羔	gāo 篙	gē 圪
gē 咯	gēng 耕	gēng 庚	gēng 羹	gōng 功	gōng 攻	gōng 供	Gōng 龚	gōng 躬	gōng 肱
gōng 觥	gōng 蚣	gōng 恭	gū 辜	gū 沽	gū 鸪	guā 刮	guā 呱	guāi 乖	guān 观
guān 冠	guān 棺	guān 纶	guī 闺	guī 硅	guī 皈	kā 咖	kā 咔	kāi 开	kān 勘
kē 科	kōng 空	kuān 宽	kuāng 筐	kūn 昆	kāi 揩	kān 龛	kāng 康	kē 柯	kē 磕

kū 枯	kū 哭	kuā 夸	kān 堪	kāng 糠	kāng 慷	kē 颗	kē 轲	kē 窠	kē 蝌
kē 颏	kēng 坑	kēng 铿	kōng 箜	kōng 崆	kōu 抠	kū 窟	kū 骷	kuāng 诓	kuāng 哐
kuī 亏	kuī 窥	kuī 盔	kuī 岿	kūn 坤	hē 喝	hēi 黑	hū 乎	huā 花	huān 欢
hū 呼	huī 挥	huāng 荒	huī 灰	hūn 婚	hāi 嗨	hān 酣	hāng 夯	hāo 蒿	hē 呵
huī 辉	hān 憨	hāo 薅	hē 诃	hē 嗬	hēi 嘿	hēng 哼	hōng 哄	hōng 薨	hōng 烘
hū 惚	huāng 慌	huāng 肓							

（八）零声母阴平字训练

āi 唉	āo 凹	āng 肮	ān 氨	ān 鹌	ān 鞍	ōu 欧	ē 婀	ēn 恩	wā 挖
wāi 歪	wān 弯	wāng 汪	wēi 危	wēn 温	wū 污	wā 洼	wā 娲	wēi 威	wēi 偎
wēng 翁	wēng 嗡	wō 喔	yā 压	yān 咽	yī 依	yīn 因	yīng 应	yōng 拥	yōu 优
yuē 曰	yā 鸭	yān 胭	yān 淹	yāng 鸯	yāng 秧	yāo 邀			

三、阳平字训练

（一）声母 b、p、m 阳平字训练

bái 白	bí 鼻	béng 甭	bó 勃	bó 驳	báo 雹	bá 拔	bá 跋	bá 魃	báo 薄
bí 荸	bié 别	bié 蹩	bó 渤	Bó 亳	pá 爬	pái 排	pán 盘	páng 庞	péi 陪
pén 盆	péng 蓬	pí 皮	pín 贫	píng 平	pó 婆	pú 菩	páng 彷	páng 螃	páo 刨

páo	péi	pí	pí	pián	pín	píng	pú	pá	pá
袍	培	枇	疲	骈	频	评	葡	扒	琶
pá	pá	pái	pái	pán	pán	pán	páng	páng	páo
杷	耙	牌	徘	蟠	磐	蹒	滂	磅	咆
páo	Péi	péi	Péng	péng	péng	péng	péng	péng	pí
狍	裴	赔	彭	鹏	篷	硼	膨	芃	埤
Pí	pí	pián	pián	piáo	piáo	Piáo	pín	pín	píng
郫	蚍	胼	蹁	嫖	瓢	朴	嫔	颦	瓶
píng	píng	píng	píng	pó	pú	Pú	pú	pú	pú
凭	屏	萍	坪	鄱	蒲	濮	璞	匍	莆
má	mán	máng	méng	mí	mián	miáo	mín	míng	mó
麻	瞒	茫	萌	弥	棉	描	民	名	模
móu	mái	mán	máng	mái	mán	máng	Máng	máng	máo
谋	霾	蛮	芒	埋	馒	盲	邙	氓	髦
máo	máo	máo	méi	méi	méi	méi	mén	méng	méng
茆	牦	旄	霉	莓	玫	嵋	扪	盟	朦
méng	mí	mí	mí	mí	mián	mián	miáo	mín	míng
虻	迷	谜	靡	糜	眠	绵	瞄	珉	明
míng	míng	míng	míng	mó	mó	mó			
鸣	冥	铭	暝	膜	魔	摩			

（二）声母 f 阳平字训练

fá	fán	fáng	Féng	fó	fú	fá	fá	fán	fán
罚	凡	防	冯	佛	服	阀	筏	烦	樊
fán	fáng	fén	fén	Fén	féng	fú	fú	fá	fáng
繁	肪	坟	焚	汾	缝	茯	蝠	伐	房
fáng	féi	féng	fú	fú	fú	fú	fú		
坊	肥	逢	浮	符	弗	芙	辐		

（三）声母 z、c、s 阳平字训练

zá	zán	zé	zéi	zuó	zá	záo	zé	zé	zé
杂	咱	责	贼	昨	砸	凿	择	泽	啧
cáo	céng	cén	cí	cí	cái	cái	cái	cán	cán
漕	层	岑	瓷	磁	才	裁	材	惭	蚕

cán	cáo	céng	cí	cóng	cún	cáng	cái	cáo	cáo
残	曹	曾	词	从	存	藏	财	槽	嘈
cén	suí	sú	suí						
涔	随	俗	遂						

（四）声母 d、t、n、l 阳平字训练

dá	dé	dí	dié	dú	duó	dá	dí	dí	dí
达	得	敌	叠	毒	夺	鞑	迪	荻	涤
dí	dú	dú	dá	dá	dá	dá	dá	dáo	dé
嫡	独	犊	妲	沓	瘩	靼	怛	捯	德
dié	dié	dié	dié	tái	Tái	tán	tán	tái	tán
迭	谍	耋	牒	抬	邰	檀	痰	台	谈
táng	táo	téng	tí	tián	tíng	táng	táng	táng	tóng
塘	逃	疼	提	田	停	堂	糖	唐	同
tóu	tú	tuán	tái	tán	tán	táng	táng	táng	
头	图	团	苔	昙	坛	潭	膛	溏	搪
táo	táo	táo	téng	téng	Téng	téng	tí	tí	tí
陶	淘	萄	腾	藤	滕	誊	啼	蹄	缇
tí	tián	tián	tián	tiáo	tiáo	tiáo	tiáo	tiáo	tiáo
醍	填	甜	恬	迢	蜩	鲦	髫	笤	苕
tíng	tíng	tíng	tíng	tóng	tóng	tóng	tóng	Tóng	tóu
庭	婷	霆	蜓	彤	桐	瞳	仝	佟	投
tóu	tuí	tún	tún	néng	ní	nián	níng	nóng	nán
骰	颓	囤	豚	能	泥	年	宁	农	楠
náo	ní	ní	nián	nián	níng	náng	nián	ní	ní
挠	尼	霓	粘	黏	柠	囊	鲇	倪	鲵
náo	nán	nán	lái	lán	láo	léi	lián	liáng	lín
猱	男	难	来	栏	劳	雷	连	良	邻
lái	lái	Lái	líng	liú	lóu	lú	lún	luó	lán
莱	徕	涞	灵	留	楼	炉	轮	逻	岚
lán	lán	lán	lán	léi	lí	lí	lí	lí	
褴	澜	斓	婪	羸	狸	骊	篱	鹂	

（五）声母 zh、ch、sh、r 阳平字训练

zhé	zhí	zhóu	zhú	zhuó	zhái	Zhái	zhé	zhí	zhí
折	直	轴	竹	卓	宅	翟	谪	执	侄
zhí	zhí	zhí	zhí	chá	chán	cháng	cháo	chén	chéng
职	值	植	殖	茶	缠	长	巢	臣	成
chí	chóng	chóu	chú	chuán	chuáng	chuí	chún	chái	chái
池	崇	愁	除	传	床	垂	纯	柴	豺
cháng	cháng	cháng	cháng	cháng	cháo	chén	chén	chén	chén
常	肠	嫦	偿	徜	潮	尘	晨	宸	陈
chéng	chéng	chéng	chéng	shé	shén	shéng	shú	shá	sháo
诚	程	惩	橙	舌	什	绳	熟	啥	芍
sháo	shé	shén	shí	shí	rán	rén	réng	róng	róu
韶	蛇	神	识	实	然	人	仍	容	柔
rú	rán	ráng	ráo	róng	róng	róng	rú		
如	燃	瓤	饶	荣	绒	榕	儒		

（六）声母 j、q、x 阳平字训练

jiáo	jié	jú	jué	jí	jí	jí	jí	jiá	jié
嚼	节	局	决	岌	级	即	籍	颊	羯
jié	qí	qián	qiáng	qín	qíng	qiú	qú	quán	qún
婕	其	前	强	秦	情	求	渠	权	群
qí	qí	qián	qiáng	qiáo	xí	xiá	xián	xiáo	xié
崎	骑	钱	墙	乔	习	狭	弦	崤	协
xíng	xióng	xú	xuán	xué	xún	xí	xí	xiá	xiá
刑	雄	徐	悬	穴	寻	席	袭	匣	霞
xián	xí	xián	xián	xián	xián	xián	xián	xiáo	xíng
闲	媳	咸	贤	嫌	娴	涎	舷	淆	形
Xíng	xíng	xuán	xuán	xún	xún	xún	Xún	xún	
邢	型	璇	漩	巡	询	浔	荀	恂	

（七）声母 g、k、h 阳平字训练

gé	guó	gé	káng	ké	ké	kuáng	kuí	kuí	kuí
隔	国	革	扛	壳	咳	狂	逵	馗	魁

hán	hé	héng	hóng	hóu	huá	huái	hái	huáng	huí
含	合	恒	红	猴	华	怀	还	皇	回
hún	huó	há	hái	hái	hán	hán	héng	héng	huá
魂	活	蛤	孩	骸	涵	韩	横	蘅	划
huá	huá	huá	hú	hú	hú	hú			
滑	骅	哗	壶	弧	斛	鹄			

（八）零声母阳平字训练

ái	áo	ái	ái	áng	áo	áo	ér	é	é
挨	熬	癌	皑	昂	敖	翱	儿	讹	俄
wán	wáng	wéi	wén	wú	wáng	wéi	wéi	wén	wén
完	王	为	文	无	亡	违	唯	纹	闻
wú	wú	yá	yán	yáng	yáo	yí	yíng	yóu	yú
吾	蜈	牙	严	扬	摇	仪	盈	尤	于
yuán	yún	yá	yán	yán					
元	匀	崖	延	阎					

四、上声字训练

（一）声母 b、p、m 上声字训练

bǎi	bǎn	bǎng	bǎo	běi	běn	bǐ	biǎo	bǐng	bǔ
摆	板	榜	饱	北	本	比	表	柄	补
bǎi	bǎn	bǎng	bǎo	bǎ	bǎi	bǎng	běn	běng	bǐ
百	版	膀	鸨	靶	柏	绑	苯	绷	匕
biǎn	biǎo	biě	bǐng	bǒ	bǔ	bǎi	bǎi	bǎn	bǎo
贬	裱	瘪	丙	跛	卜	佰	柏	钣	堡
bǎo	bǐ	bǐ	biǎn	bǐng	bǒ	bǔ	bǎo	bǐ	biǎn
葆	鄙	妣	扁	秉	簸	哺	保	俾	匾
bǐng	bǔ	bǐng	pǐ	piǎo	pǒ	pǐ	pǔ	pǔ	pǔ
禀	捕	炳	痞	漂	笸	癖	浦	溥	圃
pěng	pǐ	pǐn	pǎo	piě	pǔ	pǒ	pǔ	pǔ	pǔ
捧	匹	品	跑	撇	埔	叵	朴	谱	蹼
mǎi	mǎn	měi	měng	mǐ	mǐn	mǒ	mǔ	mǎ	mǎng
买	满	每	猛	米	敏	抹	母	码	蟒

mǎo	měi	měng	mǎ	mǎn	mǎng	mǎo	měng	mǐ	miǎn
铆	镁	勐	蚂	螨	莽	卯	艋	靡	缅
miǎo	mǐn	mǐng	mǒu	mǔ	měng	mǐ	miǎn	miǎo	mǐn
秒	闵	酩	某	亩	懵	弭	冕	渺	闽
mǔ	mǐn	miǎo	miǎo	mǐn	mǐn				
牡	悯	淼	邈	皿	泯				

（二）声母 f 上声字训练

fǎ	fǎn	fǎng	fěi	fěng	fǒu	fǎng	fěi	fǔ	fǔ
法	返	纺	匪	讽	否	仿	翡	斧	俯
fǔ	fǎ	fǎng	fǎng	fěi	fěi	fěi	fěn	fǒu	fǔ
腐	砝	访	舫	斐	诽	悱	粉	缶	辅
fǔ	fǔ	fǔ							
抚	釜	腑							

（三）声母 z、c、s 上声字训练

zěn	zǐ	zǒng	zǒu	zǔ	zuǐ	zuǒ	zǎ	zǎi	zǎi
怎	子	总	走	阻	嘴	左	咋	宰	崽
zǎi	zǎn	zǎo	zǎn	cǎo	cǐ	cǎi	cǎn	cǔn	cuǐ
仔	攒	藻	趱	草	此	睬	惨	忖	璀
cǎi	sǎ	sǎn	sǎng	sǎo	sǐ	sǎ	suǐ	sǔn	suǒ
彩	洒	伞	嗓	扫	死	洒	髓	榫	锁
suǒ	sǎn	sǎng	sǒng	sǒng	sǒu	sǒu	sǔn	suǒ	
唢	散	搡	耸	悚	叟	擞	隼	琐	

（四）声母 d、t、n、l 上声字训练

dǎn	dǎng	dǎo	děng	dǐ	diǎn	dǐng	dǒng	dǒu	dǔ
胆	党	导	等	抵	典	顶	懂	抖	堵
dǎi	Dǎi	dǎn	dǎn	dǎng	dǎo	dǎo	dǎo	dǐ	diǎ
逮	傣	掸	疸	挡	蹈	捣	祷	砥	嗲
diǎn	diǎn	diǎo	dǐng	dǒng	dǒu	dǒu	dǔ	dǔ	dǔn
碘	踮	屌	鼎	董	陡	蚪	睹	笃	盹

duǒ	duǎn	duǒ	tǎn	tǎn	tǎ	tǎng	tǎo	tǐ	tiāo
垛	短	躲	坦	袒	塔	倘	讨	体	挑
tiě	tǐng	tǒng	tǎng	tiǎn	tiǎo	tiě	tǒng	tǒng	tǔ
铁	挺	统	淌	腆	窕	帖	筒	捅	吐
tuǒ	tuǐ	tǎ	tǎn	tǎng	tiǎn	tǐng	nǎ	nǎo	niǎo
椭	腿	獭	忐	躺	舔	艇	哪	脑	鸟
nǐng	niǔ	nǔ	nǎi	nǎo	něi	nǐ	nǎi	nǎn	nǎo
拧	扭	女	氖	瑙	馁	拟	奶	腩	恼
niǎn	niǎn	niǔ	nǔ	nuǎn	niǎn	niǎo	nǔ	lǎ	lǎo
撵	辇	钮	努	暖	碾	袅	弩	喇	老
lěng	lǐ	liǎ	liǎn	liǔ	lǒng	lǔ	lǚ	luǎn	lǎn
冷	礼	俩	脸	柳	垄	鲁	旅	卵	缆
lǎn	lǎo	lǎng	lěi	lěi	lěi	lǐ	liǎn	liǎng	liǎo
懒	姥	朗	磊	蕾	儡	里	敛	魉	燎
lǐn	lǐn	lǐng	lǒng	lǒng	lǒu	lǔ	luǒ	lǚ	lǚ
凛	廪	岭	笼	拢	篓	虏	裸	履	屡

（五）声母 zh、ch、sh、r 上声字训练

zhǎ	zhǎi	zhǎn	zhǎng	zhě	zhěn	zhěng	zhǐ	zhǒng	zhǔ
眨	窄	展	掌	者	枕	整	只	肿	主
zhuǎn	zhǎn	zhǎng	zhǎo	zhǎo	zhě	zhěn	zhěn	zhěng	zhǐ
转	辗	长	找	沼	褶	缜	疹	拯	旨
zhǐ	zhǐ	zhǐ	zhǐ	zhǒng	zhǒng	zhǒu	zhǒu	zhǔ	zhǔ
趾	咫	址	芷	冢	踵	肘	帚	煮	瞩
zhǔn	zhǎn	zhǎn	zhǎng	chǎn	chǎng	chǎo	chǔ	chuǎng	chǎn
准	盏	崭	涨	产	厂	吵	储	闯	阐
chǐ	chǐ	chǒu	chuǎi	chuǎn	chǔn	chǎn	chǎng	chǎng	chǎo
侈	耻	瞅	揣	喘	蠢	谄	场	敞	炒
chǐ	chě	chěng	chěng	chǐ	shǎn	shǒu	shěng	shǐ	shǐ
尺	扯	逞	骋	耻	闪	首	省	驶	矢
Shǔ	shǔ	shǔ	shuǎng	shǔn	shǎo	shěn	shǐ	shǒu	shǔ
蜀	曙	薯	爽	吮	少	沈	使	手	属

shuǎ	shuǎi	shuǐ	shǎ	Shǎn	shǎng	shǎng	shě	shěn	rǎn
耍	甩	水	傻	陕	赏	晌	舍	婶	染
rě	rěn	rěn	rěn	rǒng	rǔ	rǔ	ruǎn	ruǐ	rǎn
惹	忍	荏	稔	冗	汝	辱	阮	蕊	冉
rǎn	rǎng	rǎng	rǎo						
苒	攘	壤	娆						

（六）声母 j、q、x 上声字训练

jǐ	jiǎ	jiǎn	jiǎng	jiǎo	jiě	jǐn	jǐng	jǔ	jǐ
己	假	拣	讲	角	姐	仅	井	举	脊
jiǎ	jiǎn	jiǎn	jiǎn	Jiǎng	jiǎng	jiǎo	jiǎo	jiǎo	jiě
钾	俭	柬	碱	蒋	桨	狡	侥	缴	解
jǐn	jǐn	jǐn	jǐng	jǐng	jǐng	jiǒng	jiǒng	jiǒng	jiǒng
锦	槿	瑾	颈	憬	璟	炯	窘	烱	迥
jiǔ	jiǔ	jiǔ	jǔ	jǔ	juǎn	jué	Jiǎ	jiǎn	jiǎn
韭	玖	灸	矩	咀	卷	蹶	贾	检	减
qiǎn	qiǎng	qiě	qǐng	qǔ	qiǎ	qiǎn	qiǎng	qiǎo	qǐng
浅	抢	且	请	取	卡	谴	襁	巧	顷
qiǔ	qǔ	qǔ	quǎn	qiǎng	qǐng	qǐ	qǐ	qǐ	qiǎn
糗	曲	娶	绻	羟	磬	乞	杞	绮	遣
qǐn	quǎn	xǐ	xiǎn	xiǎng	xiě	xǔ	xuǎn	xuě	xǐ
寝	犬	洗	显	享	写	许	选	雪	徙
xǐ	xiǎn	xiǎn	xiǎng	xiǔ	xǔ	xuǎn	xiǎn	xiǎo	xiǎo
玺	险	响	想	朽	栩	癣	藓	晓	筱
xiě	xǐng	xǔ							
血	醒	诩							

（七）声母 g、k、h 上声字训练

gǎi	gǎn	gǎng	gǎo	gěi	gǒng	gǒu	gǔ	guǎ	guǎi
改	敢	岗	搞	给	巩	狗	古	寡	拐
guǎn	gǎ	gǎn	gǎn	gǎn	gǎng	gǎo	gěng	gěng	gěng
馆	嘎	感	赶	橄	港	稿	耿	梗	埂

gǒng	gǒng	gǒu	gǒu	gǔ	gǔ	guǎ	guǎn	guǎng	guǐ
拱	汞	苟	枸	股	蛊	剐	管	犷	诡
gǔn	guǒ	guǎng	guǐ	gǔn	kǎ	kǎi	kǎn	kǎo	kě
衮	裹	广	轨	滚	卡	楷	砍	考	可
kěn	kǎi	kǎi	kǎi	kǎn	kǎn	kǎo	kǎo	kě	kě
肯	慨	恺	铠	侃	槛	烤	拷	岢	坷
kěn	kěn	kǒng	kuǐ	kuǐ	kǔn	kǒng	kǔ	kuǎ	kuǎn
啃	恳	恐	傀	跬	捆	孔	苦	垮	款
hǎi	hǎn	hǎ	hǎo	huǎn	huǐ	huǒ	hǎn	Hǎo	hěn
海	喊	奤	好	缓	毁	火	罕	郝	很
hǔ	hǔ	hǔ	huǒ	huǎng	huǎng	huǎng	hǔ	huǎng	hǒu
唬	琥	浒	伙	晃	幌	谎	虎	恍	吼
hǒng	hěn								
哄	狠								

（八）零声母上声字训练

ě	ěi	ěr	ěr	ǒu	ǒu	ǒu	wǎi	wǎn	wǎng
恶	诶	迩	珥	藕	呕	耦	崴	晚	网
wěi	wěn	wěng	wǔ	Wǎ	Wǎn	wǎn	wǎn	wǎn	wǎn
伟	吻	塕	五	佤	皖	绾	琬	畹	脘
wǎng	wǎng	wěi	wěi	wěi	wěn	wěn	wěn	wǔ	wǔ
惘	魍	伪	猥	萎	稳	紊	刎	捂	忤
wǔ	yǎ	yǎn	yǎn	yǎ	yǎn	yǎng	yǎo	yě	yǐ
鹉	哑	衍	眼	雅	掩	养	咬	也	已
yǐn	yǐng	yǒng	yǒu	yǔ	yuǎn	yǔn	yǎng	yǎng	yǎo
引	影	永	友	与	远	陨	仰	氧	窈
yǎo	yǎo	yě	yǐ	yǐ	yǐ	yǐ	yǐn	yǐn	yǐn
杳	舀	冶	倚	蚁	矣	旖	瘾	饮	尹
yǐn	yǐng	yǒng	yǒng	yǒng	yǒng	yǒu	yǒu	yǒu	yǔ
蚓	颖	勇	涌	蛹	咏	酉	莠	黝	予
yǔ	yǔn	yǔn							
屿	允	殒							

五、去声字训练

（一）声母 b、p、m 去声字训练

bài	bàn	bào	bèi	bì	biàn	bìng	bù	bàn	bà
拜	办	报	背	必	变	并	布	绊	霸
bà	bài	bì	bàn	bàn	bàng	bàng	bàng	bàng	bào
坝	败	稗	扮	瓣	傍	蚌	镑	谤	鲍
bèi	bèi	bèi	bèi	bèi	bèn	bèng	bèng	bèng	bì
辈	悖	狈	惫	焙	笨	迸	蹦	泵	陛
bì	bì	bì	bì	bì	biàn	biào	bìn	bìn	bìn
璧	弊	庇	婢	弼	辩	鳔	鬓	膑	殡
bìng	bìng	bào	bào	bèi	pào	pèi	piàn	piào	pò
病	摒	豹	暴	蓓	炮	配	片	票	迫
pàn	pàng	pèi	pào	pì	pì	pì	piàn	piào	piào
判	胖	沛	疱	僻	譬	睥	骗	漂	嘌
pìn	pò	pò	pù	pù	pà	pài	pàn	pào	pèi
聘	魄	珀	瀑	曝	帕	湃	叛	泡	佩
pèng	pì	mà	mài	màn	màn	màn	màn	mào	mào
碰	屁	蚂	脉	慢	蔓	缦	熳	貌	茂
mào	mèi	mèi	mèi	mèn	mèn	mèng	mì	mì	mì
袤	媚	昧	寐	焖	懑	梦	幂	泪	泌
mì	miào	Miào	miè	miè	mò	mò	mò	mài	màn
谧	庙	缪	蔑	篾	默	寞	茉	迈	漫
mào	mèi	mì	miàn	miào	miè	mìng	mò	mù	mù
冒	魅	密	面	妙	灭	命	末	穆	募

（二）声母 f 去声字训练

fàn	fàng	fèi	fèn	fèng	fù	fàn	fàn	fèi	fèi
饭	放	废	粪	奉	付	贩	范	肺	沸
fèn	fèn	fù	fù	fù	fàn	fàn	fàn	fèi	fèi
愤	奋	赴	赋	腹	犯	泛	梵	费	狒

fèi	fèn	fèn	fù	fù	fù	fù	fù	fù	fù
吠	忿	份	覆	副	傅	缚	咐	驸	馥

（三）声母 z、c、s 去声字训练

zài	zàn	zào	zì	zòng	zòu	zuì	zuò	zài	zài
再	暂	灶	自	纵	奏	最	作	在	载
zàng	zàn	zàng	zàng	zào	zào	zào	zè	zèng	zì
藏	赞	葬	奘	噪	燥	躁	仄	锃	恣
zì	zòng	zòu	zuàn	zuì	zuì	zuò	zèng	zì	càn
眦	粽	揍	攥	罪	醉	座	赠	渍	灿
cè	còu	cù	cuò	càn	cè	cèng	cì	cù	cù
侧	凑	促	措	粲	厕	蹭	刺	蹙	蹴
cù	cuàn	cuàn	cuì	cuì	cuì	cuì	cuì	cùn	cuò
猝	窜	篡	脆	粹	淬	啐	悴	寸	挫
cài	cè	cè	cì	cì	cù	cù	cuì	sài	sì
蔡	测	恻	赐	伺	醋	簇	翠	赛	四
sòng	sù	suì	sè	sài	sì	sì	sòng	sòng	sòng
宋	素	岁	色	塞	肆	嗣	颂	诵	讼
sù	sù	suàn	sà	sà	sàn	sòng	sàng	sào	sè
肃	塑	蒜	飒	卅	散	送	丧	臊	瑟
sè	sòu	sù	sù	shù	suàn	suì	suì	suì	suì
啬	嗽	夙	溯	簌	算	穗	燧	祟	邃

（四）声母 d、t、n、l 去声字训练

dà	dài	dàn	dào	Dèng	dì	diào	dìng	dòng	dòu
大	代	担	到	邓	地	掉	订	动	豆
dài	dài	dài	dài	dàn	dàn	dàn	dàn	dàng	dàng
黛	岱	怠	贷	诞	氮	惮	啖	荡	档
dàng	dào	dào	dào	dèng	dèng	dì	dì	dì	dì
宕	盗	稻	悼	瞪	澄	第	蒂	谛	棣
dì	diàn	diàn	diàn	diàn	diàn	diàn	diào	diào	diào
娣	奠	惦	玷	垫	钿	淀	调	吊	钓

duì 对	dìng 腚	dìng 锭	dòng 栋	dòng 恫	dòu 窦	dòu 痘	dù 渡	dù 妒	dù 镀
duàn 断	duàn 缎	duì 怼	dùn 钝	dùn 遁	duò 舵	duò 堕	duò 跺	dù 度	duàn 锻
tài 太	tàn 叹	tàng 烫	tè 特	tà 沓	tà 踏	tà 挞	tà 逼	tài 肽	tài 汰
tài 酞	tàn 炭	tào 套	tì 剔	tì 倜	tuì 蜕	tuì 褪	tuò 拓	tòu 透	tù 吐
tuì 退	tàn 碳	tàng 趟	tì 屉	tì 剃	tiào 眺	tòng 恸	tù 兔	nì 逆	nà 讷
nà 衲	nà 捺	nài 奈	nàn 难	nì 腻	niù 拗	nì 匿	nì 睨	nì 溺	niàng 酿
niào 尿	niè 蹑	niè 涅	niè 镍	nìng 佞	nà 那	nào 闹	nèi 内	nèn 嫩	niàn 念
nòng 弄	nù 怒	nüè 虐	nuò 懦	nuò 诺	nài 耐	là 蜡	lài 赖	làng 浪	lè 乐
lèi 类	lì 力	liàn 练	liào 料	liè 列	lìng 另	lù 陆	lù 律	luàn 乱	lùn 论
luò 骆	lè 勒	là 腊	lài 癞	lài 濑	lài 癫	làn 滥	làng 阆	lào 烙	lào 酪
lèi 肋	lèi 擂	lìn 吝	lìn 蔺	lìng 令	liù 遛	lòu 陋	lòu 镂	lù 璐	lù 鹭
lù 麓	lù 戮	lù 碌	luò 洛	luò 络	lǜ 率	lǜ 滤	lǜ 氯	lüè 略	lüè 掠

（五）声母 zh、ch、sh、r 去声字训练

zhà 炸	zhài 债	zhàn 占	zhàng 丈	zhào 召	zhè 这	zhèn 阵	zhèng 正	zhì 至	zhòng 中
zhòu 昼	zhà 榨	zhà 蚱	zhài 寨	zhàn 绽	zhàn 湛	zhàng 帐	zhàng 胀	zhàng 障	zhàng 嶂
zhào 罩	zhào 肇	zhè 鹧	zhè 蔗	zhèn 朕	zhèn 赈	zhèng 挣	Zhèng 郑	zhèng 政	zhì 智
zhì 掷	zhì 秩	zhì 滞	zhì 稚	zhòng 重	zhòng 仲	zhòu 骤	zhòu 纣	zhòu 皱	zhù 驻

zhù	zhù	zhù	zhuāi	zhuàn	zhuàn	zhuàng	zhuàng	zhuì	zhuì
筑	铸	贮	拽	赚	撰	撞	壮	缀	赘
zhuì	zhù	zhuàng	zhào	chè	chèng	chèng	chì	chù	chà
惴	助	幢	诏	撤	称	秤	赤	畜	姹
chàng	chàng	chè	chì	chì	chòng	chù	chù	chù	chuài
畅	倡	澈	炽	叱	铳	黜	怵	搐	踹
chuàn	chuàng	chuò	chuò	chuò	chuò	chuàng	chà	chà	chàn
钏	怆	绰	龊	啜	辍	创	岔	诧	忏
chàn	chàng	chè	chèn	chèn	shàn	shà	shà	shài	shàn
颤	怅	彻	衬	趁	扇	煞	霎	晒	禅
shàn	shàn	shàng	Shào	shào	shè	shè	shè	shèn	shèn
膳	赡	尚	邵	哨	涉	赦	麝	甚	蜃
shèng	shì	shì	shì	shì	shòu	shòu	shòu	shòu	shuò
胜	饰	誓	嗜	噬	瘦	授	狩	绶	硕
shàng	shè	shèn	shù	shuài	shùn	shèn	shèn	shèn	shèng
上	设	甚	术	率	顺	肾	渗	慎	剩
shèng	shì	ràng	rè	rèn	rì	ròu	rù	ruò	rèn
盛	试	让	热	认	日	肉	入	若	韧
ruì	ruì	rào	rèn	rù	rùn	rùn	ruò		
锐	瑞	绕	妊	褥	润	闰	偌		

（六）声母 j、q、x 去声字训练

jià	jiàn	jiàng	jiào	jiè	jìn	jìng	jiù	jù	jì
价	件	降	叫	介	进	径	救	巨	祭
jì	jì	jì	jì	jià	jià	jià	jiàn	jiàn	jiàn
稷	冀	暨	悸	嫁	架	驾	剑	舰	荐
jiàn	jiàn	jiàng	jiàng	jiàng	jiào	jiào	jiè	jiè	jiè
践	键	绛	酱	犟	较	轿	戒	届	诫
jìn	jìn	jìn	jìn	jìng	jìng	jiù	jiù	jiù	jiù
劲	晋	烬	浸	静	敬	疚	咎	臼	鹫
jiù	jù	jù	jù	juàn	juàn	juàn	jùn	jùn	jùn
柩	聚	距	俱	镌	隽	眷	峻	郡	竣

jì 忌	jì 荠	qì 气	qià 恰	qiàn 欠	qìng 庆	qù 趣	què 却	qì 契	qì 泣
qià 洽	qiàn 茜	qiàng 呛	qiàng 炝	qiào 撬	qiào 峭	qù 觑	quàn 券	què 鹊	què 阙
què 阕	què 榷	qì 器	qiàn 倩	qiàn 芡	qiè 怯	qiè 窃	qìn 沁	qù 去	xì 戏
xià 下	xiàn 县	xiàng 向	xiào 校	xìn 信	xìng 幸	xì 隙	xì 系	xià 夏	xià 吓
xiàn 线	xiàn 限	xiàn 献	xiàn 陷	xiàn 羡	xiàn 宪	xiàng 项	xiàng 巷	xiàng 橡	xiào 孝
xiào 啸	xiào 哮	xiè 泄	xiè 泻	xiè 械	xìn 衅	xìng 杏	xìng 悻	xiù 锈	xiù 嗅
xù 旭	xù 恤	xù 胥	xuàn 眩	xuàn 绚	xuàn 渲	xuè 谑	xùn 逊	xùn 驯	xùn 殉

（七）声母 g、k、h 去声字训练

gà 尬	gài 概	gàng 杠	gào 告	gè 个	gèn 亘	gòng 共	gòu 构	gù 固	guài 怪
gài 钙	gài 溉	Gàn 赣	gèng 更	gòng 贡	gòu 购	gòu 垢	gù 顾	gù 雇	guà 褂
guàn 罐	guàn 惯	guàng 逛	guì 跪	guì 桂	guà 挂	guàn 贯	gùn 棍	guò 过	kài 忾
kàn 看	kàng 抗	kào 靠	kè 刻	kèn 掯	kòng 空	kòu 扣	kù 库	kuà 跨	kuì 愧
kuài 快	kuàng 况	kùn 困	kuò 扩	Kàn 阚	kàn 瞰	kàng 炕	kàng 伉	kào 犒	kè 课
kè 恪	kòu 叩	kòu 蔻	kù 酷	kù 绔	kuà 胯	kuài 筷	kuài 脍	kuàng 矿	kuàng 旷
kuàng 眶	kuì 溃	kuì 馈	kuò 廓	kuò 蛞	hài 害	hàn 汉	hàng 沆	hào 号	hè 贺
hài 骇	hài 氦	hài 嗐	hàn 焊	hàn 翰	hàn 撼	hàn 瀚	hào 镐	hào 灏	hào 颢

hào	hè	hè	hè	hòu	hòu	hù	hù	huà	huà
淏	鹤	赫	壑	候	逅	护	扈	画	桦
huàng	huàng	huì	huì	huì	huì	huì	huì	hùn	huàn
晃	愰	惠	荟	晦	贿	彗	讳	诨	焕
huàn	huàn	huàn	huàn	huò	huò	hèn	hèng	hòng	hòu
浣	宦	涣	豢	惑	藿	恨	横	讧	后
hù	huà	huài	huàn						
互	化	坏	幻						

（八）零声母去声字训练

ài	àn	àng	ào	ài	ài	ài	àn	àn	ào
爱	岸	盎	奥	碍	暖	隘	黯	胺	傲
ào	ào	ào	è	è	è	è	è	èr	èn
澳	坳	懊	鄂	遏	垩	噩	锷	佴	摁
wà	wài	wàn	wàng	wèi	wèi	wèi	Wèn	wò	wò
袜	外	腕	妄	蔚	渭	猬	汶	沃	喔
wò	wù	wù	wàng	wèi	wèn	wèng	wò	yàn	yàng
龌	雾	悟	忘	卫	问	瓮	卧	宴	样
yào	yè	yì	yìn	yìng	yòng	yòu	yù	yà	yàn
药	业	亿	印	应	用	又	玉	娅	谚
yàn	yàn	yàng	yàng	yàng	yào	yào	yè	yì	yì
晏	堰	漾	恙	怏	钥	曜	谒	溢	诣
yì	yòu	yòu	yòu	yù	yù	yù	yù	yù	yuàn
翌	佑	釉	柚	裕	狱	豫	誉	昱	怨
yuàn	yuàn	yuè	Yuè	yùn	yùn	yùn			
愿	苑	悦	粤	韵	熨	蕴			

六、古入声字训练

bā	bāo	pū	pāi	diē	tuō	gē	guō	kū	hē
八	剥	扑	拍	跌	脱	割	郭	哭	喝
hēi	jiē	qī	xī	xiā	xuē	zhī	zhāi	chī	shī
黑	接	七	吸	瞎	削	织	摘	吃	湿

suō 缩	yā 压	bái 白	guó 国	gé 隔	jí 急	jú 局	jié 节	zhú 竹	shé 舌
zhuó 啄	zú 足	chá 察	zéi 贼	bǐ 笔	bǎi 百	běi 北	pǐ 匹	tǎ 塔	tiě 铁
fǎ 法	gǔ 骨	kě 渴	jǐ 脊	jiǎ 甲	jiǎo 脚	zhǎ 眨	zhǎi 窄	chǐ 尺	yǐ 乙
bì 必	mì 蜜	mù 木	mài 麦	fù 复	lǜ 绿	liù 六	jì 绩	kè 客	shì 室
rè 热	ròu 肉	cè 册	sù 宿	yuè 阅	yào 药				

第六章 普通话水平测试词语训练

第一节 词语声母分类辨读

一、词语训练

（一）双唇音 b、p、m 词语训练

1. b + b

bǎbǐng	bǎibān	bǎibù	bānbù	bānbó	bāngbàn
把柄	百般	摆布	颁布	斑驳	帮办
bāobì	bǎobèi	bǎobiāo	bàobiǎo	bēibāo	běibù
包庇	宝贝	保镖	报表	背包	北部
bēnbō	běnbù	bǐbó	bìbǎng	bìbèi	bìbō
奔波	本部	鄙薄	臂膀	必备	碧波
bìbìng	biànbù	biànbié	biànbó	biāobǎng	biāoběn
弊病	遍布	辨别	辩驳	标榜	标本
biāobīng	biǎobái	bīngbáo	bìngbiàn	bùbiàn	bùbīng
标兵	表白	冰雹	病变	不便	步兵

2. p + p

pápō	páipào	pīpā	pīpàn	pīpíng	pípa
爬坡	排炮	噼啪	批判	批评	琵琶

pǐpèi	piānpáng	piānpì	piānpō	piānpiān	pīnpán
匹配	偏旁	偏僻	偏颇	偏偏	拼盘
píngpàn	pínpǔ	pínpín	pǐnpái	pǐnpíng	pīngpāng
评判	频谱	频频	品牌	品评	乒乓
píngpìn	píngpō	píngpū	pópo	pūpái	péngpài
评聘	平坡	平铺	婆婆	铺排	澎湃

3. m + m

mámù	máimò	mǎnmiàn	mànmà	mángmù	màomèi
麻木	埋没	满面	谩骂	盲目	冒昧
màomì	méimao	měimào	měimiào	měimǎn	miánmá
茂密	眉毛	美貌	美妙	美满	棉麻
miànmào	miànmù	mímàn	mímáng	méngmèi	mèngmèi
面貌	面目	弥漫	迷茫	蒙昧	梦寐
míméng	mìmǎ	mìmì	miǎománg	mǐnmiè	míngmèi
迷蒙	密码	秘密	渺茫	泯灭	明媚
míngmù	mìngmài	mìngmíng	mùmián	mùmín	mùmíng
名目	命脉	命名	木棉	牧民	慕名

4. b、p、m 综合训练

biāncè	biǎodá	bèidòng	bāofu	biāogān	bèijǐng
鞭策	表达	被动	包袱	标杆	背景
biānjiāng	bǎkòng	bèilěi	bōlán	bǎnmiàn	báomó
边疆	把控	蓓蕾	波澜	版面	薄膜
bǎonuǎn	bièniu	bāngpài	bīpò	biànqiān	bóruò
保暖	别扭	帮派	逼迫	便签	薄弱
bìsè	bǎituō	bīnwēi	bàngwǎn	bóxué	bǎngyàng
闭塞	摆脱	濒危	傍晚	博学	榜样
bǎozhàng	pānbǐ	píbèi	pùbù	péicháng	pāndēng
保障	攀比	疲惫	瀑布	赔偿	攀登
píngdìng	pínfán	pángguān	páihuái	píngjìng	piēkāi
评定	频繁	旁观	徘徊	平静	撇开

páiliè	piāomiǎo	pìměi	pànnì	pàiqiǎn	pìrú
排列	飘渺	媲美	叛逆	派遣	譬如
pēnshè	pǔtōng	piānwù	pōuxī	péiyǎng	pīzhǔn
喷射	普通	偏误	剖析	培养	批准
mábì	móbài	màncháng	měidé	máfan	mǐngǎn
麻痹	膜拜	漫长	美德	麻烦	敏感
móuhuà	méijiè	mùkè	màiluò	mónàn	mēngpiàn
谋划	媒介	慕课	脉络	磨难	蒙骗
míngpái	mòqì	mángrán	mínsú	mìngtí	míwù
名牌	默契	茫然	民俗	命题	迷雾
míngxī	miányán	mínzhǔ			
明晰	绵延	民主			

（二）唇齿音 f 词语训练

1. f + f

fāfàng	fāfèn	fāfú	fánfù	fǎnfù	fǎnfǔ
发放	发奋	发福	繁复	反复	反腐
fāngfǎ	fǎngfú	fángfàn	fēifán	fēifēi	fèifǔ
方法	仿佛	防范	非凡	霏霏	肺腑
fēnfāng	fēnfēn	fēn·fù	fènfā	fēngfān	fēngfàn
芬芳	纷纷	吩咐	奋发	风帆	风范
fēngfáng	fēngfù	fūfù	fùfā	fùfāng	fùfèi
蜂房	丰富	夫妇	复发	复方	付费

2. 综合训练

fěibàng	fēngbō	fěicuì	fúcóng	fēngdǔ	fúdiāo
诽谤	风波	翡翠	服从	封堵	浮雕
fǎguān	fēnggé	fēnghào	fūhuà	fójīng	fǎnkuì
法官	风格	封号	孵化	佛经	反馈
fēngkuáng	fānlí	fèiliào	fánmáng	fēngmào	fánnǎo
疯狂	藩篱	废料	繁忙	风貌	烦恼

fēngniǎo	fǎnpìn	fúpín	fūqiǎn	fùqiáng	fúróng
蜂鸟	返聘	扶贫	肤浅	富强	芙蓉
féngrèn	fēngsú	fánsuǒ	fǎtíng	fèiténg	fēnwéi
缝纫	风俗	繁琐	法庭	沸腾	氛围
fǔwò	fèngxì	fúxiǎo	fángxiàn	fángyù	fū·yǎn
俯卧	缝隙	拂晓	防线	防御	敷衍

（三）舌尖前音 z、c、s 词语训练

1. z + z

zāzuǐ	zázì	zāizāng	zàizào	zàizuò	zāozuì
咂嘴	杂字	栽赃	再造	在座	遭罪
záozáo	zǎozi	zàozuo	Zàngzú	zézé	zēngzǔ
凿凿	枣子	造作	藏族	啧啧	曾祖
zīzī	zìzú	zìzūn	zōngzú	zǒngzé	zòngzi
孜孜	自足	自尊	宗族	总则	粽子
zǒuzú	zǔzong	zuìzǎo	zuìzé	zuòzuo	
走卒	祖宗	最早	罪责	做作	

2. c + c

cāicè	cáncì	cáncún	cāngcāng	cāngcù	cāngcuì
猜测	残次	残存	苍苍	仓促	苍翠
cǎocǎo	cǎocóng	cēncī	céncén	céngcì	cǐcì
草草	草丛	参差	涔涔	层次	此次
cōngcù	cōngcōng	cóngcǐ	cóngcóng	cuīcán	cuīcù
匆促	葱葱	从此	淙淙	摧残	催促
cuǐcàn	cūcāo	cuòcéng	cuòcí		
璀璨	粗糙	错层	措辞		

3. s + s

sǎsǎo	sàsà	sānsī	sāosī	sèsè	sèsuō
洒扫	飒飒	三思	缫丝	瑟瑟	瑟缩

sèsù	sēngsú	sīsuǒ	sìsàn	sōusuǒ	sūsōng
色素	僧俗	思索	四散	搜索	酥松
sùsòng	sùsù	sùsuàn	suǒsuì	suísú	
诉讼	簌簌	速算	琐碎	随俗	

4. 综合训练

zǔbèi	zǎocāo	zàocì	zōngcí	zuòdá	zìfú
祖辈	早操	造次	宗祠	作答	字符
zǔguó	zōnghé	zìjué	zīliào	zěnme	zāinàn
祖国	综合	自觉	资料	怎么	灾难
zuòpǐn	zēngqiáng	zérèn	zìrán	zēngsù	zǐsì
作品	增强	责任	自然	增速	子嗣
zǒngtǐ	zuòwéi	zìxìn	zīyuán	cāngbái	cídiǎn
总体	作为	自信	资源	苍白	词典
cǎifǎng	cǎogǎo	cíhuì	cùjìn	cānkǎo	cāoliàn
采访	草稿	词汇	促进	参考	操练
céngmiàn	cáinéng	cèpíng	cuìruò	cèsuàn	cáisī
层面	才能	测评	脆弱	测算	才思
cāngsāng	cǎità	cìwei	cìxiù	cānyǐn	cuòzōng
沧桑	踩踏	刺猬	刺绣	餐饮	错综
suíbiàn	sècǎi	sòngcí	sōngcuì	sòngdú	suífēng
随便	色彩	宋词	松脆	诵读	随风
Sān Guó	sǔnhài	sōují	sīkǎo	sǒnglì	suānnǎi
三国	损害	搜集	思考	耸立	酸奶
sùqīng	sāorǎo	sīrén	sāngtián	sīwéi	suōxiǎo
肃清	骚扰	私人	桑田	思维	缩小
sùyǎng	sùzào	suānzǎo			
素养	塑造	酸枣			

（四）舌尖中音 d、t、n、l 词语训练

1. d + d

dádào	dǎdǎo	dàdào	dàdiàn	dàidòng	dāndāng
达到	打倒	大道	大殿	带动	担当
dāndiào	dāndú	dàndìng	dāngdì	dǎodàn	dǎodú
单调	单独	淡定	当地	导弹	导读
dàodé	dédàng	děngdài	dīdiào	dīduān	dīdā
道德	得当	等待	低调	低端	滴答
dǐdá	dǐdǎng	dìdiǎn	diāndǎo	diǎndàng	diǎndī
抵达	抵挡	地点	颠倒	典当	点滴
diàndǐ	diàndìng	diàodǐng	diàodòng	diàodù	diàoduì
垫底	奠定	吊顶	调动	调度	掉队
dǐngdiǎn	dǐngduān	dìngduó	dìngdān	diūdiào	dòngdàng
顶点	顶端	定夺	订单	丢掉	动荡
dōudǐ	dǒudòng	dūdǎo	dúdào	dúduàn	duǎndí
兜底	抖动	督导	独到	独断	短笛
duàndìng	duīdié	duìděng	dūndiǎn	duōduān	duōduō
断定	堆叠	对等	蹲点	多端	咄咄

2. t + t

táitóu	tāntú	tāntā	tántǔ	tántiào	tǎntú
抬头	贪图	坍塌	谈吐	弹跳	坦途
tǎntè	tàntǎo	tángtū	tāotiè	tāotāo	táotuō
忐忑	探讨	唐突	饕餮	滔滔	逃脱
táotài	téngtiáo	téngtòng	tītòu	tītián	tǐtán
淘汰	藤条	疼痛	剔透	梯田	体坛
tǐtiē	tìtǎng	tiāntáng	tiāntī	tiántou	tiāoti
体贴	倜傥	天堂	天梯	甜头	挑剔
tiáo·tíng	tiětǎ	tiětí	tīngtǒng	tīngtáng	tōngtòu
调停	铁塔	铁蹄	听筒	厅堂	通透

tōngtú	tǒngtǒng	tūtóu	túténg	tuántǐ	tuītuō
通途	统统	秃头	图腾	团体	推脱
tūntǔ	túntián	tuōtà	tuōtáo	tuōtù	tuǒtiē
吞吐	屯田	拖沓	脱逃	脱兔	妥帖

3. n + n

nániē	nǎiniáng	nánnǚ	Nánníng	nánnài	nǎonù
拿捏	奶娘	男女	南宁	难耐	恼怒
néngnai	nínán	nínào	níníng	niǎoniǎo	niǎonuó
能耐	呢喃	泥淖	泥泞	袅袅	袅娜
niē·nòng	niúnǎi	niúnǎn	niǔní	niǔnie	nóngnú
捏弄	牛奶	牛腩	忸怩	扭捏	农奴

4. l + l

lāliàn	lālǒng	láilì	lánlǚ	lǎnglǎng	láolù
拉练	拉拢	来历	褴褛	朗朗	劳碌
láolóng	lǎolíng	lěiluò	líluàn	lǐliáo	lǐlùn
牢笼	老龄	磊落	离乱	理疗	理论
lìliàn	lì·liàng	lìlín	lìluo	liánlǐ	liánluò
历练	力量	莅临	利落	连理	联络
liànglì	liáoliàng	liàolǐ	línlí	lǐnliè	línglì
靓丽	嘹亮	料理	淋漓	凛冽	伶俐
línglóng	língluò	lǐnglüè	liúlǎn	liúliàng	liúlàng
玲珑	零落	领略	浏览	流量	流浪
liúlì	liúliàn	lóuluo	lǚlì	lúnliú	
流利	留恋	喽啰	履历	轮流	

5. 综合训练

dānbó	dàngcì	děng'é	diǎnfàn	dìnggǎo	dūnhòu
单薄	档次	等额	典范	定稿	敦厚
dājiàn	diāokè	dēnglù	dǐlì	diāonàn	dǎnnáng
搭建	雕刻	登陆	砥砺	刁难	胆囊

diàopái	dìngqī	dānrèn	dàsài	dītàn	dǐngtì
吊牌	定期	担任	大赛	低碳	顶替
dìngwèi	diǎnxíng	dìyù	duānzhèng	tóngbèi	tǒngchóu
定位	典型	地域	端正	同辈	统筹
tíngdùn	téngdá	téngfēi	tiānfù	tuīguǎng	tìhuàn
停顿	腾达	腾飞	天赋	推广	替换
tújìng	tuòkuān	tíliàn	tōnglǎn	tòumíng	tuīná
途径	拓宽	提炼	通览	透明	推拿
tuóniǎo	tūpò	tànqiú	tūrán	tíshēng	tànwàng
鸵鸟	突破	探求	突然	提升	探望
tōngxùn	tiányě	tiǎozhàn	nèibù	nìchēng	néngdòng
通讯	田野	挑战	内部	昵称	能动
nǐdìng	nìfēng	nónggēng	nónghòu	nùjiāng	nángkuò
拟定	逆风	农耕	浓厚	怒江	囊括
nièpán	niánqīng	nèiróng	nàshuì	nǎitáng	niántǔ
涅槃	年轻	内容	纳税	奶糖	黏土
nàixīn	nóngyù	niǔzhuǎn	láibīn	liúchàng	lǎngdú
耐心	浓郁	扭转	来宾	流畅	朗读
lüèdǒng	lièfèng	lóugé	lǐnghuì	luó·jí	lúnkuò
略懂	裂缝	楼阁	领会	逻辑	轮廓
liánméng	lìnián	lùpái	lǐqīng	lǎngrùn	língshēng
联盟	历年	路牌	理清	朗润	铃声
lǎngsòng	língtīng	lóngtǒng	lǐngwù	lèitái	lǚxíng
朗诵	聆听	笼统	领悟	擂台	旅行
lǐngyù	làoyìn	lǐzàn	lóngzhòng		
领域	烙印	礼赞	隆重		

（五）舌尖后音 zh、ch、sh、r 词语训练

1. zh + zh

zhǎnzhuǎn	zhànzhēng	zhāozhǎn	zhāozhì	zhězhòu	zhēnzhèng
辗转	战争	招展	招致	褶皱	真正

zhēnzhī	zhēnzhì	zhēnzhū	zhēnzhuó	zhěnzhì	zhènzhōng
针织	真挚	珍珠	斟酌	诊治	震中
zhēngzhí	zhēngzhào	zhēngzhá	zhěngzhì	zhèngzhòng	zhèngzhuàng
争执	征兆	挣扎	整治	郑重	症状
zhīzhū	zhīzhù	zhīzhōu	zhízhǎng	zhízhèng	zhízhuó
蜘蛛	支柱	知州	执掌	执政	执着
zhízhì	zhǐzhāng	zhǐzhēn	zhìzhǐ	zhìzhuāng	zhōngzhuǎn
直至	纸张	指针	制止	治装	中转
zhōngzhēn	zhōngzhǐ	zhòngzhí	zhòngzhèn	zhōuzhé	zhǔzhāng
忠贞	终止	种植	重镇	周折	主张
zhuānzhù	zhuāngzhì	zhuàngzhì	zhuīzhú	zhuózhù	zhūnzhūn
专注	装置	壮志	追逐	卓著	谆谆

2. ch + ch

chāchí	cháchí	cháchāo	cháchóng	chāichú	chāichuān
差池	茶匙	查抄	查重	拆除	拆穿
chánchán	chǎnchū	chángchéng	chāochá	chāochǎn	chāocháng
潺潺	产出	长城	抄查	超产	超常
chēchéng	chèchá	chénchuī	chēngchén	chēngchí	chéngchè
车程	彻查	晨炊	称臣	撑持	澄澈
chéngchǔ	chíchěng	chíchí	chìchén	chìchéng	chōngchì
惩处	驰骋	迟迟	赤忱	赤诚	充斥
chōuchá	chōuchéng	chóucháng	chóuchàng	chūchāi	chūcháo
抽查	抽成	愁肠	惆怅	出差	初潮
chūchūn	chúchén	chúchuāng	chuānchā	chuánchāo	chuánchàng
初春	除尘	橱窗	穿插	传抄	传唱
chuánchéng	chúnchǐ	chūnchóu	chǔnchǔn	chuōchuān	chuòchuò
传承	唇齿	春绸	蠢蠢	戳穿	绰绰

3. sh + sh

shāshēn	shānshān	shānshuǐ	shǎnshī	shǎnshuò	shànshàn
沙参	潸潸	山水	闪失	闪烁	讪讪

shànshí	shāngshén	shāngshà	shǎngshí	shāoshāo	shǎoshù
膳食	伤神	商厦	赏识	稍稍	少数
shěshēn	shèshí	shèshī	shēnshù	shēnshǒu	shēnshì
舍身	摄食	设施	申述	身手	绅士
shénshèng	shěnshèn	shēngshì	shēngshū	shěngshì	shèngshì
神圣	审慎	声势	生疏	省事	盛世
shīshén	shīshǒu	shīshēng	shīshū	shīshě	shíshì
失神	失守	师生	诗书	施舍	时事
shíshī	shǐshí	shìshì	shìshí	shìshuǐ	shìshí
实施	史实	世事	事实	试水	适时
shōushi	shǒu·shì	shǒushù	shǒushí	shòushāng	shòushǒu
收拾	首饰	手术	守时	受伤	授首
shūshēng	shūshuǎng	shǔshí	shuǎishǒu	shuǐshān	shuāngshēng
书生	舒爽	属实	甩手	水杉	双声
shuǐshēn	shuìshōu	shùnshì	shùnshǒu	shuòshì	
水深	税收	顺势	顺手	硕士	

4. r+r

rǎnrǎn	rǎngrǎng	rénrén	rěnrǎn	rěnràng	réngrán
冉冉	攘攘	人人	荏苒	忍让	仍然
róngrěn	róngrèn	róngrǔ	róngróng	róurèn	róuruǎn
容忍	荣任	荣辱	融融	柔韧	柔软
róurùn	róuruò	rúruò	ruǎnruò	rúrǎn	rùnrì
柔润	柔弱	如若	软弱	濡染	闰日

5. 综合训练

zhǔnbèi	zhíbān	zhīchēng	zhíchēng	zhǐdǎo	zhēngchéng
准备	值班	支撑	职称	指导	征程
zhùfú	zhígēn	zhìhuì	zhújiàn	zhāorě	zhànlüè
祝福	植根	智慧	逐渐	招惹	战略
zhěnmì	zhōunián	zhāopai	zhàopiàn	zhēngqǔ	zhuàngkuàng
缜密	周年	招牌	照片	争取	状况

zhēngróng 峥嵘	zhìrè 炙热	zhànshèng 战胜	zhuānshǔ 专属	zhǔtuō 嘱托	zhǎngshēng 掌声
zhíwù 职务	zhéxué 哲学	zhìyuàn 志愿	chóngbài 崇拜	chuándá 传达	chāo'é 超额
chóngfù 重复	chūgǎo 初稿	chǎnghé 场合	chājù 差距	chōukòng 抽空	chǔlǐ 处理
chuánméi 传媒	chéngnuò 承诺	chāopiào 钞票	chuánqí 传奇	chánrào 缠绕	chǐrǔ 耻辱
chángshì 尝试	chénshù 陈述	chuánbō 传播	chètuì 撤退	chūnwǎn 春晚	chángzhēng 长征
chūxīn 初心	cháyuè 查阅	chénzhuó 沉着	chūzhōng 初衷	shēnbào 申报	shānchú 删除
shàncháng 擅长	shēchǐ 奢侈	shāndòng 煽动	shàndài 善待	shìfàng 释放	shígàn 实干
shēnhòu 深厚	shíjiàn 实践	shuǎngkuai 爽快	shūlǐ 梳理	shǐmìng 使命	shōunà 收纳
shìpín 视频	shēngqiān 升迁	shuāiruò 衰弱	shèngrèn 胜任	shāngtǎo 商讨	shāowēi 稍微
shúxi 熟悉	shìyě 视野	shènzhòng 慎重	shīzhǎn 施展	shūzhāi 书斋	ruǎnbǐ 软笔
rèchén 热忱	rǒngcháng 冗长	rèndìng 认定	rán'ér 然而	rǎnfáng 染坊	ruǎngǔ 软骨
rónghé 融合	rújīn 如今	rènkě 认可	ránliào 燃料	rènmiǎn 任免	róngnà 容纳
rénpǐn 人品	rèqíng 热情	rěshì 惹事	rènshēn 妊娠	rèntóng 认同	rùwéi 入围
róngxìng 荣幸	rèxuè 热血	rènyòng 任用	rènzhèng 认证	ruìzhì 睿智	

（六）舌面音 j、q、x 词语训练

1. j + j

jījí	jíjiāng	jījīn	jìjié	jìjìng	jiājǐn
积极	即将	基金	季节	寂静	加紧
jiājù	jiàjiē	jiānjué	jiānjù	jiǎnjiè	jiànjiě
加剧	嫁接	坚决	艰巨	简介	见解
jiànjiē	jiànjiàn	jiējí	jiāngjìn	jiǎngjiu	jiǎngjīn
间接	渐渐	阶级	将近	讲究	奖金
jiāojí	jiāojì	jiējìn	jiéjīng	jiéjú	jiějué
焦急	交际	接近	结晶	结局	解决
jǐnjí	jìnjūn	jīngjù	jīngjì	jiūjìng	jiǔjīng
紧急	进军	京剧	经济	究竟	酒精
jiùjì	jiùjiu	jǔjué	jùjué	jùjí	jūnjiàn
救济	舅舅	咀嚼	拒绝	聚集	军舰

2. q + q

qīqiào	qīqīng	qíquán	qíqù	qíquē	qǐqiǎo
七窍	凄清	齐全	奇趣	奇缺	乞巧
qǐqiú	qìqiú	qiānqiū	qiānqiǎng	qiānqiú	qiánqī
乞求	气球	千秋	牵强	铅球	前期
qiàqià	qiànquē	qiángquán	qiǎngqiú	qiāoqiāo	qiáoqiān
恰恰	欠缺	强权	强求	悄悄	乔迁
qièqǔ	qīnqi	qīnqiè	qīnqíng	qīnquán	qīngqiǎo
窃取	亲戚	亲切	亲情	侵权	轻巧
qīngqì	qīngqíng	qíngqù	qǐngqiú	qiúqīn	qiúqíng
氢气	倾情	情趣	请求	求亲	求情
qiúquán	qūqū	qūqiǎn	qūqiào	qūqí	quánquán
求全	区区	驱遣	躯壳	曲奇	全权
qǔqiǎo	quánqiú	quánqū	quēqín	quèqiè	quèqiáo
取巧	全球	蜷曲	缺勤	确切	鹊桥

3. x + x

xīxīn	xīxū	xīxià	xīxì	xīxiào	xíxìng
悉心	唏嘘	膝下	嬉戏	嬉笑	习性
xǐxùn	xìxīn	xìxuè	xiáxiǎo	xiáxiǎng	xiàxún
喜讯	细心	戏谑	狭小	遐想	下旬
xiānxián	xiānxì	xiānxuè	xiánxiá	xiánxì	xiǎnxiàn
先贤	纤细	鲜血	闲暇	嫌隙	显现
xiǎnxiàng	xiànxiàng	xiànxíng	xiāngxìn	xiángxì	xiǎngxiàng
险象	现象	现行	相信	详细	想象
xiàngxíng	xiāoxióng	xiāoxi	xiāoxián	xiāoxiāo	xiǎoxīn
象形	枭雄	消息	消闲	潇潇	小心
xiǎoxíng	xiǎoxué	xiàoxīn	xiàoxīng	xiēxi	xīnxuè
小型	小学	孝心	笑星	歇息	心血
xīnxǐ	xīn·xiān	xīnxīng	xīnxíng	xīnxiù	xīnxū
欣喜	新鲜	新兴	新型	新秀	心虚
xìnxīn	xìnxī	xīngxing	xíngxiāo	xíngxiàng	xióngxīn
信心	信息	星星	行销	形象	雄心
xiūxi	xiūxíng	xuǎnxiàng	xuéxí	xuèxíng	
休息	修行	选项	学习	血型	

4. 综合训练

jīběn	jíbié	jīchǔ	jǔcuò	jīngdiǎn	jiāndū
基本	级别	基础	举措	经典	监督
jīfā	jǐngfěi	jūgōng	jīnguó	jiāhuà	jiàohuì
激发	警匪	鞠躬	巾帼	佳话	教诲
juānkè	jiānkǔ	jǐ·liáng	jīnglíng	jìmò	jiǎnmiǎn
镌刻	艰苦	脊梁	精灵	寂寞	减免
jìnéng	jiǎonà	jiànpán	jiǒngpò	jīqíng	jìqiǎo
技能	缴纳	键盘	窘迫	激情	技巧
jiānqiáng	jíqǔ	jiérì	jiānrèn	jǐnshèn	jiānshǒu
坚强	汲取	节日	兼任	谨慎	坚守

jiāotōng 交通	jiétú 截图	jiǔwéi 久违	juéwù 觉悟	jīxíng 畸形	jiào·xùn 教训
jìnxíng 进行	jīngxǐ 惊喜	juéxīn 决心	jiànyì 建议	jiéyǔ 结语	jìzǎi 记载
qiānbēi 谦卑	quèbǎo 确保	qìcái 器材	qíngcāo 情操	qīdài 期待	qúdào 渠道
qìfēn 气氛	qiánfú 潜伏	qíguài 奇怪	qiānhé 谦和	qínghuái 情怀	qíjì 奇迹
qiánjǐng 前景	qiǎngjiù 抢救	qūjiě 曲解	quēkuàng 缺旷	qìliú 气流	qīnglián 清廉
qīmò 期末	qiǎomiào 巧妙	qīngnián 青年	qǔnuǎn 取暖	qípā 奇葩	qiǎngpò 强迫
quèrèn 确认	qūshì 趋势	quēshǎo 缺少	qǐtú 企图	qiāntóu 牵头	qīngwēi 轻微
qīxiàn 期限	qìxiàng 气象	qīngxié 倾斜	quēxiàn 缺陷	qìyuē 契约	qūzhé 曲折
xuǎnbá 选拔	xiàncè 献策	xúnchá 巡察	xiāodú 消毒	xiānfēng 先锋	xīngfèn 兴奋
xiūgǎi 修改	xiānghù 相互	xùhào 序号	xījìng 蹊径	xǐjù 喜剧	xiàngjiāo 橡胶
xīngkōng 星空	xǐlǐ 洗礼	xiánliáo 闲聊	xiànmù 羡慕	xuèmài 血脉	xìnì 细腻
xìnniàn 信念	xiépō 斜坡	xīnpiàn 芯片	xìqǔ 戏曲	xiànquān 线圈	xúnqiú 寻求
xiàoróng 笑容	xuǎnrèn 选任	xué·shēng 学生	xùnsù 迅速	xiétiáo 协调	xíngtài 形态
xiānwéi 纤维	xióngwěi 雄伟	xiūyǎng 修养	xiāoyān 硝烟	xuézhě 学者	xúnzhǎo 寻找

（七）舌根音 g、k、h 词语训练

1. g + g

gǎigé	gǎiguān	gāngà	gǎnguān	gāngguǎn	gànggǎn
改革	改观	尴尬	感官	钢管	杠杆
gāogē	gāogé	gāogū	gǎoguài	gèngǔ	gēnggǎi
高歌	高阁	高估	搞怪	亘古	更改
gěnggài	gōnggǎo	gōnggàn	gōngguǎn	gōngguān	gǒnggù
梗概	供稿	公干	公馆	攻关	巩固
gūguǎ	gǔgǎn	gǔgé	gǔguài	gùgōng	guāgé
孤寡	骨感	骨骼	古怪	雇工	瓜葛
guàgōu	guǎigùn	guānguāng	guàngài	guānggù	guǎnggào
挂钩	拐棍	观光	灌溉	光顾	广告
guīgé	guīgōng	guīgé	guǐguài	guìguān	guógē
规格	归功	闺阁	鬼怪	桂冠	国歌

2. k + k

kāikěn	kāikǒu	kāikuàng	kāikuò	kānkè	kǎnkě
开垦	开口	开矿	开阔	刊刻	坎坷
kǎnkǎn	kànkāi	kànkè	kāngkǎi	kēkè	kēkǎo
侃侃	看开	看客	慷慨	苛刻	科考
kěkào	kěkě	kěkǒu	kèkòu	kèkǔ	kōngkuàng
可靠	可可	可口	克扣	刻苦	空旷
kōngkuò	kǔkǒu	kuākè	kuākǒu	kuānkuàng	kuānkuò
空阔	苦口	夸克	夸口	宽旷	宽阔
kuǎnkuǎn	kuàngkè	kuàngkēng	kuīkōng	kuìkǒu	kùnkǔ
款款	旷课	矿坑	亏空	溃口	困苦

3. h + h

hǎihán	hǎihuò	hánhùn	hànhuà	hánghǎi	háohèng
海涵	海货	含混	汉化	航海	豪横

hàohàn 浩瀚	hēhē 呵呵	héhuǒ 合伙	hèhán 贺函	hēihuà 黑化	hēihēi 嘿嘿
hènghuò 横祸	hèngmán 横蛮	hónghuā 红花	hónghuāng 洪荒	Hòu Hàn 后汉	hūhuàn 呼唤
hùhuì 互惠	hùháng 护航	huàihuà 坏话	huánhún 还魂	huánghuáng 惶惶	huánghūn 黄昏
huánghuò 惶惑	huǎng·hu 恍惚	huǎnghuà 谎话	huīhè 灰鹤	huīháo 挥毫	huīhuò 挥霍
huīhóng 恢弘	huīhuáng 辉煌	huíhé 回合	huíhuán 回环	huìhé 汇合	huìhuà 绘画
hùnhé 混合	huǒhǎi 火海	huǒhou 火候	huǒhuā 火花	huòhai 祸害	

4. 综合训练

gàobié 告别	guǎngbō 广播	guānchá 观察	gāncuì 干脆	gūdú 孤独	gǔdiǎn 古典
guīfàn 规范	guǒfǔ 果脯	gǎihuàn 改换	gǎnhuà 感化	gāohán 高寒	géhé 隔阂
gǔjí 古籍	gōngjiān 攻坚	gàikuò 概括	guǎnkòng 管控	gǎnlǎn 橄榄	gànliàn 干练
guīlǜ 规律	gòngmíng 共鸣	guīmó 规模	guīnü 闺女	gūpì 孤僻	guāngpán 光盘
gēqiǎn 搁浅	gōuqú 沟渠	gǎnrǎn 感染	gēsòng 歌颂	gòusī 构思	gāngtiě 钢铁
guàntōng 贯通	géwài 格外	gǔwǔ 鼓舞	gōngxiàn 攻陷	gōngxūn 功勋	gāoyǎ 高雅
guòyìng 过硬	gǎozhǐ 稿纸	guānzhòng 观众	kǒubēi 口碑	kuòbù 阔步	kānchá 勘查
kùcún 库存	kuāndài 宽带	kuàdù 跨度	kuānfàn 宽泛	kāngfù 康复	kègǔ 刻骨

kǒugǎn 口感	kuànggōng 旷工	kāihuāng 开荒	kānhù 看护	kànghéng 抗衡	kǎohé 考核
kuānhóng 宽宏	kǒngjù 恐惧	kuàjìng 跨境	kuánglán 狂澜	kuǐlěi 傀儡	kǎimó 楷模
kuànián 跨年	kāipiān 开篇	kǎoqín 考勤	kòngquē 空缺	kuānróng 宽容	kùnrǎo 困扰
késou 咳嗽	kuǎnshì 款式	kōngtiáo 空调	kānwù 刊物	kěwàng 渴望	kǎixuán 凯旋
kòngxì 空隙	kuàyuè 跨越	kuānzhǎi 宽窄	kūzào 枯燥	huáibào 怀抱	huìběn 绘本
hàocái 耗材	huìcuì 荟萃	hòudùn 后盾	háofàng 豪放	huīfù 恢复	hégé 合格
hónggōu 鸿沟	hòugù 后顾	huāguān 花冠	huàgǎo 画稿	hángkōng 航空	huíkuì 回馈
huìkuǎn 汇款	hélǐ 合理	hūlüè 忽略	háomài 豪迈	hóngmáo 鸿毛	hùnong 糊弄
húnpò 魂魄	húpàn 湖畔	háoqíng 豪情	huánqiú 环球	huāruǐ 花蕊	huánrào 环绕
héshí 核实	hūshì 忽视	hǎitái 海苔	huānténg 欢腾	huāwén 花纹	hóngwěi 宏伟
hánxù 含蓄	hùnxiáo 混淆	héngyì 横溢	huóyuè 活跃	hòuzhí 厚植	

（八）零声母词语训练

āiyuàn 哀怨	ái'ái 皑皑	ānwěn 安稳	áoyóu 遨游	èyì 恶意	ēn'ài 恩爱
ěryǔ 耳语	ǒu'ěr 偶尔	wàiyǔ 外语	wàiwéi 外围	wàn'è 万恶	wànwù 万物
wàngwǒ 忘我	wēiwàng 威望	wēiyán 威严	wéiyuē 违约	wěiwǎn 委婉	wèiyǎng 喂养

wēnyì	wényì	wūyā	wūyán	wúwèi	wúyín
瘟疫	文艺	乌鸦	屋檐	无畏	无垠
wǔyè	yāyùn	yáyín	yānwù	yánwù	yányǔ
午夜	押韵	牙龈	烟雾	延误	言语
yǎnyuán	yǎnyìng	yànyǔ	yángyì	yǎngyǎn	yáoyán
演员	掩映	谚语	洋溢	养眼	谣言
yáowàng	yèwǎn	yèwù	yīyào	yìyuàn	yīwēi
遥望	夜晚	业务	医药	意愿	依偎
yíwù	yì'àn	yìyàng	yìyùn	yīn'àn	yīnyùn
贻误	议案	异样	意蕴	阴暗	音韵
yīnyuán	yīnyǐng	yínyuán	yǐnyòu	yīngwǔ	yīngyǒng
姻缘	阴影	银元	引诱	鹦鹉	英勇
yíngyè	yíngyú	yìngyāo	yōngyǒu	yǒngyuè	yǒngyuǎn
营业	盈余	应邀	拥有	踊跃	永远
yōuyǎ	yóuyǒng	yóuyù	yòu'ér	yúyuè	yǔwén
优雅	游泳	犹豫	幼儿	愉悦	语文
yǔyī	yúwēng	yùyán	yùyǎn	yuān·yāng	yuānyuán
雨衣	渔翁	寓言	预演	鸳鸯	渊源
yuányīn	yuànwàng	yúnwù	yùnyòng	yùnyù	
原因	愿望	云雾	运用	孕育	

二、词语对比训练

（一）z、zh 词语对比训练

1. z + zh

zázhì	zāizhòng	zāizhí	zàizhí	zàizhòng	zànzhù
杂志	栽种	栽植	在职	载重	赞助
zēngzhǎng	zēngzhí	zīzhì	zīzhù	zīzhǎng	zìzhì
增长	增值	资质	资助	滋长	自治

zìzhǔ	zìzhuàn	zōngzhǐ	zǒngzhī	zòuzhāng	zúzhǎng
自主	自传	宗旨	总之	奏章	族长
zǔzhī	zǔzhǐ	zǔzhì	zǔzhòu	zǔzhuāng	zuìzhōng
组织	阻止	阻滞	诅咒	组装	最终
zuìzhèng	zūnzhǎng	zūnzhòng	zūnzhào	zuǒzhèng	zuǒzhù
罪证	尊长	尊重	遵照	佐证	佐助
zuòzhàn	zuòzhě	zuòzhěn	zuòzhèn	zuòzhōng	zuòzhǔ
作战	作者	坐诊	坐镇	座钟	做主

2. zh + z

zhā·zǐ	zhāngzuǐ	zhǎngzǐ	zhāozū	zhǎozé	zhènzuò
渣滓	张嘴	长子	招租	沼泽	振作
zhènzāi	zhèngzài	zhèngzōng	zhīzào	zhīzú	zhízé
赈灾	正在	正宗	织造	知足	职责
zhǐzé	zhìzūn	zhìzào	zhìzuò	zhìzǐ	zhǒngzú
指责	至尊	制造	制作	质子	种族
zhòngzī	zhōuzāo	zhūzi	zhǔzǎi	zhùzào	zhùzú
重资	周遭	珠子	主宰	铸造	驻足
zhùzuò	zhuānzé	zhuǎnzū	zhuànzì	zhuāngzài	Zhuàngzú
著作	专责	转租	篆字	装载	壮族
zhuīzé	zhuīzèng	zhuīzōng	zhuīzi	zhuìzi	zhǔnzé
追责	追赠	追踪	锥子	坠子	准则

（二）c、ch 词语对比训练

1. c + ch

cáichǎn	cáichǔ	cǎichāo	cǎichóu	càichǎng	cānchán
财产	裁处	彩超	彩绸	菜场	参禅
cānchē	cánchuǎn	cāochǎng	cāochí	cǎochǎng	cǎochuàng
餐车	残喘	操场	操持	草场	草创

cèchá	cíchéng	cíchǎng	cùchéng	cúnchǔ	cuòchù
测查	辞呈	磁场	促成	存储	错处

2. ch + c

chācuò	chācè	cháicǎo	chángcè	chǎngcì	chàngcí
差错	插册	柴草	长策	场次	唱词
chēcì	chéncù	chéngcái	chícāng	chǐcùn	chōngcì
车次	陈醋	成才	持仓	尺寸	冲刺
chóngcǎo	chōucè	chóucuò	chūcì	chǔcáng	chǔcún
虫草	抽测	筹措	初次	储藏	储存
chuǎicè	chuāncài	chuāncì	chuáncāng	chúncuì	chǔncái
揣测	川菜	穿刺	船舱	纯粹	蠢材

（三）s、sh 词语对比训练

1. s + sh

sàishì	sānshēng	sànshī	sāngshèn	sàngshī	sǎoshì
赛事	三牲	散失	桑葚	丧失	扫视
sīshì	sīshú	sīshǒu	sǐshǒu	sǐshuǐ	sìshēng
私事	私塾	厮守	死守	死水	四声
sìshí	sìshū	sōngshǔ	sǒngshēn	sòngshěn	sōushēn
四时	四书	松鼠	耸身	送审	搜身
sùshuō	sùshí	sùshè	suànshì	suànshù	suīshuō
诉说	素食	宿舍	算式	算数	虽说
suíshēn	suíshí	suíshǒu	suìshǒu	suìshu	suìshí
随身	随时	随手	岁首	岁数	燧石
sǔnshāng	sǔnshī	suōshǐ	suōshuǐ	suǒshǔ	suǒshì
损伤	损失	唆使	缩水	所属	琐事

2. sh + s

shàngsè	shàngsi	shàngsù	shēnsù	shēnsī	shēnsuì
上色	上司	上溯	申诉	深思	深邃

shēnsuō	shénsè	shénsī	shénsù	shēngsè	shēngsè
伸缩	神色	神思	神速	生涩	声色
shéngsuǒ	shèngsù	shèngsuàn	shīsè	shīsuàn	shísǔn
绳索	胜诉	胜算	失色	失算	石笋
shísuǒ	shísú	shísù	shìsú	shìsǐ	shōusuō
石锁	时俗	时速	世俗	誓死	收缩
shǒusuì	shòusī	shòusǔn	shūsàn	shūsòng	shúsī
守岁	寿司	受损	疏散	输送	熟思
shuānsè	shùnsuì				
栓塞	顺遂				

（四）n、l 词语对比训练

1. n + l

nǎ·lǐ	nǎilào	nàilì	nàiláo	nǎolì	nèilào
哪里	奶酪	耐力	耐劳	脑力	内涝
nèiliǎn	nèilù	nénglì	néngliàng	nílóng	nìliú
内敛	内陆	能力	能量	尼龙	逆流
niánlíng	niánlún	nónglì	nónglín	nóngliè	núlì
年龄	年轮	农历	农林	浓烈	奴隶
nǔlì	nuǎnlián	nuǎnliú			
努力	暖帘	暖流			

2. l + n

láinián	lànní	lǎonián	lǎoniú	lǎonú	lěinián
来年	烂泥	老年	老牛	老奴	累年
lěngníng	lěngnuǎn	línàn	lǐniàn	lìnián	liánnián
冷凝	冷暖	罹难	理念	历年	连年
liànniàn	liǎngnán	língnüè	Lǐngnán	liúnián	liúniàn
恋念	两难	凌虐	岭南	流年	留念

liùniǎo	lóngnǎo	lǚniǎo	lùnnàn	luònàn
遛鸟	龙脑	旅鸟	论难	落难

（五）f、h词语对比训练

1. f + h

fāhuī	fǎhuī	fānhào	fānhuáng	fánhuá	fǎnhuǐ
发挥	法徽	番号	翻黄	繁华	反悔
fǎnháng	fǎnhuán	fànhuì	fánghán	fánghù	fànghuái
返航	返还	犯讳	防寒	防护	放怀
fēihóng	fēihuáng	fēihóng	féihòu	fěihuàn	fèihuà
飞鸿	飞蝗	绯红	肥厚	匪患	废话
fēnháo	fénhuǐ	fěnhóng	fēnghòu	fēnghán	fēngháng
分毫	焚毁	粉红	丰厚	风寒	封航
fēnghuì	fēnghóu	fénghé	fènghuáng	fènghuán	fūhuà
峰会	蜂猴	缝合	凤凰	奉还	孵化
fúhuò	fúhuá	fúhé	fǔhuà	fùhè	fùhuì
俘获	浮华	符合	腐化	负荷	附会
fùhè	fùhán	fùháng	fùhuó	fùhóng	fùháo
附和	复函	复航	复活	副虹	富豪

2. h + f

hǎifáng	hǎifēng	hánfú	háofà	háofàng	hàofáng
海防	海风	含服	毫发	豪放	号房
hàofèi	hàofán	héfáng	héfú	héfěn	héngfú
耗费	浩繁	何妨	和服	河粉	横幅
hóngfēng	hóngfú	hòufāng	húfēng	hǔfú	hùfǎng
洪峰	洪福	后方	胡峰	虎符	互访
hùfēng	huāfèi	huāfěn	huáfà	huàféi	huàfǎng
护封	花费	花粉	华发	化肥	画舫
huàfēng	huànfā	huāngfèi	huīfā	huīfù	huífǎng
话锋	焕发	荒废	挥发	恢复	回访

huìfèi	huìfēng	hùnfǎng	huǒfū	huǒfáng
会费	惠风	混纺	伙夫	伙房

（六）j、q、x 与 z、c、s 词语对比训练

1. j、q、x + z、c、s

jīzǎn	jízī	jízào	jiāzài	jiāzú	jiǎngzuò
积攒	集资	急躁	加载	家族	讲座
jiézòu	jìnzé	juézé	jīcéng	jiǎocún	jiàocái
节奏	尽责	抉择	基层	缴存	教材
jiēcéng	jǐncòu	jīngcǎi	jǔcuò	juécè	jìsì
阶层	紧凑	精彩	举措	决策	祭祀
jiāsù	jiàosuō	jiǎnsuǒ	jīngsuǐ	jìngsài	jǔsàng
加速	教唆	检索	精髓	竞赛	沮丧
juésè	juésuàn	qiānzǎi	qiānzì	qiánzài	qīnzì
角色	决算	千载	签字	潜在	亲自
qǐngzuì	quānzi	quànzǔ	quèzáo	qúnzū	qǐcǎo
请罪	圈子	劝阻	确凿	群租	起草
qìcái	qiáocuì	qiāncéng	qiēcuō	qīngcuì	qíngcāo
器材	憔悴	千层	切磋	清脆	情操
quāncún	qǔcái	qìsè	qīngsǎo	qīngsè	qīngsù
圈存	取材	气色	清扫	青涩	倾诉
qīngsōng	qiūsè	qiúsuǒ	quánsù	qūsàn	xízuò
轻松	秋色	求索	全速	驱散	习作
xìzuò	xiānzǔ	xiánzá	xiǎnzǔ	xiézuò	xièzé
细作	先祖	闲杂	险阻	协作	卸责
xièzuì	xuǎnzé	xīcān	xiácī	xiáncài	xiàncè
谢罪	选择	西餐	瑕疵	咸菜	献策
xiāngcūn	xiàngcè	xiūcí	xiùcai	xuěcáng	xísú
乡村	相册	修辞	秀才	雪藏	习俗

xìsuì	xiánsǎn	xiànsuǒ	xiāngsī	xiāngsì	xiàngsù
细碎	闲散	线索	相思	相似	像素
xiāosǎ	xīnsuān	xīnsuàn	xùnsè	xùnsù	
潇洒	心酸	心算	逊色	迅速	

2. z、c、s + j、q、x

zájì	zēngjiā	zījīn	zìjǐng	zǒngjié	zūjīn
杂记	增加	资金	自警	总结	租金
zújì	zǔjí	zūnjìng	zuòjiā	zǎoqī	zàngqīng
足迹	祖籍	尊敬	作家	早期	藏青
zēngqiáng	zìqiān	zìqiáng	zúqiú	zúqún	zuǒqiān
增强	自谦	自强	足球	族群	左迁
zuòqǔ	zàoxíng	zǐxì	zìxìn	zìxǔ	zīxún
作曲	造型	仔细	自信	自诩	咨询
zòuxiào	zǔxiān	zūnxún	zòuxiǎng	cáijiǎn	cáijīng
奏效	祖先	遵循	奏响	裁剪	财经
cáijùn	cānjiā	cānjūn	cǎijí	céngjīng	cìjī
才俊	参加	参军	采集	曾经	刺激
cùjìn	cuòjué	cǎiqiān	cǎiqǔ	cánquē	cāngqióng
促进	错觉	彩铅	采取	残缺	苍穹
cíqì	cuànquán	cuìqǔ	còuqiǎo	cūqiǎn	sājiāo
瓷器	篡权	萃取	凑巧	粗浅	撒娇
sàijì	sǎnjū	sèjué	sōují	sījī	sùjiāo
赛季	散居	色觉	搜集	司机	塑胶
suíjī	suōjiǎn	cāixiǎng	cǎixiá	cánxuě	cíxiè
随机	缩减	猜想	彩霞	残雪	辞谢
cíxiáng	cíxìng	cìxiù	cūxīn	cùxiāo	cúnxù
慈祥	磁性	刺绣	粗心	促销	存续
sàiqū	sàngqì	sīqǐ	sōngqiú	sòngqīn	súqi
赛区	丧气	私企	松球	送亲	俗气

sùqīng	suíqún	suǒqǔ	sānxiān	sīxiǎng	sōngxiè
肃清	随群	索取	三鲜	思想	松懈
sōuxún	sùxiào	suānxìng	suíxíng	suǒxìng	suōxiǎo
搜寻	速效	酸性	随行	索性	缩小

（七）r、l 词语对比训练

1. r + l

ránliào	rǎnliào	rànglù	rǎoluàn	rèlà	rèlàng
燃料	染料	让路	扰乱	热辣	热浪
rèliàng	rèlèi	rèliè	rénlèi	rénlún	rènlǐng
热量	热泪	热烈	人类	人伦	认领
rìlì	róngliàng	róngliú	róngliàn	rónglú	róulìn
日历	容量	容留	熔炼	熔炉	蹂躏
ròuliú	rúlín	rǔlào	rùliè	rùlǒng	rùliú
肉瘤	儒林	乳酪	入列	入垄	入流
ruǎnlèi	ruìlì				
软肋	锐利				

2. l + r

làrǎn	láirén	láirì	lǎngrùn	lǎorén	lǎoruò
蜡染	来人	来日	朗润	老人	老弱
lěngrán	lěngrè	lírèn	lǐràng	lìrén	lìrèn
冷然	冷热	离任	礼让	丽人	历任
lìrèn	lìrú	lìrùn	liánrì	liànrén	liànrǔ
利刃	例如	利润	连日	恋人	炼乳
liángrén	liǎorán	lièrì	lièrén	lǐnrán	língrǔ
良人	了然	烈日	猎人	凛然	凌辱
liúrèn	lùrù	lùróng	lùrén	luòrì	
留任	录入	鹿茸	路人	落日	

第二节 词语韵母分类辨读

一、单元音韵母词语训练

（一）同韵词语训练

bàba	dāla	dǎchà	dàmā	dàmá	dàshà
爸爸	耷拉	打岔	大妈	大麻	大厦
fādá	háma	kāchā	lǎba	lǎma	māma
发达	蛤蟆	咔嚓	喇叭	喇嘛	妈妈
mǎdá	nǎpà	shāfā	shālā	tāla	zhǎba
马达	哪怕	沙发	沙拉	趿拉	眨巴
bóbo	mòmò	pōmò	chēzhé	gēge	gēshě
伯伯	默默	泼墨	车辙	哥哥	割舍
géhé	gérè	gègè	gèsè	hégé	kēkè
隔阂	隔热	各个	各色	合格	苛刻
kēzé	kèchē	sèzé	tèsè	tèshè	zhéshè
苛责	客车	塞责	特色	特赦	折射
zhège	bǐnǐ	bǐjì	díyì	dìpí	jílì
这个	比拟	笔迹	敌意	地皮	吉利
lǐyí	lìbì	mílí	mìbì	qīlì	qǐdí
礼仪	利弊	迷离	密闭	凄厉	启迪
qìjī	xīyì	xǐdí	xǐlǐ	yīxī	yìtí
契机	蜥蜴	洗涤	洗礼	依稀	议题
yìlì	bǔzhù	bùshǔ	chūrù	cūbù	cūsú
毅力	补助	部署	出入	粗布	粗俗
dūcù	dúwǔ	dúwù	fùlù	fùshǔ	gūfù
督促	独舞	读物	附录	附属	辜负
gǔwù	gùzhǔ	hùzhǔ	kūsù	kùshǔ	lùzhū
谷物	雇主	户主	哭诉	酷暑	露珠

púfú	pùbù	sùmù	túbù	tǔzhù	tǔlù
匍匐	瀑布	肃穆	徒步	土著	吐露
wǔshù	zhǔmù	zhùfú	jūyú	jùjū	lǚjū
武术	瞩目	祝福	居于	聚居	旅居
lǚlǚ	nǚxu	qūyù	xūyú	xùqǔ	yǔjù
屡屡	女婿	区域	须臾	序曲	语句
yǔxù	cìzì	sīzì	zīzī	zǐsì	zìsī
语序	刺字	私自	孜孜	子嗣	自私
rìshí	rìzhì	shīshí	shīshì	shīzhí	shǐshī
日食	日志	失实	失事	失职	史诗
shǐshí	shīshì	shíshī	shízhì	shízhǐ	shìshí
史实	施事	实施	实质	食指	事实
shìzhǐ	shìshí	shìshì	zhīchí	zhīshi	zhízhì
试纸	适时	逝世	支持	知识	直至
zhìzhǐ	zhìshǐ				
制止	致使				

（二）综合训练

bāgǔ	báchú	báshè	bàkè	bǐwǔ	bǐfǎ
八股	拔除	跋涉	罢课	比武	笔法
bǐmò	bǐzhí	bǐshì	bìmù	bìsè	bìhù
笔墨	笔直	鄙视	闭幕	闭塞	庇护
bìbō	bōgǔ	bófù	bódé	bǔjǐ	bǔkè
碧波	波谷	伯父	博得	补给	补课
bǔxí	bǔshā	bǔyù	bùfá	bùfǎ	bùzhǐ
补习	捕杀	哺育	不乏	不法	不只
bùyī	bùlǚ	chāqǔ	chātú	chájī	chájù
布衣	步履	插曲	插图	茶几	茶具
cháchǔ	chēfū	chěpí	chèlí	chízi	chǐzi
查处	车夫	扯皮	撤离	池子	尺子

chǐrǔ	chìzé	chìrè	chūjī	chūlì	chūmǎ
耻辱	斥责	炽热	出击	出力	出马
chūmò	chūqí	chūqì	chūshī	chūshǐ	chūshì
出没	出奇	出气	出师	出使	出事
chúfǎ	chúxī	chǔsǐ	chǔzhì	chùfā	chùjí
除法	除夕	处死	处置	触发	触及
chùxū	cíjí	cítǐ	cìgǔ	cìkè	cìshā
触须	磁极	磁体	刺骨	刺客	刺杀
cūxì	dǎdǔ	dǎzì	dàchē	dàdǐ	dàdù
粗细	打赌	打字	大车	大抵	大度
dàfù	dàgǔ	dàhù	dàjì	dàjú	dàjǔ
大副	大鼓	大户	大计	大局	大举
dàlù	dàmǐ	dàshǐ	dàshì	dàsì	dàxǐ
大路	大米	大使	大势	大肆	大喜
délì	détǐ	dībà	díshì	dízi	dǐchù
得力	得体	堤坝	敌视	笛子	抵触
dǐdá	dǐyā	dǐyù	dǐxì	dǐzi	dìrè
抵达	抵押	抵御	底细	底子	地热
dìzhǐ	dúdǎ	dúqì	dúshé	dǔsè	dùjì
地址	毒打	毒气	毒蛇	堵塞	妒忌
dùrì	èshā	èbà	èdú	èmó	èxí
度日	扼杀	恶霸	恶毒	恶魔	恶习
èyì	èzhǐ	èzhì	érkē	érxì	ěrmù
恶意	遏止	遏制	儿科	儿戏	耳目
ěrjī	ěryǔ	èrhú	fānù	fāshì	fǎjì
耳机	耳语	二胡	发怒	发誓	法纪
fǎshī	fǎyī	fǎzhì	fújī	fúchí	fúzhí
法师	法医	法治	伏击	扶持	扶植
fúshì	fúyì	fúlì	fúqi	fǔmō	fǔyù
服饰	服役	浮力	福气	抚摸	抚育

fǔzi 斧子	fǔshì 俯视	fùjí 负极	fùhè 附和	fùfā 复发	fùgǔ 复古
fùhé 复核	fùxí 复习	fùyì 复议	fùcí 副词	fùshí 副食	fùlì 富丽
fùzú 富足	fùdì 腹地	géjú 格局	gélǜ 格律	gézi 格子	gū'ér 孤儿
gūjì 孤寂	gūpì 孤僻	gǔjí 古籍	gǔjì 古迹	gǔdì 谷地	gǔzi 谷子
gǔqì 骨气	gǔzhé 骨折	gùcǐ 故此	gù'ér 故而	gùtǔ 故土	gùjí 顾及
gùjì 顾忌	hèxǐ 贺喜	húli 狐狸	húxū 胡须	hùlì 互利	hùlǐ 护理
jīyù 机遇	jīzhì 机智	jīzǔ 机组	jīfū 肌肤	jīxù 积蓄	jīshí 基石
jīshù 基数	jīnù 激怒	jíqǔ 汲取	jídù 极度	jíkè 即刻	jírì 即日
jícù 急促	jíjù 急遽	jíshì 急事	jísù 急速	jíchí 疾驰	jíkǔ 疾苦
jǐzhù 脊柱	jìshù 计数	jìfǎ 技法	jìdù 季度	jì'ér 继而	jìmǔ 继母
jūnì 拘泥	jù'é 巨额	jùzhù 巨著	jùfǎ 句法	jùmù 剧目	jùxī 据悉
jùpà 惧怕	jùchǐ 锯齿	jùhé 聚合	kējǔ 科举	kēmù 科目	kēpǔ 科普
kēshì 科室	kěqǔ 可取	kěwù 可恶	kěxǐ 可喜	kěyí 可疑	kèzhì 克制
kèbó 刻薄	kèhù 客户	kèjī 客机	kèyú 课余	kūqì 哭泣	kǔlì 苦力
kǔsè 苦涩	kǔyú 苦于	kùrè 酷热	kùsì 酷似	lālì 拉力	lèqù 乐趣

lèyì	lèyú	lízhí	lǐfà	lǐkē	lìdù
乐意	乐于	离职	理发	理科	力度
lìshū	lìzhì	lìzú	lìshǔ	lìshí	lùqǔ
历书	立志	立足	隶属	砾石	录取
lǔtú	míhu	mílù	míshī	míwù	mìbù
旅途	迷糊	迷路	迷失	迷雾	密布
mìmǎ	mǔyǔ	mù'ěr	mùfá	mùkè	mùyù
密码	母语	木耳	木筏	木刻	沐浴
mùqū	mùdì	mùshì	mùsè	nígū	pībó
牧区	墓地	墓室	暮色	尼姑	批驳
pīlù	pígé	pífá	pūbí	púyì	pǔshí
披露	皮革	疲乏	扑鼻	仆役	朴实
pǔchá	pǔfǎ	qīfu	qīzhà	qíshì	qítú
普查	普法	欺负	欺诈	歧视	歧途
qǐshì	qǐbù	qǐsù	qìdù	qìpò	qìsè
启事	起步	起诉	气度	气魄	气色
qìwù	qǔdì	qūchē	qūchú	qǔmù	qǔlè
器物	取缔	驱车	驱除	曲目	取乐
qǔshě	qùlù	rúqī	rúshí	rúyì	rùgǔ
取舍	去路	如期	如实	如意	入股
rùmí	rùzi	shāchē	shàshí	shěqì	shèzú
入迷	褥子	刹车	霎时	舍弃	涉足
shèqǔ	shèshí	shèzhì	shīlǐ	shīlì	shīyì
摄取	摄食	摄制	失礼	失利	失意
shījí	shījù	shīshě	shīrè	shízú	shíkè
诗集	诗句	施舍	湿热	十足	石刻
shíkū	shímò	shípò	shícè	shídì	shíxí
石窟	石墨	识破	实测	实地	实习
shípǔ	shíyù	shǐcè	shǐshū	shǐzǔ	shìqì
食谱	食欲	史册	史书	始祖	士气

shìyì	shìsú	shìlǐ	shìyí	shìjì	shìtí
示意	世俗	事理	事宜	试剂	试题
shìlì	shìdù	shūfǎ	shūjú	shūlǐ	shūzi
视力	适度	书法	书局	梳理	梳子
shúzhī	shùzhī	shù'é	shùmǎ	sīlì	sīshú
熟知	树脂	数额	数码	私立	私塾
sǐjì	sìjì	sìjī	sìyì	tàbù	tèlì
死寂	四季	伺机	肆意	踏步	特例
tèqū	tèxǔ	tèyì	tèzhì	tíbá	tíshì
特区	特许	特异	特质	提拔	提示
tíkū	tící	tíchá	tífá	tǐgé	tǐpò
啼哭	题词	体察	体罚	体格	体魄
túmǒ	tǔzhì	wúlǐ	wúxū	wúyí	wǔshì
涂抹	土质	无理	无须	无遗	武士
wǔyì	wǔbì	wǔnǚ	wǔqǔ	wǔzī	wùbì
武艺	舞弊	舞女	舞曲	舞姿	务必
wùqì	xīfú	xīrì	xībó	xīshì	xīshū
雾气	西服	昔日	稀薄	稀释	稀疏
xìzé	xūzhī	xūshí	xūwú	xùrì	xùshù
细则	须知	虚实	虚无	旭日	序数
xùshì	xùmù	yīshí	yīwù	yīshī	yīzhì
叙事	畜牧	衣食	衣物	医师	医治
yìchù	yìrì	yìzhǐ	yǔlù	yùchí	yùshì
益处	翌日	意旨	语录	浴池	浴室
yùzhī	zájì	zájū	záshì	zhàqǔ	zhélǐ
预知	杂技	杂居	杂事	榨取	哲理
zhījǐ	zhītǐ	zhīwù	zhíbǐ	zhífǎ	zhíyì
知己	肢体	织物	执笔	执法	执意
zhíbō	zhídá	zhǐbù	zhǐyì	zhǐbì	zhì·qi
直播	直达	止步	旨意	纸币	志气
zhìfú	zhìjì	zhìtú	zhìdì	zhìpǔ	zhìmì
制服	制剂	制图	质地	质朴	致密

zhìyì	zhìxī	zhìyù	zhùdì	zīlì	zīzhù
致意	窒息	智育	驻地	资历	资助
zībǔ	zìdà	zìdé	zìfù	zìjǐ	zìlǐ
滋补	自大	自得	自负	自给	自理
zìlǜ	zìzhì	zìjì	zìjù	zìyì	zújì
自律	自制	字迹	字句	字义	足迹
zǔgé	zǔjī	zǔsè			
阻隔	阻击	阻塞			

二、复合元音韵母词语训练

（一）同韵词语训练

àidài	báicài	cǎidài	cǎipái	cǎizhāi	chāitái
爱戴	白菜	彩带	彩排	采摘	拆台
hǎidài	hǎitái	kāicǎi	kāiwài	mǎimai	pāimài
海带	海苔	开采	开外	买卖	拍卖
zāihài	bèilěi	fēiděi	fēizéi	féiměi	mèimei
灾害	蓓蕾	非得	飞贼	肥美	妹妹
pèibèi	àonǎo	bǎodǎo	bàodào	bàogào	bàokǎo
配备	懊恼	宝岛	报道	报告	报考
bàozào	cāoláo	cǎogǎo	cǎomào	chǎonào	dǎogào
暴躁	操劳	草稿	草帽	吵闹	祷告
dàocǎo	gāo'ào	gāochāo	gāokǎo	gāoshāo	háotáo
稻草	高傲	高超	高考	高烧	号啕
hàozhào	lǎoshào	lǎolao	máocǎo	pǎodào	pāomáo
号召	老少	姥姥	茅草	跑道	抛锚
ràodào	shāoshāo	tāotāo	táopǎo	tǎohǎo	tiàogāo
绕道	稍稍	滔滔	逃跑	讨好	跳高
zāogāo	zǎodào	zhāokǎo	chǒulòu	chóumóu	dǒusǒu
糟糕	早稻	招考	丑陋	绸缪	抖擞

dōushòu 兜售	hòutou 后头	kǒutóu 口头	kòutóu 叩头	lòudǒu 漏斗	shōugòu 收购
shǒuhòu 守候	shòuhòu 售后	tōutōu 偷偷	zǒugǒu 走狗	jiāyā 加压	jiājià 加价
jiǎyá 假牙	qiàqià 恰恰	xiàjià 下架	jiějie 姐姐	jiéyè 结业	tiēqiè 贴切
xiéqiē 斜切	yéye 爷爷	huàhuà 画画	wáwa 娃娃	shuǎhuá 耍滑	cuòguò 错过
cuōtuó 蹉跎	duòluò 堕落	guóhuò 国货	guòcuò 过错	guòhuó 过活	guòhuǒ 过火
huózhuō 活捉	huǒguō 火锅	kuòchuò 阔绰	luòtuo 骆驼	nuòruò 懦弱	shuòguǒ 硕果
tuōluò 脱落	tuóluó 陀螺	juéjué 决绝	juéxué 绝学	quèyuè 雀跃	xuěyuè 雪月
yuēlüè 约略	jiāoxiǎo 娇小	jiàoxiāo 叫嚣	jiàotiáo 教条	liáoxiào 疗效	miáotiao 苗条
miǎoxiǎo 渺小	niǎoniǎo 袅袅	piāomiǎo 缥缈	qiāoqiāo 悄悄	qiǎomiào 巧妙	tiáoliào 调料
xiāoyáo 逍遥	xiāotiáo 萧条	xiǎodiào 小调	xiǎoniǎo 小鸟	xiǎoqiǎo 小巧	xiàoliào 笑料
yǎotiǎo 窈窕	jiǔliú 久留	jiùyǒu 旧友	niúyóu 牛油	qiújiù 求救	xiùqiú 绣球
yōujiǔ 悠久	yōuxiù 优秀	guāiguāi 乖乖	huáichuāi 怀揣	shuāihuài 摔坏	wàikuài 外快
cuīhuǐ 摧毁	chuíwēi 垂危	guīduì 归队	huíguī 回归	huíwèi 回味	shuǐwèi 水位
tuìhuí 退回	tuìwèi 退位	tuìshuì 退税	wēiwēi 微微	wěisuí 尾随	wèisuì 未遂
zuìwéi 最为					

（二）综合训练

àiguó	àihào	bǎituō	bāokuò	bǎobèi	bǎoguì
爱国	爱好	摆脱	包括	宝贝	宝贵
bǎoliú	bǎoshǒu	bǎowèi	bèihòu	bèigào	cāozuò
保留	保守	保卫	背后	被告	操作
dàibiǎo	dàijià	dàixiè	dàitóu	dǎoméi	dàolái
代表	代价	代谢	带头	倒霉	到来
dàoqiè	duìdài	duìhuà	duìshǒu	duìzhào	gāoxiào
盗窃	对待	对话	对手	对照	高校
guījié	guīlái	guīhuà	guǐdào	guóhuì	guójiā
归结	归来	规划	轨道	国会	国家
guòhòu	hòudài	hòuguǒ	hòuhuǐ	hòulái	huāduǒ
过后	后代	后果	后悔	后来	花朵
huāfèi	Huáběi	huáqiáo	huàféi	huàxué	huàjiā
花费	华北	华侨	化肥	化学	画家
huáibào	huǐmiè	huìbào	huìhuà	huóyuè	huǒchái
怀抱	毁灭	汇报	会话	活跃	火柴
jiākuài	jiǎshuō	jiāodài	jiāoliú	jiāo'ào	jiǎoluò
加快	假说	交代	交流	骄傲	角落
jiǎoxià	jiàozuò	jiàowéi	jiàocái	jiàodǎo	jiàoshòu
脚下	叫作	较为	教材	教导	教授
jiàoxué	jiēdài	jiēshōu	jiēshòu	jiēdào	jiētóu
教学	接待	接收	接受	街道	接头
jiézòu	jiébái	jiégòu	jiéguǒ	jiěmèi	jiěpōu
节奏	洁白	结构	结果	姐妹	解剖
jiětuō	jièshào	jièkǒu	jiùguó	juéduì	kāihuā
解脱	介绍	借口	救国	绝对	开花
kāikuò	kāishuǐ	kāitóu	kāituò	kuàiyào	lèishuǐ
开阔	开水	开头	开拓	快要	泪水

liáokuò	liǎojiě	liúxué	liúpài	liúshuǐ	liúxuè
辽阔	了解	留学	流派	流水	流血
méiyǒu	méitóu	méijiè	měihǎo	měihuà	měimiào
没有	眉头	媒介	美好	美化	美妙
měixué	nèiwài	páiliè	qiàhǎo	quēshǎo	quèbǎo
美学	内外	排列	恰好	缺少	确保
shāowēi	shōuhuí	shōuhuò	shōusuō	shǒujiǎo	shǒuyào
稍微	收回	收获	收缩	手脚	首要
shòuliè	shuāilǎo	shuǐdào	shuǐguǒ	shuǐliú	shuǐshǒu
狩猎	衰老	水稻	水果	水流	水手
shuìshōu	shuìjiào	shuōhuà	suīshuō	suíhòu	suìyuè
税收	睡觉	说话	虽说	随后	岁月
táitóu	tiáoyuē	tiáojié	tiáojiě	tiàoyuè	tuīxiāo
抬头	条约	调节	调解	跳跃	推销
tuìhuà	tuìxiū	wàiguó	wàihuì	wàijiāo	wàijiè
退化	退休	外国	外汇	外交	外界
wàilái	wēihài	wēiruò	wēixiǎo	wēixiào	wéishǒu
外来	危害	微弱	微小	微笑	为首
wéibèi	wéijiǎo	wéirào	wéixiū	wěituō	wèilái
违背	围剿	围绕	维修	委托	未来
xiá'ài	xiázhǎi	xiàliè	xiàluò	xiàyóu	xiāofèi
狭隘	狭窄	下列	下落	下游	消费
xiāohào	xiāohuà	xiāoshòu	xiǎo'ér	xiǎomài	xiǎoxué
消耗	消化	销售	小儿	小麦	小学
xiàohua	xiàoguǒ	xiéhuì	xiétiáo	xiézuò	xiédài
笑话	效果	协会	协调	协作	携带
xiězuò	xiūgǎi	xuēruò	xuéhuì	xuépài	xuéshuō
写作	修改	削弱	学会	学派	学说
xuéxiào	xuěbái	xuěhuā	yāoqiú	yáotóu	yěshòu
学校	雪白	雪花	要求	摇头	野兽

yěwài	yètài	yōuměi	yōuyuè	yóuwéi	yóupiào
野外	业态	优美	优越	尤为	邮票
yóuhuà	yǒuhǎo	yǒuxiào	yòushǒu	yòumiáo	yòudǎo
油画	友好	有效	右手	幼苗	诱导
yuèqiú	yuèduì	yuèguò	zàijiā	zhāodài	zhàokāi
月球	乐队	越过	在家	招待	召开
zhuīqiú	zhuóyuè	zhuóshǒu	zuìhòu	zuǒshǒu	zuòjiā
追求	卓越	着手	最后	左手	作家
zuòwéi	zuòyè	zuòbiāo	zuòwèi		
作为	作业	坐标	座位		

三、鼻辅音韵母词语训练

（一）同韵词语训练

àndàn	ànrán	bānlán	bàn'àn	cānkàn	cānzhǎn
暗淡	黯然	斑斓	办案	参看	参展
cānzhàn	cǎn'àn	cànlàn	chánchán	dānchǎn	dāngàn
参战	惨案	灿烂	潺潺	单产	单干
dànrán	fān'àn	fǎngǎn	fànlàn	gānhàn	gǎnrǎn
淡然	翻案	反感	泛滥	干旱	感染
gǎntàn	gǎnlǎn	hánzhàn	hànshān	hànrán	kāntàn
感叹	橄榄	寒颤	汗衫	悍然	勘探
lángān	lǎnhàn	lǎnsǎn	mángàn	nánchǎn	nánkān
栏杆	懒汉	懒散	蛮干	难产	难堪
nánkàn	pāntán	rǎnrǎn	sǎnmàn	shànzhàn	tānlán
难看	攀谈	冉冉	散漫	善战	贪婪
tānfàn	tǎnrán	zàntàn	zhānrǎn	zhǎnlǎn	zhànfàn
摊贩	坦然	赞叹	沾染	展览	战犯

pinyin	词	pinyin	词	pinyin	词
běnfèn 本分	běnrén 本人	běnshēn 本身	chénmèn 沉闷	ēnrén 恩人	fěnchén 粉尘
fènhèn 愤恨	gēnběn 根本	ménzhěn 门诊	rénshēn 人参	rénmen 人们	rénrén 人人
rènzhēn 认真	shēnfèn 身份	shēnchén 深沉	shěnshèn 审慎	zhènfèn 振奋	bīnlín 濒临
bīnbīn 彬彬	jìnxīn 尽心	jìnlín 近邻	jìnqīn 近亲	línjìn 临近	mínxīn 民心
pīnyīn 拼音	pínmín 贫民	qīnjìn 亲近	qīnlín 亲临	qīnxìn 亲信	xīnqín 辛勤
xīnjìn 新近	xīnjīn 薪金	xìnxīn 信心	yīnqín 殷勤	yǐnjìn 引进	jūnxùn 军训
jūnyún 均匀	biānyán 边沿	biànqiān 变迁	diànxiàn 电线	diànniàn 惦念	jiānxiǎn 艰险
jiǎnmiǎn 减免	jiǎnyàn 检验	jiǎnbiàn 简便	jiǎnliàn 简练	jiànbiàn 渐变	jiànjiàn 渐渐
liánmián 连绵	liǎnmiàn 脸面	liànliàn 恋恋	miányán 绵延	miántián 棉田	miànqián 面前
niánjiān 年间	niánxiàn 年限	piànmiàn 片面	piānjiàn 偏见	qiānlián 牵连	qiánmiàn 前面
qiánnián 前年	qiántiān 前天	qiánxiàn 前线	qiányán 前沿	qiǎnxiǎn 浅显	tiānbiān 天边
tiānxiàn 天线	xiānqián 先前	xiāntiān 先天	xiānyàn 鲜艳	xiǎnxiàn 显现	xiǎnyǎn 显眼
yánxiàn 沿线	yántián 盐田	yánmiàn 颜面	yǎnjiǎn 眼睑	yǎnjiàn 眼见	yǎnlián 眼帘
yǎnqián 眼前	yǎnbiàn 演变	guànchuān 贯穿	huànguān 宦官	huànsuàn 换算	suānruǎn 酸软

wǎnzhuǎn	zhuānduàn	zhuānkuǎn	zhuǎnhuàn	zhuǎnwān	quánquán
婉转	专断	专款	转换	转弯	全权
quányuán	Xuānyuán	yuānyuán	yuánquān	yuánquán	hùndùn
泉源	轩辕	渊源	圆圈	源泉	混沌
lùnwén	wēncún	wēnshùn	bāngmáng	cāngsāng	cāngmáng
论文	温存	温顺	帮忙	沧桑	苍茫
chǎngzhǎng	dāngchǎng	rāngrang	sāngzàng	shàngzhǎng	tàngshāng
厂长	当场	嚷嚷	丧葬	上涨	烫伤
hángdang	fēngshèng	fēngshēng	fēngzheng	kēngshēng	bìngqíng
行当	丰盛	风声	风筝	吭声	病情
dìngxíng	jīngyíng	jīngxǐng	jīnglíng	língtīng	língxíng
定型	经营	惊醒	精灵	聆听	菱形
mìnglìng	mìngmíng	píngjìng	píngxíng	qīngtīng	qīngjìng
命令	命名	平静	平行	倾听	清净
qīngxǐng	qīngtíng	qíngjǐng	qíngjìng	qíngxíng	xíngxīng
清醒	蜻蜓	情景	情境	情形	行星
xìngmíng	xìngqíng	yǐngxīng	chōngdòng	cóngróng	cóngzhōng
姓名	性情	影星	冲动	从容	从中
gōnggong	gōngyòng	gòngtóng	hōngdòng	kǒnglóng	lóngzhòng
公公	功用	共同	轰动	恐龙	隆重
nóngzhòng	tōnghóng	zǒngtǒng	jiǎngxiàng	jiàngxiāng	liǎngyàng
浓重	通红	总统	奖项	酱香	两样
liángxiǎng	liàngqiàng	qiángxiàng	qiángjiàng	yángxiàng	jiǒngjiǒng
粮饷	踉跄	强项	强将	洋相	炯炯
qióngjiǒng	xióngxióng	xiōngyǒng	chuāngkuàng		
穷窘	熊熊	汹涌	窗框		
kuàngchuáng		kuángwàng		shuānghuáng	
矿床		狂妄		双簧	
zhuānghuáng		zhuàngkuàng		wēngwēng	
装潢		状况		嗡嗡	

（二）综合训练

ānwěn	ānxián	ànqíng	ángyáng	bānqiān	bǎnběn
安稳	安闲	案情	昂扬	搬迁	版本
bànyuán	bānggōng	běnháng	běnyuán	bènzhòng	biānfáng
半圆	帮工	本行	本源	笨重	边防
biānzuǎn	biǎndan	biànhuàn	biànlùn	bīngdiǎn	bīngxiāng
编纂	扁担	变幻	辩论	冰点	冰箱
bīngtuán	bīngzhàn	bìngjiān	bìngchéng	bìngchuáng	bìngfáng
兵团	兵站	并肩	病程	病床	病房
cānjiàn	cāntiān	cáncún	cǎntòng	cānghuáng	cāngqióng
参见	参天	残存	惨痛	仓皇	苍穹
cángshēn	chánzōng	chàndòng	chāngkuáng	chángpiān	chángrén
藏身	禅宗	颤动	猖狂	长篇	常人
chǎngshāng	chǎngjǐng	chàngwǎng	chàngpiàn	chénjìng	chénguāng
厂商	场景	怅惘	唱片	沉静	晨光
chènshān	chēngsòng	chéngpǐn	chéngyīn	chéngxiàng	chéngrán
衬衫	称颂	成品	成因	丞相	诚然
chuānkǒng	chuánlìng	chuánrǎn	chuàngkān	cūnmín	cúnwáng
穿孔	传令	传染	创刊	村民	存亡
dānshēn	dànchén	dànpiàn	dāngmiàn	dǎngtuán	dàngyàng
单身	诞辰	弹片	当面	党团	荡漾
dēngshān	děngtóng	dèngyǎn	diǎnfàn	diànhàn	diànlǎn
登山	等同	瞪眼	典范	电焊	电缆
diànlíng	dìnghūn	dìnglùn	dòngdàng	dòngchuāng	fānchuán
电铃	订婚	定论	动荡	冻疮	帆船
fāngǔn	fánmèn	fánshèng	fánxīng	fǎnguāng	fǎnpàn
翻滚	烦闷	繁盛	繁星	反光	反叛
fǎnzhèng	fǎnhuán	Fànwén	fànrén	fàntīng	fāngyuán
反证	返还	梵文	犯人	饭厅	方圆
fāngxiāng	fánghóng	fángkōng	fàngrèn	fàngshēng	fàngkuān
芳香	防洪	防空	放任	放声	放宽

fēnxiǎng	fēnfāng	fēnfán	fēnluàn	fēnzhēng	fěnhóng
分享	芬芳	纷繁	纷乱	纷争	粉红
fènyǒng	fènrán	fēngchǎn	fēnghán	fēnglàng	fēngqíng
奋勇	愤然	丰产	风寒	风浪	风情
fēngxíng	fēngyún	fēngmiàn	fēngmáng	fēngfáng	gānbīng
风行	风云	封面	锋芒	蜂房	干冰
gǎnxiǎng	gāngqiáng	gēngyún	gēngzhòng	gōngfēn	gōngjiàng
感想	刚强	耕耘	耕种	工分	工匠
gōngxūn	gōngxiàn	gōngzhàn	gōngyǎng	gōngdiàn	gōngjìng
功勋	攻陷	攻占	供养	宫殿	恭敬
gòngcún	gòngshēng	gòngxìng	gòngfèng	guānmén	guānshǎng
共存	共生	共性	供奉	关门	观赏
guānbàn	guànyòng	guānglín	hánjìn	hángqíng	hángchéng
官办	惯用	光临	寒噤	行情	航程
hángchuán	hěnxīn	héngdìng	héngwēn	hōngmíng	hóngyáng
航船	狠心	恒定	恒温	轰鸣	弘扬
hóngniáng	hóngrùn	hóngliàng	huānsòng	huànxiàng	huànyǐng
红娘	红润	洪亮	欢送	幻象	幻影
huànxǐng	huànsàn	huángyīng	huángkǒng	hūn'àn	hùntóng
唤醒	涣散	黄莺	惶恐	昏暗	混同
hùnzhàn	jiānduān	jiānrèn	jiānzhēn	jiāngōng	jiānrèn
混战	尖端	坚韧	坚贞	监工	兼任
jiǎnchǎn	jiànduàn	jiànjiàng	jiànshǎng	jiāngshān	jiāngyìng
减产	间断	健将	鉴赏	江山	僵硬
jiǎngchéng	jiǎngzhuàng	jiàngshēng	jiàngwēn	jīngāng	jìngòng
奖惩	奖状	降生	降温	金刚	进贡
jìnpáng	jìnshēng	jīngchéng	jīngshāng	jīngkǒng	jīngtàn
近旁	晋升	京城	经商	惊恐	惊叹
jīngjiǎn	jīngliàn	jǐngkuàng	jǐngguān	jìngpiàn	jūngōng
精简	精炼	景况	警官	镜片	军功

kānguǎn	kànbìng	kànghéng	kěnhuāng	kōngxiǎng	kōngxīn
看管	看病	抗衡	垦荒	空想	空心
kòngxián	kuānróng	kuángbēn	kuàngjǐng	kuàngshān	lànyòng
空闲	宽容	狂奔	矿井	矿山	滥用
lǎngsòng	lěngcáng	lěngnuǎn	liánhuán	liǎnpáng	liànbīng
朗诵	冷藏	冷暖	连环	脸庞	练兵
liàngōng	liànrén	liángxìng	liángshuǎng	liángcāng	liàngguāng
练功	恋人	良性	凉爽	粮仓	亮光
liàngxiàng	língtōng	línglóng	língluàn	língyáng	língdiǎn
亮相	灵通	玲珑	凌乱	羚羊	零点
língsǎn	lǐngxiān	mǎnmiàn	mǎnqiāng	mángluàn	mángcóng
零散	领先	满面	满腔	忙乱	盲从
ménbǎn	méngdòng	mèngxiāng	mèngxiǎng	miàntán	mínfáng
门板	萌动	梦乡	梦想	面谈	民房
mínquán	mínshēng	míngdān	míngpiàn	mínglǎng	mìngzhòng
民权	民生	名单	名片	明朗	命中
nénggàn	nónggēng	nóngkěn	nóngxián	pāndēng	pánxuán
能干	农耕	农垦	农闲	攀登	盘旋
pànxíng	pànbiàn	pángrén	pénjǐng	pànluàn	pǐncháng
判刑	叛变	旁人	盆景	叛乱	品尝
píngyōng	píngzhěng	píngfēn	píngjiǎng	píngshěn	píngkōng
平庸	平整	评分	评奖	评审	凭空
píngzhèng	píngfēng	píngzhàng	qiāndòng	qiánchéng	qiáncáng
凭证	屏风	屏障	牵动	虔诚	潜藏
qiánggōng	qiángjiàn	qiánggēn	qiǎngzhàn	qīnpéng	qīngbiàn
强攻	强健	墙根	抢占	亲朋	轻便
qīngshuǎng	qīngxián	qióngjìn	qióngkùn	quánhéng	quánnéng
清爽	清闲	穷尽	穷困	权衡	全能
rénlún	rénmìng	rěntòng	rěnxīn	rèntóng	rènmiǎn
人伦	人命	忍痛	忍心	认同	任免

rènyòng 任用	róngxìng 荣幸	róngyán 容颜	sǎngyīn 嗓音	shānchuān 山川	shānlǐng 山岭
shǎnxiàn 闪现	shānghén 伤痕	shāngchuán 商船	shāngdìng 商定	shàngzhèn 上阵	shēnzhǎn 伸展
shēnzhāng 伸张	shēnduàn 身段	shēnqiǎn 深浅	shēnshān 深山	shénxiàng 神像	shěndìng 审定
shēngjiàng 升降	shēngbìng 生病	shèngzhuāng 盛装	shuāngbiān 双边	shùnyǎn 顺眼	shùnyìng 顺应
sōngdòng 松动	sōngruǎn 松软	sòngxíng 送行	sòngyáng 颂扬	suāntòng 酸痛	suànzhàng 算账
tānhuàn 瘫痪	tántiān 谈天	tànxún 探寻	téngkōng 腾空	tiānmíng 天明	tiányuán 田园
tiánkòng 填空	tīngcóng 听从	tíngyuàn 庭院	tíngbàn 停办	tōngfēng 通风	tōngxíng 通行
tónggǎn 同感	tónglíng 同龄	tǒnglǐng 统领	tòngxīn 痛心	tūnbìng 吞并	tūnyàn 吞咽
wángōng 完工	wánshǎng 玩赏	wāngyáng 汪洋	wǎngdiǎn 网点	wǎngcháng 往常	wénfēng 文风
wěnchǎn 稳产	xiānjìng 仙境	xiānxíng 先行	xiántán 闲谈	xiánchuāng 舷窗	xiǎnjùn 险峻
xiàndìng 限定	xiànzhāng 宪章	xiāngqīn 乡亲	xiāngchuán 相传	xiāngjiàn 相间	xiāngtián 香甜
xiángjìn 详尽	xiángqíng 详情	xiǎngyòng 享用	xiàngpiàn 相片	xiàngxíng 象形	xīnfán 心烦
xìnfēng 信封	xīngwàng 兴旺	xīngguāng 星光	xíngchuán 行船	xìngyùn 幸运	xiōngměng 凶猛
xiōngtáng 胸膛	xióngbiàn 雄辩	xuànfēng 旋风	xúngēn 寻根	xúnjǐng 巡警	xùnyǎng 驯养
yántán 言谈	yáncéng 岩层	yǎnkuàng 眼眶	yāngtián 秧田	yángcōng 洋葱	yǎngbìng 养病

yīnlěng	yǐnzhèng	yǐnhuàn	yíngzhàn	yíngguāng	yǐngxiàng
阴冷	引证	隐患	迎战	荧光	影像
yìngbiàn	yǒngshēng	yǒngměng	yuánlín	yuánběn	yuǎnháng
应变	永生	勇猛	园林	原本	远航
zànxíng	zàngshēn	zēngyuán	zhǎnwàng	zhǎngxiàng	zhǎngguǎn
暂行	葬身	增援	展望	长相	掌管
zhàngliáng	zhēnpǐn	zhēnqíng	zhènxiàn	zhèndàng	zhèndìng
丈量	珍品	真情	阵线	震荡	镇定
zhēngduān	zhěngxíng	zhèngwén	zhèngjiàn	zhōngcéng	Zhōngwén
争端	整形	正文	证件	中层	中文
zhōngshēng	zhòngtián	zhòngshāng	zhuāncháng		
终生	种田	重伤	专长		
zhuǎnràng	zǒngguǎn	zònghéng			
转让	总管	纵横			

四、词语对比训练

（一）i、ü 词语对比训练

bǐlǜ	bǐyù	bìnǚ	bìlǜ	dìyù	jíqǔ
比率	比喻	婢女	碧绿	地狱	汲取
jíjù	jìyǔ	qíqū	qǐjū	qìjù	qìxū
集聚	寄予	崎岖	起居	器具	气虚
xīyù	xīxū	yílǜ	yíjū	yìyù	jǔlì
西域	唏嘘	疑虑	移居	抑郁	举例
jùxī	jùjī	lùdì	qūtǐ	qǔyì	qǔdì
据悉	聚积	绿地	躯体	曲艺	取缔
xūnǐ	xùjī	xùyì	yǔjì	yǔyī	yùyì
虚拟	蓄积	蓄意	雨季	雨衣	寓意

（二）ai、ei 词语对比训练

bàiběi	báifèi	zāipéi	bēi'āi	bēidài	nèizài
败北	白费	栽培	悲哀	背带	内在
ǎixiǎo	báizhòu	bǎihuò	bǎiyóu	bàihuài	cáihuá
矮小	白昼	百货	柏油	败坏	才华
cáimào	cáijué	cǎihuì	chāihuǐ	cháiyóu	dàihào
财贸	裁决	彩绘	拆毁	柴油	代号
gǎikǒu	hǎidǎo	kāiqiào	màiluò	nǎiyóu	páiqiú
改口	海岛	开窍	脉络	奶油	排球
táijiē	zàihuì	běiguó	fēiyuè	fèihuà	lèihuā
台阶	再会	北国	飞越	废话	泪花
léibào	lèibié	lèituī	měijiǔ	měiwèi	měimào
雷暴	类别	类推	美酒	美味	美貌
nèihǎi	nèixiāo				
内海	内销				

（三）an、ang 词语对比训练

ānfàng	ānzàng	àncáng	cánsāng	chǎnfáng	dānchǎng
安放	安葬	暗藏	蚕桑	产房	单场
fánmáng	fǎnháng	gǎnshāng	àngrán	bàngwǎn	dàngwǎn
繁忙	返航	感伤	盎然	傍晚	当晚
dāngrán	gànggǎn	làngmàn	bāngbàn	chángshān	chángtàn
当然	杠杆	浪漫	帮办	长衫	长叹
chàngtán	fángfàn	fánghán	fángchǎn	gāngbǎn	kànghàn
畅谈	防范	防寒	房产	钢板	抗旱
āndùn	ānfèn	bāndiǎn	bǎnquán	cānzhèng	cāntīng
安顿	安分	斑点	版权	参政	餐厅
cǎnzhòng	chánmián	chǎnquán	dānyuán	dǎnliàng	fānténg
惨重	缠绵	产权	单元	胆量	翻腾

fánrén	gānyuàn	gǎnguāng	hánxuān	kànchuān	mǎnxīn
凡人	甘愿	感光	寒暄	看穿	满心
mànyán	pānyuán	pánwèn	shānluán	tànqīn	zhànluàn
蔓延	攀援	盘问	山峦	探亲	战乱
bāngxiōng	cāngtiān	chánghuán	chǎngkuàng	dāngzhòng	fàngyǎn
帮凶	苍天	偿还	厂矿	当众	放眼
fàngyǎng	gāngjīn	gǎngwān	hángxiàn	hángyùn	kàngzhēng
放养	钢筋	港湾	航线	航运	抗争
mángrén	pángtīng	shāngfàn	shàngděng	zhàngběn	
盲人	旁听	商贩	上等	账本	

（四）en、eng 词语对比训练

bēnténg	chénfēng	fēnzhēng	chéngfèn	dēngmén	běnqián
奔腾	尘封	纷争	成分	登门	本钱
bēnyǒng	chénlún	chéntòng	fēnmiǎn	fēnqīng	fènzhàn
奔涌	沉沦	沉痛	分娩	分清	奋战
ménkǎn	ménkuàng	rénshēng	rénwén	rénxiàng	shēnxìn
门槛	门框	人声	人文	人像	深信
shēnyuān	shénlíng	zhēnjūn	zhènyíng	zhènchàn	chéngqīn
深渊	神灵	真菌	阵营	震颤	成亲
chéngquán	chéngjiàn	chéngmíng	dēnglong	dēngchǎng	fēngnián
成全	成见	成名	灯笼	登场	丰年
fēngfān	fēngshàng	fēngxiāng	fēngxiàng	héngguàn	héngxíng
风帆	风尚	风箱	风向	横贯	横行
lěngdàn	lěngdòng	lěngyǎn	lěngyǐn	měngrán	mènghuàn
冷淡	冷冻	冷眼	冷饮	猛然	梦幻
pèngzhuàng	shēngmíng	shèngmíng	zhēngmíng	zhēngxún	zhěngbiān
碰撞	声名	盛名	争鸣	征询	整编
zhèngquàn	zhèngbiàn				
证券	政变				

（五）in、ing 词语对比训练

jìnxìng	jìnyǐng	jìnlìng	pǐnxíng	xīnjìng	xīnqíng
尽兴	近影	禁令	品行	心境	心情
xīnxíng	bìngjìn	bìngyīn	píngmín	jīngxīn	jīnhuáng
新型	并进	病因	平民	精心	金黄
jìnfàn	línzhōng	mínyòng	mínzhèng	xīnténg	xīnyuàn
进犯	临终	民用	民政	心疼	心愿
xīnfáng	xìnhán	yīnsēn	yīnliàng	yǐnshēn	yìnzhāng
新房	信函	阴森	音量	引申	印章
bīngliáng	bīngshān	bìnglián	xīngshèng	bìngjūn	bìngtòng
冰凉	冰山	并联	兴盛	病菌	病痛
dǐngshèng	dìngzhèng	dìngdiǎn	jīngxiǎn	jīngzhàn	jǐngquǎn
鼎盛	订正	定点	惊险	精湛	警犬
jìngxuǎn	língchén	míngrén	míngwàng	qīngxiāng	qíngyuàn
竞选	凌晨	名人	名望	清香	情愿
tīngjiǎng	tíngzhàn	tǐngshēn	xīngkōng	xíngwén	xìngmiǎn
听讲	停战	挺身	星空	行文	幸免

（六）uan、uang 词语对比训练

guānguāng	guānwàng	guānghuán	guǎngchuán	zhuàngduàn	huángguān
观光	观望	光环	广传	撞断	皇冠
chuánshén	chuánsòng	chuánzhēn	chuáncāng	guānshǎng	guānchǎng
传神	传送	传真	船舱	观赏	官场
huānxīn	huánxíng	huǎnchōng	huàndēng	kuǎnxiàng	wǎnnián
欢心	环形	缓冲	幻灯	款项	晚年
wànnéng	zhuānchéng	zhuānlán	chuānglián	chuángdān	chuàngjiàn
万能	专程	专栏	窗帘	床单	创建
guāngnéng	guāngnián	huāngzhāng	huánggōng	huǎngyán	kuángfēng
光能	光年	慌张	皇宫	谎言	狂风

kuànggōng	kuàngcáng	shuāngxiàng	shuāngdòng	shuǎnglǎng	wǎngfǎn
旷工	矿藏	双向	霜冻	爽朗	往返
wǎngnián	wàngxiǎng	zhuāngzhòng	zhuāngdiǎn		
往年	妄想	庄重	装点		

（七）in、ian 词语对比训练

jìnyān	xìnjiàn	yīnbiàn	qínjiǎn	yǐnpiàn	jiànjìn
禁烟	信件	音变	勤俭	饮片	渐进
jiānxìn	xiānjìn	liánmǐn	yánjǐn	qiānjīn	xiànjīn
坚信	先进	怜悯	严谨	千金	现今
diǎnxin	diànxìn	jīntiē	jǐnpò	jǐnxiù	jìnhuò
点心	电信	津贴	紧迫	锦绣	进货
línshè	línmó	línpiàn	mínyáo	mǐnmiè	pǐnwèi
邻舍	临摹	鳞片	民谣	泯灭	品味
qīnpèi	qǐnshì	xīntài	xìntiáo	yǐnliào	yǐnyuē
钦佩	寝室	心态	信条	饮料	隐约
biānyuǎn	biānzhuàn	biànzhǒng	biànzhèng	diǎnmíng	diàngōng
边远	编撰	变种	辨证	点名	电工
diànguāng	jiānguǎn	jiānbìng	jiǎnmíng	jiànzhèng	liántōng
电光	监管	兼并	简明	见证	连通
liánhuān	miányáng	miànfěn	miànpáng	qiānxùn	qiánshēn
联欢	绵羊	面粉	面庞	谦逊	前身
qiántǐng	qiǎntān	tiānxìng	tiángěng	xiānnèn	xiǎnqíng
潜艇	浅滩	天性	田埂	鲜嫩	险情
xiànchéng	xiànzhèng	xiànjǐng			
现成	宪政	陷阱			

（八）ün、üan 词语对比训练

jūnquán	jūnzhuāng	jūnyī	jūnděng	jūnzǐ	jùnměi
军权	军装	军医	均等	君子	俊美

jùnmǎ 骏马	jùngōng 竣工	qúnzi 裙子	qúndǎo 群岛	qúnjū 群居	xúnmì 寻觅
xúnhuí 巡回	xùnchì 训斥	xùnhào 讯号	xùnqī 汛期	xùnměng 迅猛	xùnfú 驯服
quánpán 全盘	quánwén 全文	xuānchēng 宣称	xuānjiǎng 宣讲	juānkuǎn 捐款	juānzèng 捐赠
juànliàn 眷恋	quāntào 圈套	quánguì 权贵	quánmào 全貌	quánjī 拳击	quánsuō 蜷缩
quànjiě 劝解	xuānshì 宣誓	xuānnào 喧闹	xuánkōng 悬空	xuányá 悬崖	xuǎnpiào 选票
xuànyào 炫耀	xuànlì 绚丽				

（九）ian、üan 词语对比训练

diànquān 垫圈	yǎnquān 眼圈	yǎnyuán 演员	juānxiàn 捐献	quányǎn 泉眼	juànmiàn 卷面
quánnián 全年	quánlián 全连	quántiān 全天	quánxiàn 权限	xuānyán 宣言	quánmiàn 全面
quánxiàn 全县	yuánxiān 原先	biàntōng 变通	biànyàng 变样	jiǎnbiàn 简便	liánguàn 连贯
miànróng 面容	qiánkūn 乾坤	xiánsǎn 闲散	yānchén 烟尘	yánhuǎn 延缓	yánchuán 言传
yǎnyìng 掩映	yǎnhóng 眼红	yuándīng 园丁	yuányàng 原样	yuánzhuàng 原状	yuánmǎn 圆满
yuǎnjǐng 远景	yuǎnzhēng 远征	xuānzhàn 宣战	xuánniàn 悬念	quàngào 劝告	quǎnchǐ 犬齿
quánshuǐ 泉水	juānshuì 捐税				

（十）uɑn、uen 词语对比训练

wǎnhūn	chuánwén	wénguān	wēnwǎn	chuānxíng	chuánchéng
晚婚	传闻	文官	温婉	穿行	传承
chuándān	chuányuán	duǎnpǎo	duànluò	duànyán	duānzhuāng
传单	船员	短跑	段落	断言	端庄
guānmén	guānmó	guǎnjiā	guànlì	huānhū	huángù
关门	观摩	管家	惯例	欢呼	环顾
huànqǔ	huànnàn	kuāndù	kuǎnshì	luǎnshí	nuǎnliú
换取	患难	宽度	款式	卵石	暖流
tuānjí	tuányuán	wānlù	wánshuǎ	wǎnjiù	wǎnxiá
湍急	团员	弯路	玩耍	挽救	晚霞
cūnzhèn	cúnfàng	hūnmí	húnzhuó	hùnzá	kūnqǔ
村镇	存放	昏迷	浑浊	混杂	昆曲
kùnhuò	lúnxiàn	lúnhuí	lùntán	shùnbiàn	wēnxīn
困惑	沦陷	轮回	论坛	顺便	温馨
wénbǐ	wénlǐ	wěnhé	wěntuǒ	wènhào	
文笔	纹理	吻合	稳妥	问号	

第三节　词语声调分类辨读

一、双音节词语训练

（一）阴平＋阴平

ānchā	bājiāo	bānqiān	bāozā	bēishāng	bīzhēn
安插	芭蕉	搬迁	包扎	悲伤	逼真
biāoqiān	bīngjīng	bōfēng	chāyāo	chāiqiān	chēfū
标签	冰晶	波峰	叉腰	拆迁	车夫

第六章 普通话水平测试词语训练

chīkuī	chōngjī	chūshān	chūchūn	chūdōng	chuānchā
吃亏	冲积	出山	初春	初冬	穿插
chuāngbā	chūngēng	cūxīn	dānyōu	dānfāng	dānyī
疮疤	春耕	粗心	担忧	单方	单衣
dāngguī	dāoqiāng	dīkōng	dīwēi	dōngfēng	duōkuī
当归	刀枪	低空	低微	东风	多亏
fēnfāng	fēnfēi	fēngxiāng	gānbēi	gānbīng	gāngjīn
芬芳	纷飞	风箱	干杯	干冰	钢筋
gāoshēn	gēxīng	gōngxūn	gōngxiāo	gūdān	guīzhāng
高深	歌星	功勋	供销	孤单	规章
hōngtuō	huānhū	huīfā	jiājī	jiānzhēn	jiānxīn
烘托	欢呼	挥发	夹击	坚贞	艰辛
jiāngōng	jiāofēng	jiētī	jiēshēng	jiēfā	jīngāng
监工	交锋	阶梯	接生	揭发	金刚
jīnghuāng	jīngtōng	jūgōng	jūnzhuāng	kāigōng	kēbān
惊慌	精通	鞠躬	军装	开工	科班
kōngxīn	ōugē	pāndēng	pēngjī	piānjī	piānzhāng
空心	讴歌	攀登	抨击	偏激	篇章
piēkāi	qīxī	qīkān	qiānjīn	qiānfā	qiūfēng
撇开	栖息	期刊	千金	签发	秋风
shāngē	shāobēi	shēnsuō	shēnqiū	shēnggēn	shēngbō
山歌	烧杯	伸缩	深秋	生根	声波
shīzōng	shīzī	shūfā	shūzhāng	shūsōng	shuāxīn
失踪	师资	抒发	舒张	疏松	刷新
shuāngbiān	sōuguā	tiānchuāng	tōngfēng	tōnghūn	tuōshēn
双边	搜刮	天窗	通风	通婚	脱身
tuōxiāo	wēijī	wēifēng	wēnchā	wēnxīn	wūyā
脱销	危机	微风	温差	温馨	乌鸦
wūshī	xīzhuāng	xīchū	xīxū	xīshū	xīdēng
巫师	西装	析出	唏嘘	稀疏	熄灯

xiānfēng 先锋	xiānqū 先驱	xiāngjiān 乡间	xiāngyīn 乡音	xiānggān 相干	xiāngyuē 相约
xiāoyān 硝烟	xiāozhāng 嚣张	xīnhuāng 心慌	xīnshēng 心声	xīnsuān 心酸	xīnxiōng 心胸
xīnhūn 新婚	xīnxīng 新星	xīnjīn 薪金	xīngshuāi 兴衰	xīngguāng 星光	xīngkōng 星空
xiōngqiāng 胸腔	xiōngjīn 胸襟	xūzhī 须知	xuānchēng 宣称	xuānxiāo 喧嚣	xūnzhāng 勋章
yādī 压低	yānhuā 烟花	yāoshēn 腰身	yījīn 衣襟	yīshī 医师	yīxī 依稀
yīwēi 依偎	yīnsēn 阴森	yīnbiāo 音标	yīnghuā 樱花	yōushāng 忧伤	yōushēn 幽深
yūjī 淤积	zāihuāng 灾荒	zāoyāng 遭殃	zēngshēng 增生	zēngshōu 增收	zhāgēn 扎根
zhāngtiē 张贴	zhāobiāo 招标	zhāoxī 朝夕	zhēnxī 珍惜	zhēnjūn 真菌	zhēnsī 真丝
zhēnxīn 真心	zhēngduān 争端	zhēngguāng 争光	zhīshēn 只身	zhīxīn 知心	zhōngyōng 中庸
zhōngzhēn 忠贞	zhōngduān 终端	zhōngguī 终归	zhōngshēng 终生	zhōngxīn 衷心	zhōukān 周刊
zhōushēn 周身	zhuānkē 专科	zhuānqū 专区	zhuānxīn 专心	zhuāngxiū 装修	zhuījī 追击
zhuīzōng 追踪	zīshēng 滋生	zūjīn 租金	zūnchēng 尊称		

（二）阴平 + 阳平

āichóu 哀愁	āiqiú 哀求	ānníng 安宁	bānjí 班级	bānlán 斑斓	bāoróng 包容
bēiwén 碑文	bēnliú 奔流	biānpái 编排	bīngbáo 冰雹	bōzhé 波折	bōlí 剥离

cāiyí	cānghuáng	cāochí	chātú	chāocháng	chēchuáng
猜疑	仓皇	操持	插图	超常	车床
chūmíng	chūqín	chūnián	chuīfú	cūsú	dāngquán
出名	出勤	初年	吹拂	粗俗	当权
dēngtái	dīcéng	dīchén	dīnéng	diūrén	dōngmián
登台	低层	低沉	低能	丢人	冬眠
duānxiáng	ēnrén	fāchóu	fāméi	fāyuán	fānqié
端详	恩人	发愁	发霉	发源	番茄
fāngyuán	fēifán	fēiqín	fēiténg	fēiyáng	fēnyún
方圆	非凡	飞禽	飞腾	飞扬	纷纭
fēnwéi	fēngyú	fēnghán	fēngxíng	fēngfáng	fēngwáng
氛围	丰腴	风寒	风行	蜂房	蜂王
fēngluán	gānliáng	gāngqiáng	gāocéng	gāolíng	gāonéng
峰峦	干粮	刚强	高层	高龄	高能
gōnglíng	gōngqián	gōngpó	gōngrán	gōngzhí	gōngchén
工龄	工钱	公婆	公然	公职	功臣
gōngmíng	gōuqú	gūliang	guānmó	guānzhí	guāngnéng
功名	沟渠	估量	观摩	官职	光能
guīqiáo	guīyú	hōngrán	hūháo	huātán	huāngwú
归侨	归于	轰然	呼号	花坛	荒芜
huāngyuán	huāngmáng	jīyuán	jīcún	jiāyóu	jiānghú
荒原	慌忙	机缘	积存	加油	江湖
jiāozhuó	jīnhuáng	jīnshí	jīngchéng	jīngyíng	jīnglíng
焦灼	金黄	金石	京城	晶莹	精灵
jīngmíng	jūliú	jūnyíng	jūnquán	kāijué	kāimíng
精明	拘留	军营	君权	开掘	开明
kānchá	kēqiú	kētóu	kōngtán	kōngxí	kūjié
勘察	苛求	磕头	空谈	空袭	枯竭
kuānróng	pānyuán	pēntú	pībó	piānpáng	piāofú
宽容	攀援	喷涂	批驳	偏旁	漂浮

piāoyáng 飘扬	pūbí 扑鼻	qīnlín 亲临	qīnpéng 亲朋	qīnyuán 亲缘	qīngtái 青苔
qīngtóng 青铜	qīngróu 轻柔	qīngbái 清白	qīngmíng 清明	qīngxián 清闲	qīngtíng 蜻蜓
qiūlíng 丘陵	qūzhóu 曲轴	qūchú 驱除	shānliáng 山梁	shānyá 山崖	shānhú 珊瑚
shānghén 伤痕	shāngwáng 伤亡	shāngchuán 商船	shēnyín 呻吟	shēnghuá 升华	shēngténg 升腾
shīlíng 失灵	shōucáng 收藏	shōuliú 收留	shōuróng 收容	shūjú 书局	shuāijié 衰竭
shuāiwáng 衰亡	sīshú 私塾	tāipán 胎盘	tāntú 贪图	tītián 梯田	tiānpíng 天平
tiānzhí 天职	tīngcóng 听从	tōngxíng 通行	tōuxí 偷袭	tūxí 突袭	tuīchí 推迟
tuīcí 推辞	tuōjié 脱节	wāqián 挖潜	wēiwáng 危亡	wēiyán 威严	wēixíng 微型
wōliú 涡流	wūzéi 乌贼	wūyán 屋檐	xīfú 西服	xīpán 吸盘	xīshí 吸食
xībó 稀薄	xīliú 溪流	xiānrén 先人	xiānxíng 先行	xiānmáo 纤毛	xiānhóng 鲜红
xiāngchí 相持	xiāngchuán 相传	xiāngféng 相逢	xiāngfú 相符	xiāngyí 相宜	xiāngtián 香甜
xiāngfáng 厢房	xiāoyáo 逍遥	xiāochén 消沉	xiāofáng 消防	xiāoróng 消融	xiāotiáo 萧条
xīncháng 心肠	xīnfáng 心房	xīnfán 心烦	xīnténg 心疼	xīnxián 心弦	xīnláo 辛劳
xīnrán 欣然	xīncháo 新潮	xīnfáng 新房	xīnláng 新郎	xīnnián 新年	xīngwáng 兴亡
xīngchén 星辰	xiōngcán 凶残	xiōngnú 匈奴	xiōnghuái 胸怀	xiōngtáng 胸膛	xiūxíng 修行

xūyú 须臾	xūshí 虚实	xūwú 虚无	xuāndú 宣读	xuānhuá 喧哗	xūntáo 熏陶
yānhóu 咽喉	yānhóng 嫣红	yānchén 烟尘	yāngqiú 央求	yāngmiáo 秧苗	yāngtián 秧田
yāozhé 夭折	yāoxié 要挟	yīzhuó 衣着	yīcún 依存	yīnchén 阴沉	yīnliáng 阴凉
yīnmái 阴霾	yīnfú 音符	yīnyuán 姻缘	yīnqín 殷勤	yīngmíng 英明	yīngtáo 樱桃
yōngsú 庸俗	yōuchóu 忧愁	yōulíng 幽灵	yōucháng 悠长	yōuxián 悠闲	yōuyáng 悠扬
yūhuí 迂回	yuānbó 渊博	yuānyuán 渊源	zāiqíng 灾情	zāimín 灾民	zāizhí 栽植
zēngyuán 增援	zhānlián 粘连	zhāngjié 章节	zhāolái 招徕	zhāoyáng 朝阳	zhēntóu 针头
zhēncáng 珍藏	zhēnpí 真皮	zhēnqíng 真情	zhēnzhuó 斟酌	zhēngmíng 争鸣	zhēngjí 征集
zhēngtú 征途	zhēngwén 征文	zhēngxún 征询	zhēngjié 症结	zhēngliú 蒸馏	zhīliú 支流
zhīmíng 知名	zhīqíng 知情	zhōngcéng 中层	zhōngyú 终于	zhōngjié 终结	zhōuyán 周延
zhōuzhé 周折	zhūlián 株连	zhūhóu 诸侯	zhuāncháng 专长	zhuānchéng 专程	zhuānlán 专栏
zhuānyuán 专员	zhuāngyuán 庄园	zhuānghuáng 装潢	zhuīchá 追查	zhuīsuí 追随	zhuīxún 追寻
zhuōná 捉拿	zōnglú 棕榈	zūncóng 遵从	zūnchóng 尊崇	zīyuán 资源	

（三）阴平 + 上声

ānfǔ 安抚	ānwěn 安稳	bāoguǒ 包裹	bēnyǒng 奔涌	biānyuǎn 边远	biāndǎo 编导

biāobǎng	bīnzhǔ	bīngfǎ	cānglǎo	chāqǔ	chāishǐ
标榜	宾主	兵法	苍老	插曲	差使
chāoxiě	chōngjǐng	chōuqǔ	chūchǎng	chūpǐn	chuāngkǒu
抄写	憧憬	抽取	出厂	出品	创口
chuīpěng	cūlǔ	dānchǎn	dēngchǎng	diānbǒ	diāobǎo
吹捧	粗鲁	单产	登场	颠簸	碉堡
fēitǐng	fēizhǎng	fēnmiǎn	fēnshǒu	fēngcǎi	fēngshuǐ
飞艇	飞涨	分娩	分手	风采	风水
fēnghuǒ	fūqiǎn	fūyǎn	gāncǎo	gānshǔ	gāngbǐ
烽火	肤浅	敷衍	甘草	甘薯	钢笔
gāosǒng	gāodiǎn	gōngzhǒng	gōngkuǎn	gōngdǎ	gōngyǎng
高耸	糕点	工种	公款	攻打	供养
gōngnǚ	gōuhuǒ	guānchǎng	hēibǎn	hēitǐ	huācǎo
宫女	篝火	官场	黑板	黑体	花草
huālěi	huāniǎo	huāpǔ	huīshǒu	jījǐng	jīlǐ
花蕾	花鸟	花圃	挥手	机井	机理
jīzǔ	jiāchǎn	jiāfǎng	jiānjiǎ	jiāngsǐ	jīngxiǎn
机组	家产	家访	肩甲	僵死	惊险
jīngcǎi	jīngjiǎn	jīngpǐn	jūnshǔ	kāiqǐ	kānguǎn
精彩	精简	精品	军属	开启	看管
kāngkǎi	kēdǒu	kōngxiǎng	kuānchǎng	kuīběn	qīchǔ
慷慨	蝌蚪	空想	宽敞	亏本	凄楚
qīwǔ	qiāodǎ	qīnwěn	qīngjiǎo	qīngtǔ	qīnglěng
欺侮	敲打	亲吻	倾角	倾吐	清冷
qīngzǎo	qūjiě	qūrǔ	qūtǐ	shātǔ	shāngtǎo
清早	曲解	屈辱	躯体	沙土	商讨
shāohuǐ	shēchǐ	shēnqiǎn	shīgǔ	shīshǒu	shīshě
烧毁	奢侈	深浅	尸骨	失守	施舍
shōumǎi	shūfǎ	shūniǔ	shuāngyǔ	sīcǔn	sīhuǐ
收买	书法	枢纽	双语	思忖	撕毁

sōngsǎn	sōubǔ	sōusuǒ	suānyǔ	suōjiǎn	tiānjǐng
松散	搜捕	搜索	酸雨	缩减	天井
tīngjiǎng	tōulǎn	tūqǐ	tuīyǎn	tuōguǎn	xīshǔn
听讲	偷懒	突起	推演	托管	吸吮
xīyǒu	xiāndǎo	xiānměi	xiāngtǔ	xiāngchǔ	xiāngfǎng
稀有	先导	鲜美	乡土	相处	相仿
xiāngshuǐ	xiāoqiǎn	xiāohuǐ	xīnkǎn	xīnxǐ	xīngtǐ
香水	消遣	销毁	心坎	欣喜	星体
xiōnghěn	xiōngměng	xiōngyǒng	xiōngkǒu	xiūyǎng	xiūbǔ
凶狠	凶猛	汹涌	胸口	修养	修补
xiūjiǎn	xiūzhěng	xiūchǐ	xūjiǎ	xūwěi	xuānjiǎng
修剪	修整	羞耻	虚假	虚伪	宣讲
xuānrǎng	xuējiǎn	yādǎo	yāncǎo	yānhuǒ	yīnlěng
喧嚷	削减	压倒	烟草	烟火	阴冷
yīnxiǎn	yīngyǔn	yīngwǔ	yōngzhǒng	yōuyǎ	zēngbǔ
阴险	应允	鹦鹉	臃肿	优雅	增补
zhānbǔ	zhānrǎn	zhānyǎng	zhāngfǎ	zhāngnǎo	zhēdǎng
占卜	沾染	瞻仰	章法	樟脑	遮挡
zhēyǎn	zhēnbǎo	zhēnpǐn	zhēngchǎo	zhījǐ	zhīxiǎo
遮掩	珍宝	珍品	争吵	知己	知晓
zhītǐ	zhīfěn	zhōngzhǐ	zhōngzhuǎn	zhōngdiǎn	zhōngzhǐ
肢体	脂粉	中止	中转	终点	终止
zhōngbiǎo	zhōngdiǎn	zhūbǎo	zhūwǎng	zhuānkuǎn	zhuāngdiǎn
钟表	钟点	珠宝	蛛网	专款	装点
zībǔ	zīyǎng	zīzhǎng	zōngfǎ	zōngyǐng	
滋补	滋养	滋长	宗法	踪影	

（四）阴平 + 去声

āiyuàn	ānfèn	ānyì	āoxiàn	biēqì	bāngbàn
哀怨	安分	安逸	凹陷	憋气	帮办

bāobì	bēiliè	bēifèn	bēizhuàng	bēnfàng	bēngdài
包庇	卑劣	悲愤	悲壮	奔放	绷带
bījìn	biānjì	biāncè	biānpào	biāojì	biāozhì
逼近	边际	鞭策	鞭炮	标记	标志
bīnkè	bīngdòng	bīngqì	bīngyì	bōcài	bōsòng
宾客	冰冻	兵器	兵役	菠菜	播送
cāicè	cānzhàn	cāoliàn	chācuò	chēngdào	chēngwèi
猜测	参战	操练	差错	称道	称谓
chōngdàn	chōngzhuàng	chōngdiàn	chōngpèi	chōngxuè	chōuchù
冲淡	冲撞	充电	充沛	充血	抽搐
chōuqì	chūmiàn	chūrèn	chūyuàn	chuānjù	chuāndài
抽泣	出面	出任	出院	川剧	穿戴
chuīzòu	cōnghuì	cūbào	cūbù	cūzhuàng	cuīcù
吹奏	聪慧	粗暴	粗布	粗壮	催促
cūnzhèn	dājiù	dāshàn	dāizhì	dānjià	dāngxià
村镇	搭救	搭讪	呆滞	单价	当下
dāngzhòng	dī'àn	diānfù	duīfàng	dūncù	duōshì
当众	堤岸	颠覆	堆放	敦促	多事
fājiào	fālèng	fāsàn	fāxiè	fānbù	fān'àn
发酵	发愣	发散	发泄	帆布	翻案
fānyuè	fānglüè	fēncùn	fēnduì	fēnpài	fēngshèng
翻阅	方略	分寸	分队	分派	丰盛
fēnglàng	fēngmào	fēngshàng	gāngjiàn	gāo'ào	gāodàng
风浪	风貌	风尚	刚健	高傲	高档
gāoxiào	gēduàn	gēliè	gēnzhì	gēngtì	gēngzhòng
高效	割断	割裂	根治	更替	耕种
gōngduàn	gōngjiàng	gōngxiào	gōngfèi	gōngwù	gōngyì
工段	工匠	功效	公费	公务	公益
gōngzhuàn	gōngjì	gōngxiàn	gōuhuà	gūjì	gūpì
公转	功绩	攻陷	勾画	孤寂	孤僻

guānqiè	关切	guānwàng	观望	guāngshù	光束	guīfù	归附	hānshuì	酣睡	hānhòu	憨厚
hōngzhà	轰炸	hūshì	忽视	hūxiào	呼啸	huābàn	花瓣	huādàn	花旦	huāmì	花蜜
huāyàng	花样	huānsòng	欢送	huāngdàn	荒诞	huāngfèi	荒废	huāngmiù	荒谬	huī'àn	灰暗
huījìn	灰烬	hūnshì	婚事	jīlǜ	几率	jīxiào	讥笑	jībì	击毙	jīluò	击落
jīdiàn	机电	jīmì	机密	jījiàn	肌腱	jīdiào	基调	jīshù	基数	jīdàng	激荡
jījìn	激进	jīzhàn	激战	jiābèi	加倍	jiāzuò	佳作	jiājìng	家境	jiānlì	尖利
jiānrèn	坚韧	jiānjù	间距	jiānjìn	监禁	jiānbèi	兼备	jiāodào	交道	jiāohù	交互
jiāoguàn	浇灌	jiāonèn	娇嫩	jiāojù	焦距	jiāotàn	焦炭	jiējiàn	接见	jiēxiàn	接线
jīnyè	津液	jīngluò	经络	jīngmào	经贸	jīngchà	惊诧	jīng'è	惊愕	jīngtàn	惊叹
jīngzhàn	精湛	jīngzhì	精致	jūshù	拘束	jūnbèi	军备	jūnxiào	军校	kāidòng	开动
kāizhàn	开战	kēmù	科目	kēngdào	坑道	kōnghuà	空话	kūzào	枯燥	kuādà	夸大
kuāyào	夸耀	kuānwèi	宽慰	kuītàn	窥探	mābù	抹布	pāimài	拍卖	pāizhào	拍照
pānfù	攀附	pēnshè	喷射	pīshì	批示	pīlù	披露	pīlì	霹雳	piān'ài	偏爱
piānzhòng	偏重	piānjiàn	偏见	piāodàng	飘荡	piējiàn	瞥见	pūmiè	扑灭	pūshè	铺设
qīzhà	欺诈	qiānshè	牵涉	qiānxùn	谦逊	qiānzhèng	签证	qiāngdàn	枪弹	qiēmiàn	切面

qīnpèi	qīnjìn	qīngcài	qīnglài	qīngbiàn	qīngxìn
钦佩	亲近	青菜	青睐	轻便	轻信
qīngxiè	qīngcuì	qīngdàn	qīngjìng	qīngshòu	qūsàn
倾泻	清脆	清淡	清净	清瘦	驱散
qūgàn	quāntào	quēhàn	sāngzàng	sāodòng	shānmù
躯干	圈套	缺憾	丧葬	骚动	杉木
shādìng	shān'ào	shānjiàn	shāndòng	shāngfàn	shāngquè
纱锭	山坳	山涧	煽动	商贩	商榷
shēnduàn	shēnjià	shēnxìn	shēngjiàng	shēngjì	shēngrì
身段	身价	深信	升降	生计	生日
shēngxiào	shēngxìng	shēngyìng	shēnglàng	shēngwàng	shēngyuè
生肖	生性	生硬	声浪	声望	声乐
shīdì	shīkòng	shīlì	shīsàn	shīxiào	shīfàng
湿地	失控	失利	失散	失效	施放
shīzhèng	shōufù	shuāibài	shuōjiào	shuōxiào	sīxiàn
施政	收付	衰败	说教	说笑	丝线
sīzì	sīlǜ	sīxù	sōngdòng	tānfàn	tānhuàn
私自	思虑	思绪	松动	摊贩	瘫痪
tiānjì	tiānliàng	tiānwài	tiēqiè	tīngxìn	tōngchàng
天际	天亮	天外	贴切	听信	通畅
tōnglìng	tōngqì	tuīduàn	tuīsuàn	tuīxiè	tūnshì
通令	通气	推断	推算	推卸	吞噬
tūnyàn	wādì	wēimiào	wēnshì	wūmiè	wūgào
吞咽	洼地	微妙	温室	污蔑	诬告
wūxiàn	xīyù	xījì	xīrì	xīluò	xīfàn
诬陷	西域	希冀	昔日	奚落	稀饭
xīyì	xīxì	xiānhè	xiānliè	xiānxì	xiānnèn
蜥蜴	嬉戏	仙鹤	先烈	纤细	鲜嫩
xiāngzhèn	xiāngchèn	xiāngjiàn	xiāngjù	xiāngliào	xiāngqiàn
乡镇	相称	相间	相距	香料	镶嵌

xiāosàn 消散	xiāoshì 消逝	xiāolù 销路	xīnyì 心意	xīnlà 辛辣	xīnwèi 欣慰
xīnjìn 新近	xīnxiù 新秀	xīnyuè 新月	xīngshèng 兴盛	xīngzuò 星座	xiōng'è 凶恶
xiōngfàn 凶犯	xiūjià 休假	xiūdìng 修订	xiūshàn 修缮	xiūkuì 羞愧	xiūsè 羞涩
xūhuàn 虚幻	xūxiàn 虚线	xuānshì 宣誓	xuānxiè 宣泄	xuējià 削价	yāzhà 压榨
yāsòng 押送	yāyùn 押韵	yānmù 烟幕	yānwù 烟雾	yāoguài 妖怪	yāodài 腰带
yīwù 衣物	yīwù 医务	yīliàn 依恋	yīzhàng 依仗	yīn'àn 阴暗	yīnxìng 阴性
yīnyù 阴郁	yīnlǜ 音律	yīnxùn 音讯	yīnyì 音译	yīnyùn 音韵	yīnqiè 殷切
yīngjiè 应届	yīngbàng 英镑	yōngbào 拥抱	yōngdài 拥戴	yōudài 优待	yōushèng 优胜
yōulǜ 忧虑	yōu'àn 幽暗	yōujìng 幽静	yuēdìng 约定	zāihài 灾害	zāihuò 灾祸
zāizhòng 栽种	zāopò 糟粕	zāo·tà 糟蹋	zēngshè 增设	zēnghèn 憎恨	zēngwù 憎恶
zhāilù 摘录	zhāngwàng 张望	zhāomù 招募	zhāopìn 招聘	zhāoqì 朝气	zhēbì 遮蔽
zhēgài 遮盖	zhēnpò 侦破	zhēntàn 侦探	zhēnzhòng 珍重	zhēnjì 真迹	zhēnxiàng 真相
zhēnzhì 真挚	zhēngyuè 正月	zhēngbiàn 争辩	zhēngdòu 争斗	zhēngqì 争气	zhēngyì 争议
zhēnggòu 征购	zhēngzhào 征兆	zhīyè 汁液	zhīwù 织物	zhōnghòu 忠厚	zhōngrì 终日
zhōudào 周到	zhōumò 周末	zhōusuì 周岁	zhūwèi 诸位	zhuāhuò 抓获	zhuānduàn 专断

215

zhuānhèng	zhuānzhù	zhuāngzhòng	zhuāngbàn	zhuāngshù	zhuāngxiè
专横	专著	庄重	装扮	装束	装卸
zhuāngzài	zhuīdào	zhuīsù	zīlì	zīzhù	zīrùn
装载	追悼	追溯	资历	资助	滋润
zōngpài	zōngjì	zūlìn	zūyòng	zuāntàn	
宗派	踪迹	租赁	租用	钻探	

（五）阳平＋阴平

cáijūn	cánsī	cángshēn	chángshān	chángwēn	cháoxī
裁军	蚕丝	藏身	长衫	常温	潮汐
chén'āi	chénxī	chéngshū	chéngxīn	chéngqū	chéngqīng
尘埃	晨曦	成书	诚心	城区	澄清
chuándān	chuánshū	chuánfū	chúnzhēn	cízhuān	cíbēi
传单	传输	船夫	纯真	瓷砖	慈悲
cóngshū	dúyīn	érsūn	érjīn	fánxīng	fángkōng
丛书	读音	儿孙	而今	繁星	防空
fángzū	fénshāo	héyuē	héngxīn	huángyīng	huíshēng
房租	焚烧	和约	恒心	黄莺	回声
huíshōu	huózhuō	kuíhuā	lánhuā	láogōng	líxīn
回收	活捉	葵花	兰花	劳工	离心
líxiū	liánshēng	liántōng	liánhuā	liánhuān	liándāo
离休	连声	联通	莲花	联欢	镰刀
liángjī	liángcāng	línzhōng	língtōng	língkōng	língxīng
良机	粮仓	临终	灵通	凌空	零星
lúnfān	máowū	méijūn	mínxīn	míngxī	módēng
轮番	茅屋	霉菌	民心	明晰	摩登
mócā	móushā	nánkān	nánshuō	níkēng	pái·fāng
摩擦	谋杀	难堪	难说	泥坑	牌坊
pénzāi	péngsōng	píngfāng	píngyōng	píngkōng	píngfēng
盆栽	蓬松	平方	平庸	凭空	屏风

qíbīng	qiánfēng	qiánkūn	qiánggēn	qíngkōng	qiúhūn
骑兵	前锋	乾坤	墙根	晴空	求婚
quánjī	róngjī	róngzī	shénkān	shígāo	shíguāng
拳击	容积	融资	神龛	石膏	时光
shízhuāng	shúzhī	táijiē	táishēng	táobīng	táohuāng
时装	熟知	台阶	抬升	逃兵	逃荒
téngfēi	tiánchōng	tíngxiē	tóngjū	tónggōng	tóujīn
腾飞	填充	停歇	同居	童工	头巾
wánggōng	wéiyuē	wéigōng	wúxū	xiáqū	xiánjiē
王宫	违约	围攻	无须	辖区	衔接
xiánchuāng	xiéyuē	xiépō	xíngqī	xíngzhēn	xíngchē
舷窗	协约	斜坡	刑期	刑侦	行车
xíngyī	xíngzhuāng	xióngxīn	xióngmāo	xuánkōng	xuánshū
行医	行装	雄心	熊猫	悬空	悬殊
xuánwō	xuéfēng	xúngēn	yánqī	yándōng	yánjiāng
旋涡	学风	寻根	延期	严冬	岩浆
yánggāo	yángcōng	yíjiāo	yíshī	yíngfēng	yíngqīn
羊羔	洋葱	移交	遗失	迎风	迎亲
yíngguāng	yíngkuī	yóuzhōng	yóuwū	yóuzhī	yúcūn
荧光	盈亏	由衷	油污	油脂	渔村
yúqī	yuánxiāo	yuányīn	yuándīng	yuánquān	yuánzhuī
逾期	元宵	元音	园丁	圆圈	圆锥
yuánbīng	yúnduān	záyīn	zéyōu	zhézhōng	zhíchēng
援兵	云端	杂音	择优	折中	职称

（六）阳平 + 阳平

ái'ái	ángrán	ángyáng	báchú	bíliáng	bóhuí
皑皑	昂然	昂扬	拔除	鼻梁	驳回
bódé	cáihuá	cáiyuán	cánjí	chánmián	chánchú
博得	才华	财源	残疾	缠绵	蟾蜍

chánghuán	chéngcái	chéngmíng	chéngxíng	chéngliáng	chímíng
偿还	成材	成名	成形	乘凉	驰名
chóngféng	chóngwéi	chóuchú	chuánqí	cíxiáng	cúnhuó
重逢	重围	踌躇	传奇	慈祥	存活
cúnliú	dúcái	fánghán	fénghé	fúróng	fúpín
存留	独裁	防寒	缝合	芙蓉	扶贫
fúyún	géhé	háití	hángqíng	hángchuán	háoqíng
浮云	隔阂	孩提	行情	航船	豪情
héyíng	hóngliú	hóushé	húyí	huálún	huánqiú
合营	洪流	喉舌	狐疑	滑轮	环球
huánglián	jígé	jíxiáng	jíchí	jíchéng	jiéhé
黄连	及格	吉祥	疾驰	集成	结核
jiéyú	jiérán	juébié	juézé	juéyuán	lánqiú
结余	截然	诀别	抉择	绝缘	篮球
láofáng	lízhí	liánmíng	liánjié	liáochéng	língyuán
牢房	离职	联名	廉洁	疗程	陵园
língyáng	liúchéng	liúlí	lóngchuán	lóutái	máicáng
羚羊	流程	琉璃	龙船	楼台	埋藏
mángliú	máonáng	máotóu	méiyóu	méntú	mílí
盲流	毛囊	矛头	煤油	门徒	迷离
míméng	miányán	miántián	miáomó	míng'é	míngpái
迷蒙	绵延	棉田	描摹	名额	名牌
móuqiú	néngrén	niúdú	nóngmáng	nóngxián	péiqián
谋求	能人	牛犊	农忙	农闲	赔钱
pígé	píxié	pínhán	pínghuá	qímíng	qípáo
皮革	皮鞋	贫寒	平滑	齐名	旗袍
qiánchéng	qiáncái	qiángguó	qiángtóu	qiúshí	qiúmí
前程	钱财	强国	墙头	求实	球迷
róngmáo	shénmíng	shíquán	tánhé	táowáng	táocí
绒毛	神明	实权	弹劾	逃亡	陶瓷

tíchéng	tiányuán	tiáowén	tiáopí	tiáotíng	tóuxián
提成	田园	条纹	调皮	调停	头衔
túténg	túxíng	tuóluó	wánglíng	wéiqí	wéiqún
图腾	图形	陀螺	亡灵	围棋	围裙
wénpíng	wúnéng	wúyín	xítí	xiácháng	xiánxiá
文凭	无能	无垠	习题	狭长	闲暇
xiánshú	xiányí	xiángqíng	xiétiáo	xíngchéng	xíngchuán
娴熟	嫌疑	详情	协调	行程	行船
xiónghún	xuánfú	xuányá	xuánjí	xuélíng	xuénián
雄浑	悬浮	悬崖	旋即	学龄	学年
xúncháng	xúnhuí	xúnluó	yáyín	yánchí	yánchéng
寻常	巡回	巡逻	牙龈	延迟	严惩
yánchuán	yáncí	yántán	yáncéng	yánxí	yándú
言传	言辞	言谈	岩层	沿袭	研读
yánxí	yángyán	yáoyán	yáolán	yícún	yínán
筵席	扬言	谣言	摇篮	遗存	疑难
yítuán	yínhé	yínghé	yíngpíng	yíngyú	yíngfáng
疑团	银河	迎合	荧屏	盈余	营房
yóulái	yóujú	yóuyí	yóulún	yóulí	yóurén
由来	邮局	犹疑	游轮	游离	游人
yúliáng	yúnián	yúlín	yúchuán	yúmín	yuánlín
余粮	余年	鱼鳞	渔船	渔民	园林
yuánjí	yuánwén	yuánxíng	yuányóu	yuánhóu	yuánliú
原籍	原文	原形	缘由	猿猴	源流
yúncéng	yúnjí	záliáng	záwén	zéchéng	zháomí
云层	云集	杂粮	杂文	责成	着迷
zhédié	zhéhé	zhíqín	zhízhuó	zhícháng	zhuóshí
折叠	折合	执勤	执着	直肠	着实

（七）阳平+上声

bátuǐ 拔腿	báishǔ 白薯	báiyǐ 白蚁	cáijiǎn 裁剪	chádiǎn 茶点	cháchǔ 查处
cháoyě 朝野	cháofěng 嘲讽	chéngbǎo 城堡	chíhuǎn 迟缓	chúnpǔ 淳朴	cúnchǔ 存储
dúdǎ 毒打	fángchǎn 房产	fúshǒu 扶手	hánshǔ 寒暑	héhuǒ 合伙	hé'ǎi 和蔼
héjiě 和解	hézhǔn 核准	héngsǎo 横扫	hóngshǔ 红薯	huáxuě 滑雪	huángdǎn 黄疸
huángkǒng 惶恐	huízhuǎn 回转	jiéjiǎn 节俭	jiéwěi 结尾	juéqǔ 攫取	kuángxǐ 狂喜
léiyǔ 雷雨	liángshuǐ 凉水	liáoyǎng 疗养	liáodǎo 潦倒	língqiǎo 灵巧	língdiǎn 零点
liúchǎn 流产	lúwěi 芦苇	lúnyǐ 轮椅	luógǔ 锣鼓	méiyǔ 梅雨	ménkǎn 门槛
ménzhěn 门诊	míwǎng 迷惘	miáozhǔn 瞄准	mínjǐng 民警	mínglǎng 明朗	míngxiǎng 冥想
múbǎn 模板	nánbǎo 难保	nóngkěn 农垦	páichǎng 排场	páiluǎn 排卵	páiyǎn 排演
péitǔ 培土	pínkǔ 贫苦	píngfǎn 平反	píngjiǎng 评奖	qízhěng 齐整	qiánshuǐ 潜水
qínglǐ 情理	qiújiě 求解	quánshuǐ 泉水	rénpǐn 人品	róngrěn 容忍	róuměi 柔美
shéncǎi 神采	shénwǎng 神往	shéngsuǒ 绳索	shíbǎn 石板	shísǔn 石笋	tántǔ 谈吐
tíqǐng 提请	tíngshěn 庭审	tóngbǎn 铜板	tóugǔ 头骨	tóubǎo 投保	túzǎi 屠宰
wánhǎo 完好	wánmǎn 完满	wánshǎng 玩赏	wénbǐ 文笔	wénwǔ 文武	wényǎ 文雅

wúlǐ	xíjuǎn	xiágǔ	xiáxiǎng	xiánsǎn	xiéshǒu
无理	席卷	峡谷	遐想	闲散	携手
xíngchǎng	xuéfǔ	xúnjǐng	yánhuǎn	yánjǐn	yántǎo
刑场	学府	巡警	延缓	严谨	研讨
yángliǔ	yáobǎi	yíbiǎo	yóujǐng	yóulǎn	yúwǎng
杨柳	摇摆	仪表	油井	游览	渔网
yúchǔn	yuánshǒu	yuánběn	yuányě	yuánchǎng	yuánmǎn
愚蠢	元首	原本	原野	圆场	圆满
yúnhǎi	zháohuǒ	zhélǐ	zhíbǐ	zhíshǔ	zhíshuǎng
云海	着火	哲理	执笔	直属	直爽
zhínǚ	zhúsǔn	zhuóxiǎng	zhuóyǎn		
侄女	竹笋	着想	着眼		

（八）阳平 + 去声

báifèi	báizhòu	biézhì	bùchì	bùxiào	bùxiè
白费	白昼	别致	不啻	不孝	不懈
cáimào	cánbào	cánfèi	cánpò	cándòu	céngmiàn
财贸	残暴	残废	残破	蚕豆	层面
cháhuò	chángtàn	chángwèi	chángtài	cháobài	chénjì
查获	长叹	肠胃	常态	朝拜	沉寂
chénjìng	chéntòng	chénliè	chéngbàn	chéngjiàn	chéngzuò
沉静	沉痛	陈列	承办	承建	乘坐
chéngjiè	chízhòng	chóngjìng	chóushì	chóumì	chóubèi
惩戒	持重	崇敬	仇视	稠密	筹备
chóuhuà	chúwài	chuánsòng	chuángpù	chuíliàn	chúndù
筹划	除外	传诵	床铺	锤炼	纯度
cíhuà	cíxìng	cóngyè	dáhuà	dédàng	déjiù
磁化	磁性	从业	答话	得当	得救
dézuì	díshì	dújì	dúqì	dúchuàng	dúduàn
得罪	敌视	毒剂	毒气	独创	独断

dúshù	éwài	fánshì	fánmèn	fánfù	fánshèng
读数	额外	凡事	烦闷	繁复	繁盛
fánghù	fángyì	fénmù	fúshì	fúyào	fúhuò
防护	防疫	坟墓	服饰	服药	俘获
guójiè	guóqìng	hánxiào	hánshòu	hánjìn	hángdào
国界	国庆	含笑	函授	寒噤	航道
hésuàn	hézòu	héqì	héduì	hénggèn	huálì
合算	合奏	和气	核对	横亘	华丽
huánshì	huángdì	huíwèi	húnhòu	húnpò	huómìng
环视	皇帝	回味	浑厚	魂魄	活命
jíbiàn	jírì	jícù	jípò	jíjù	jíshì
即便	即日	急促	急迫	集聚	集市
jiézuò	jiéjìng	jiébào	jiézhì	júcù	juéduàn
杰作	洁净	捷报	截至	局促	决断
juésuàn	juézhàn	juéjì	juémiào	kuángrè	láidiàn
决算	决战	绝技	绝妙	狂热	来电
láikè	láishì	láolèi	láowù	láoyù	léibào
来客	来势	劳累	劳务	牢狱	雷暴
léngjìng	liándài	líndài	línpiàn	liúluò	liúshì
棱镜	连带	林带	鳞片	流落	流逝
lóngzhòng	luóliè	máquè	máizàng	mángàn	mángluàn
隆重	罗列	麻雀	埋葬	蛮干	忙乱
méimìng	méimù	ménlèi	méngdòng	méngshòu	mísàn
没命	眉目	门类	萌动	蒙受	弥散
mílù	miáomù	mínyì	míngcì	míngqì	míngshèng
迷路	苗木	民意	名次	名气	名胜
míngyù	míngjìng	míngmèi	mónàn	mólì	móuhài
名誉	明镜	明媚	磨难	魔力	谋害
nánmiàn	nándù	nángkuò	nénggàn	niánfèn	niánhuà
南面	难度	囊括	能干	年份	年画

niánmài	níngwàng	nóngmì	nóngyù	nuóyòng	páoxiào
年迈	凝望	浓密	浓郁	挪用	咆哮
péibàn	pízàng	pínxuè	píngdì	píngpàn	píngshù
陪伴	脾脏	贫血	平地	评判	评述
qímiào	qíshì	qiánshào	qiányè	qiángjiàn	qiáojuàn
奇妙	歧视	前哨	前夜	强健	侨眷
qiáowù	qíngyuàn	qióngjìn	qiúfàn	qiúsài	quánshì
侨务	情愿	穷尽	囚犯	球赛	权势
ráoshù	rénxiàng	róngyào	rónghuà	róuruò	róulìn
饶恕	人像	荣耀	融化	柔弱	蹂躏
rúdòng	shíshì	shíxiào	shíhuà	shíkuàng	shízhèng
蠕动	时事	时效	实话	实况	实证
shídào	shíyù	súhuà	tángsè	táonàn	táozuì
食道	食欲	俗话	搪塞	逃难	陶醉
tíshì	tiánfù	tiánmì	tiáojì	tíngzhàn	tóngbù
提示	田赋	甜蜜	调剂	停战	同步
tóngxìng	tóufàng	tóukào	tóusù	túyàng	túliào
同姓	投放	投靠	投诉	图样	涂料
tuánduì	tuífèi	tuóbèi	wánwèi	wéikàng	wéimù
团队	颓废	驼背	玩味	违抗	帷幕
wénjìng	wénshì	wújìn	wúwèi	xízuò	xíwèi
文静	纹饰	无尽	无畏	习作	席位
xiánhuà	xiánzhì	xiáncài	xiánqì	xiángjìn	xié'è
闲话	闲置	咸菜	嫌弃	详尽	邪恶
xiépò	xiémiàn	xíngjìn	xíngjìng	xínghào	xióngbiàn
胁迫	斜面	行进	行径	型号	雄辩
xiónghòu	xióngzhuàng	xuánniàn	xuéwèi	xuébào	xuéfèi
雄厚	雄壮	悬念	穴位	学报	学费
xuéshì	xuézhì	xúnmì	xúnshì	xúnwèn	xúnxù
学士	学制	寻觅	巡视	询问	循序

yánwù	yánjìn	yánkù	yándòng	yánrè	yánlù
延误	严禁	严酷	岩洞	炎热	沿路
yányòng	yánfèn	yánliào	yánmiàn	yánglì	yángyì
沿用	盐分	颜料	颜面	阳历	洋溢
yáodòng	yáoyè	yáoyì	yáokòng	yáowàng	yīgài
窑洞	摇曳	徭役	遥控	遥望	一概
yīshùn	yíwù	yíxiàn	yíjì	yílòu	yíwàng
一瞬	贻误	胰腺	遗迹	遗漏	遗忘
yíwù	yílǜ	yíngmù	yínxìng	yíngmiàn	yíngzhàn
遗物	疑虑	荧幕	银杏	迎面	迎战
yíngjiù	yíngzào	yíngrào	yóudiàn	yóujì	yóuzhèng
营救	营造	萦绕	邮电	邮寄	邮政
yóumò	yóudàng	yóukè	yóumù	yúyuè	yúmèi
油墨	游荡	游客	游牧	愉悦	愚昧
yuándàn	yuánshuài	yuándì	yuányì	yuángào	yuángù
元旦	元帅	原地	园艺	原告	缘故
yuánjià	yuányàng	yuánzhù	yuánzhuàng	yuánrùn	yúnchèn
原价	原样	原著	原状	圆润	匀称
záfèi	zájù	záluàn	záshì	zébèi	zéguài
杂费	杂剧	杂乱	杂事	责备	责怪
zélìng	zénàn	zéwèn	zháicài	zéxiào	zhéjiù
责令	责难	责问	择菜	择校	折旧
zhékòu	zhésuàn	zhíjiào	zhíniù	zhíyì	zhízhào
折扣	折算	执教	执拗	执意	执照
zhízhèng	zhíshuài	zhíwèi	zhíbèi	zhóuxiàn	zhuórè
执政	直率	职位	植被	轴线	灼热
zhuózhuàng	zhuózhù	zhuólì	zhuóluò	zhuóyì	
茁壮	卓著	着力	着落	着意	

（九）上声 + 阴平

běibian 北边	bǐjiān 笔尖	bǐnggān 饼干	chǎnfā 阐发	chǎngkāi 敞开	chǔfāng 处方
dǎxiāo 打消	dǎnzhī 胆汁	dǎngzhāng 党章	dǐyā 抵押	diǎnjī 点击	dǒupō 陡坡
duǎnbō 短波	duǎnquē 短缺	fǎngōng 反攻	fǎnjī 反击	fǎnpū 反扑	gǔjīn 股金
gǔhuī 骨灰	guǒzhēn 果真	huǎnchōng 缓冲	jiǎogēn 脚跟	jiěshuō 解说	jǐnsuō 紧缩
jǐngchē 警车	juǎnyān 卷烟	kǒuyīn 口音	lǎoyīng 老鹰	lěijī 累积	lǐkē 理科
lǐyīng 理应	liǎngqī 两栖	mǎdēng 马灯	mǎnqiāng 满腔	mǒshā 抹杀	nǚfāng 女方
qǐjiā 起家	qiǎntān 浅滩	qiǎngxiū 抢修	qǔjīng 取经	sǎngyīn 嗓音	shǎguā 傻瓜
shěnpī 审批	shǔguāng 曙光	shuǐjīng 水晶	shuǐxiāng 水乡	shuǐxīng 水星	tǐtiē 体贴
tiǎobō 挑拨	tǒngchēng 统称	wǎngxī 往昔	wěizhuāng 伪装	wěishēng 尾声	wěisuō 萎缩
wǔshēng 武生	wǔtīng 舞厅	xǐshuā 洗刷	xiǎotōu 小偷	xiěshēng 写生	xuějiā 雪茄
yǎnquān 眼圈	yǎnwō 眼窝	yǎngshēng 养生	yěxīn 野心	yǐnfā 引发	yǐnshēn 引申
yǐnjū 隐居	yǐnyuē 隐约	yǒngshēng 永生	yǒubāng 友邦	yǒuhēi 黝黑	yǔyī 雨衣
yuǎnzhēng 远征	zǎigē 宰割	zǎochūn 早春	zǎohūn 早婚	zhǎnxiāo 展销	zhěngbiān 整编
zhěngxiū 整修	zhǐjiāng 纸浆	zhǐyān 纸烟	zhǐzhāng 纸张	zhǐzhēn 指针	zhǔfēng 主峰

zhǔgōng	zhǔtuō	zhuǎnbō	zhuǎnjiāo	zhuǎnwān
主攻	嘱托	转播	转交	转弯

（十）上声 + 阳平

bǎilíng	bǎiyóu	bǎntú	bǎoquán	běnháng	běnyuán
百灵	柏油	版图	保全	本行	本源
bǐyí	biǎobái	bǔzú	cǎifá	cǎiqí	cǎnbái
鄙夷	表白	补足	采伐	彩旗	惨白
cǎopíng	chǐyín	chǒng'ér	chǔcáng	dǎngjí	dǎofú
草坪	齿龈	宠儿	储藏	党籍	倒伏
diǎnmíng	dǒurán	dǔbó	fǎnhuán	fěitú	fěnchén
点名	陡然	赌博	返还	匪徒	粉尘
fǒujué	gǎnjí	gǒngqiáo	gǔpén	gǔmó	hǎicháo
否决	赶集	拱桥	骨盆	鼓膜	海潮
hǎixiá	hǎizhé	huǒlú	jiǎchóng	jiǎngqiú	jiǎomó
海峡	海蜇	火炉	甲虫	讲求	角膜
jiǎohuá	jiǎojié	kǎixuán	kǎnfá	kěxíng	kǒujué
狡猾	皎洁	凯旋	砍伐	可行	口诀
kuǎtái	lǎngdú	lěngcáng	lǐtáng	lǐcái	liǎnhóng
垮台	朗读	冷藏	礼堂	理财	脸红
liǎojié	lǚchéng	lǚtú	mǎtí	měidé	měiróng
了结	旅程	旅途	马蹄	美德	美容
miǎnhuái	miǎománg	nǎiyóu	nǚláng	nuǎnpíng	pǐngé
缅怀	渺茫	奶油	女郎	暖瓶	品格
pǐnxíng	pǔshí	pǔchá	qǐ'é	qǐchuáng	qiǎnbó
品行	朴实	普查	企鹅	起床	浅薄
qiǎngqiú	qiǎohé	qǔcái	sǎománg	shǐjí	shǒuzú
强求	巧合	取材	扫盲	史籍	手足
sǐshén	tǎnrán	tǐchá	tǐxíng	tiětí	tǐngbá
死神	坦然	体察	体型	铁蹄	挺拔

tǒngxiá 统辖	wǎnhuí 挽回	wǎnliú 挽留	wǎnxiá 晚霞	wǎngqiú 网球	wǎngcháng 往常
wěnhé 吻合	xǐdí 洗涤	xǐrén 喜人	xiǎnqíng 险情	xiǎngfú 享福	xiǎocháng 小肠
xiǎojié 小结	xiěshí 写实	xuǎnjí 选集	xuǎnmín 选民	xuěyuán 雪原	yǎnrán 俨然
yǎnmái 掩埋	yǎnhóng 眼红	yǎnlián 眼帘	yǎnpí 眼皮	yǎnqiú 眼球	yǎnxí 演习
yǐnqíng 引擎	yǐnmán 隐瞒	yǒngbié 永别	yǒuqíng 友情	yǒuxíng 有形	yǒuyú 有余
yǔháng 宇航	yǔróng 羽绒	yǔcí 语词	yuǎnchéng 远程	yuǎnháng 远航	yuǎnyáng 远洋
yǔnshí 陨石	zǎonián 早年	zǎoshú 早熟	zhǎngcháo 涨潮	zhǎngquán 掌权	zhěngjié 整洁
zhěngxíng 整形	zhǐnán 指南	zhǐwén 指纹	zhǔshí 主食	zhǔliú 主流	zhuǎndá 转达
zhuǎnzhé 转折	zhǔnshí 准时	zhǔnshéng 准绳			

（十一）上声 + 上声

bǎbǐng 把柄	bǎchǎng 靶场	bǎnběn 版本	bǎomǎn 饱满	bǐshǒu 匕首	cǎonǐ 草拟
dǎkuǎ 打垮	dǎrǎo 打扰	dǎoyǔ 导语	dǎoguǐ 捣鬼	dǐdǎng 抵挡	diǎnlǐ 典礼
dǒusǒu 抖擞	duǒshǎn 躲闪	fǎnxǐng 反省	fǔyǎng 抚养	fǔdǎo 辅导	gǎixuǎn 改选
gǎnchǎng 赶场	gǎnlǎn 橄榄	gǔdǒng 古董	guǐliǎn 鬼脸	hǎodǎi 好歹	huǐgǎi 悔改
jǐyǎng 给养	jiǎxiǎng 假想	jiǎnjǔ 检举	jiǎnchǎn 减产	jiǎnduǎn 简短	jiǎngjiě 讲解

jiǎngpǐn	jiǎngshǎng	jiǎozhǐ	kǎoqǔ	lěngnuǎn	lěngyǐn
奖品	奖赏	脚趾	考取	冷暖	冷饮
lǐpǐn	lǐnghǎi	lǐngqǔ	lǐngzhǔ	lǒngtǒng	mǎnzuǐ
礼品	领海	领取	领主	笼统	满嘴
měijǐng	měinǚ	mǔzhǐ	nǎifěn	niǎoniǎo	qǔzǒu
美景	美女	拇指	奶粉	袅袅	取走
qǐtǎo	qǔnuǎn	shǐzhě	shǒugǎo	shǒufǎ	shuǐchǎn
乞讨	取暖	使者	手稿	守法	水产
shuǐniǎo	shuǐtǎ	shuǐzhǔn	sǐbǎn	suǒqǔ	tǎngshǐ
水鸟	水獭	水准	死板	索取	倘使
wǎnzhuǎn	wǎngdiǎn	wěiwǎn	wǔqǔ	xiǎnyǎn	xiǎochǒu
婉转	网点	委婉	舞曲	显眼	小丑
xiǎoxuě	xǔjiǔ	xuǎnqǔ	yǎndǐ	yǎnjiǎn	yǎnjiǎo
小雪	许久	选取	眼底	眼睑	眼角
yǎnglǎo	yǎotiǎo	yǐwǎng	yǐnshuǐ	yǒngměng	yǔsǎn
养老	窈窕	以往	饮水	勇猛	雨伞
yuǎngǔ	yuǎnjǐng	zǎowǎn	zhǎyǎn	zhǎnzhuǎn	zhǎngzhě
远古	远景	早晚	眨眼	辗转	长者
zhǎngguǎn	zhěnsuǒ	zhǐguǎn	zhǐbǎn	zhǐdiǎn	zhǐyǐn
掌管	诊所	只管	纸板	指点	指引
zhǔyǎn	zhǔzǎi	zhuǎnchǎn	zhuǎnshǒu	zhuǎnyǎn	zhǔnxǔ
主演	主宰	转产	转手	转眼	准许

（十二）上声+去声

bǎinòng	bǎnlì	bǎokù	bǎozuò	bǎomì	bǎoyòu
摆弄	板栗	宝库	宝座	保密	保佑
běnsè	bǐlǜ	bǐchù	bǐhuà	bǐmò	biǎoshuài
本色	比率	笔触	笔画	笔墨	表率
bǔjiù	bǔyù	cǎikuàng	cǎidiàn	cǎihuì	cǎnzhòng
补救	哺育	采矿	彩电	彩绘	惨重

cǎomào	chǎngkuàng	chǎonào	chǒulòu	chǔshì	chuǎnqì
草帽	厂矿	吵闹	丑陋	处事	喘气
dǎzhàn	dǎnlüè	dǎngwù	dǎodiàn	dǎoluàn	děnghào
打颤	胆略	党务	导电	捣乱	等号
dǐchù	dǐpiàn	diǎnzhuì	dǒulì	dǔxìn	duǎncù
抵触	底片	点缀	斗笠	笃信	短促
duǒbì	fǎjì	fǎndào	fǎnzhèng	fǎngzhì	fěibàng
躲避	法纪	反倒	反证	仿制	诽谤
fěnshì	fǔwèi	fǔkàn	gǎidào	gǎihuàn	gǎijià
粉饰	抚慰	俯瞰	改道	改换	改嫁
gǎntàn	gǎngbì	gǎofèi	gǔròu	guǎizhàng	guǎnjiào
感叹	港币	稿费	骨肉	拐杖	管教
guǎngdù	guǎngmò	guǐjì	guǐmì	guǒròu	hǎidài
广度	广漠	轨迹	诡秘	果肉	海带
hǎibào	hǎidào	hǎoyì	hǒujiào	huǎnghuà	huǒhuà
海报	海盗	好意	吼叫	谎话	火化
huǒpào	huǒsù	huǒzàng	jǐzhù	jiǎmào	jiǎncè
火炮	火速	火葬	脊柱	假冒	检测
jiǎnyì	jiǎntuì	jiǎnjiè	jiǎnlòu	jiǎngshòu	jiǎngzuò
检疫	减退	简介	简陋	讲授	讲座
jiǎojiàn	jiǎonà	jiějiù	jǐncòu	jǐnqiào	jǐngzhì
矫健	缴纳	解救	紧凑	紧俏	景致
jǐngbào	jiǔhuì	jǔsàng	jǔmù	jǔzhòng	kǎowèn
警报	酒会	沮丧	举目	举重	拷问
kěwù	kěnqiè	kǒnghè	kǒu'àn	kǒulìng	kǔsè
可恶	恳切	恐吓	口岸	口令	苦涩
kuǎndài	kuǎnxiàng	lǎnhàn	lǎoliàn	lěijì	lěngdòng
款待	款项	懒汉	老练	累计	冷冻
lěnghàn	lěngmò	lǐbài	lǐjiào	lǐfà	liǎnmiàn
冷汗	冷漠	礼拜	礼教	理发	脸面

lǐngshòu	mǎnmiàn	mǎnyuè	měiwèi	měngshòu	mǐfàn
领受	满面	满月	美味	猛兽	米饭
miǎnfèi	mǐnmiè	nǎonù	niǔdài	ǒutù	pǎobù
免费	泯灭	恼怒	纽带	呕吐	跑步
pǐnwèi	qǐgài	qǐdòng	qǐshì	qǐjìn	qǐlì
品味	乞丐	启动	启事	起劲	绮丽
qiǎnggòu	qǐngkè	qǐngyuàn	qǔyàng	rǎnliào	rěntòng
抢购	顷刻	请愿	取样	染料	忍痛
ruǎnjìn	ruǎnhuà	sǎoshè	sǎoxìng	shǎnyào	shǎojiàn
软禁	软化	扫射	扫兴	闪耀	少见
shěqì	shěnshì	shěnyì	shěngfèn	shěnglüè	shǒubèi
舍弃	审视	审议	省份	省略	手背
shǒupà	shǒuyì	shǒuwèi	shǒuchuàng	shǒujiè	shǔjià
手帕	手艺	守卫	首创	首届	暑假
shuǐbèng	shuǐyù	sǒnglì	suǒliàn	tǐliàng	tǐpò
水泵	水域	耸立	锁链	体谅	体魄
tiědào	tǒnggòu	tǒngzhì	wǎnbèi	wǎngfù	wěishàn
铁道	统购	统治	晚辈	往复	伪善
wěipài	wěnbù	wěnjiàn	wǔshuì	wǔshù	wǔdòng
委派	稳步	稳健	午睡	武术	舞动
xǐhào	xǐqìng	xǐquè	xǐshì	xǐxùn	xiǎnhè
喜好	喜庆	喜鹊	喜事	喜讯	显赫
xiǎn'è	xiǎnjùn	xiǎnglè	xiǎngyòng	xiǎngliàng	xiǎngbì
险恶	险峻	享乐	享用	响亮	想必
xiǎngniàn	xiǎofàn	xiěyì	xiězhào	xǐngwù	xǐngmù
想念	小贩	写意	写照	醒悟	醒目
xǔnuò	xǔyuàn	xuǎnpài	xuǎnpiào	xuǎnsòng	xuěliàng
许诺	许愿	选派	选票	选送	雪亮
xuěpiàn	xuěxiàn	yǎjù	yǎzhì	yǎnbì	yǎnshì
雪片	雪线	哑剧	雅致	掩蔽	掩饰

yǎnyìng	yǎnjiàn	yǎnjiè	yǎnkuàng	yǎnsè	yǎnjì
掩映	眼见	眼界	眼眶	眼色	演技
yǎnjìng	yǎnshì	yǎnsuàn	yǎnxì	yǎngmù	yǎngwàng
眼镜	演示	演算	演戏	仰慕	仰望
yǎngbìng	yěcài	yědì	yěxìng	yǐkào	yǐnlù
养病	野菜	野地	野性	倚靠	引路
yǐnyòu	yǐnzhèng	yǐnliào	yǐnhuàn	yǐnmì	yǐnmò
引诱	引证	饮料	隐患	隐秘	隐没
yǐngshè	yǐngxiàng	yǐngyuàn	yǒngdào	yǒngshì	yǒngyuè
影射	影像	影院	甬道	勇士	踊跃
yǒuxìng	yǔjì	yǔliàng	yǔdiào	yǔhuì	yuǎnjìn
有幸	雨季	雨量	语调	语汇	远近
zǎixiàng	zǎofàn	zhǎnchì	zhǎnwàng	zhǎngbèi	zhǎngxiàng
宰相	早饭	展翅	展望	长辈	长相
zhǎngduò	zhězhòu	zhěnzhì	zhěngjiù	zhěngshù	zhěngzhì
掌舵	褶皱	诊治	拯救	整数	整治
zhǐbù	zhǐyì	zhǐkòng	zhǐpài	zhǐwàng	zhǒngzhàng
止步	旨意	指控	指派	指望	肿胀
zhǔbàn	zhǔjiàn	zhǔxiàn	zhǔmù	zhuǎngào	zhuǎnjià
主办	主见	主线	瞩目	转告	转嫁
zhuǎnniàn	zhuǎnràng	zhuǎnshùn	zhuǎnyùn		
转念	转让	转瞬	转运		

(十三) 去声 + 阴平

ànqī	ànshā	bàguān	bàngōng	bànbiān	bàoxiāo
按期	暗杀	罢官	办公	半边	报销
bàofā	bèngfā	bìduān	bìbō	bìfēng	biàntōng
爆发	迸发	弊端	碧波	避风	变通
biànyī	bìngfā	bìnggēn	bìngjūn	càishū	cèshēn
便衣	并发	病根	病菌	菜蔬	侧身

chàngtōng 畅通	chènshān 衬衫	chùfā 触发	chùxū 触须	dàigōng 怠工	dàngāo 蛋糕
dàngzhēn 当真	dìtīng 谛听	diàngōng 电工	diàntī 电梯	diànquān 垫圈	diànjī 奠基
dìngdū 定都	dònggōng 动工	dòngshēn 动身	dòngchuāng 冻疮	duìjiē 对接	fàntīng 饭厅
fànzhuō 饭桌	fènfā 奋发	fùyōng 附庸	fùxīng 复兴	gàozhī 告知	gàozhōng 告终
gùgōng 故宫	guànshū 灌输	guìbīn 贵宾	guìhuā 桂花	guòshī 过失	hànyān 旱烟
hàochēng 号称	hàozī 耗资	huàshēn 化身	huàshī 画师	huàndēng 幻灯	huìbiān 汇编
huìxīng 彗星	jìjū 寄居	jiàqī 假期	jiànjiāo 建交	jìnxīn 尽心	jìnqīn 近亲
jìnshēng 晋升	jùxīng 巨星	jùjī 聚积	kàngjī 抗击	kàngzāi 抗灾	kàoshān 靠山
kuànggōng 旷工	kuàngqū 矿区	kuòchōng 扩充	làngtāo 浪涛	lèizhū 泪珠	lèituī 类推
lìshēng 厉声	lìfāng 立方	lìqīng 沥青	lìzhī 荔枝	liànbīng 练兵	lièqiāng 猎枪
lùyīn 录音	lùzhū 露珠	lǜdēng 绿灯	lǜzhōu 绿洲	lüèwēi 略微	lùnshuō 论说
màishōu 麦收	màichōng 脉冲	màntiān 漫天	mèngxiāng 梦乡	mìfēng 密封	miànshā 面纱
mòshāo 末梢	mòfēi 莫非	nàozhōng 闹钟	nèishāng 内伤	nèiyī 内衣	nìchā 逆差
pàishēng 派生	pàojī 炮击	pèifāng 配方	qìjī 契机	qiànshōu 歉收	rìguāng 日光
sàngshēn 丧身	sànshī 散失	shèngzhuāng 盛装	shìjiā 世家	shìzhōng 适中	shòujīng 受惊

shùzhī	shùnxīn	sùshuō	Tài Shān	tàngshāng	tèqū
树脂	顺心	诉说	泰山	烫伤	特区
wàibīn	wàixiāo	xìwēi	xiàdiē	xiàzhī	xiànqī
外宾	外销	细微	下跌	下肢	限期
xiànbīng	xiànzhāng	xiàofēng	xiàozhōng	xìnfēng	xìntuō
宪兵	宪章	校风	效忠	信封	信托
xìngkuī	xiùzhēn	xùshuō	xuànfēng	xuèjiāng	xuèpō
幸亏	袖珍	叙说	旋风	血浆	血泊
xuèqīn	xuèqīng	xuèxīng	xùnqī	yàjūn	yànshōu
血亲	血清	血腥	汛期	亚军	验收
yàofāng	yèbān	yèkōng	yèjīng	yīpiē	yìduān
药方	夜班	夜空	液晶	一瞥	异端
yìxiāng	yìnfā	yìnzhāng	yònggōng	yòngxīn	yòufā
异乡	印发	印章	用工	用心	诱发
yòuyīn	yùyuē	yùzhī	yùjiā	yuèkān	yuèshī
诱因	预约	预支	愈加	月刊	乐师
yuèyīn	yuèzhāng	yuèbīng	zàihūn	zàngē	zàngshēn
乐音	乐章	阅兵	再婚	赞歌	葬身
zàoshēng	zhàngōng	zhàobān	zhèngzhōng	zhèngzōng	zhìxī
噪声	战功	照搬	正中	正宗	窒息
zhìxiāo	zhìshēn	zhòngshēng	zhòngbīng	zhòngshāng	zhòngxīn
滞销	置身	众生	重兵	重伤	重心
zhòngyīn	zhùxiāo	zhùyīn	zhùjūn	zhùzhā	zhùchēng
重音	注销	注音	驻军	驻扎	著称
zhuàngdīng	zhuàngguān	zhuàngjī	zìbēi	zìfēng	zìzūn
壮丁	壮观	撞击	自卑	自封	自尊
zìyīn	zòngshēn	zòuzhāng	zuìxīn	zuògōng	zuòshēng
字音	纵深	奏章	醉心	做工	作声

（十四）去声 + 阳平

ànqíng	àorán	bàwáng	bànjié	bànyuán	bàodá
案情	傲然	霸王	半截	半圆	报答
bàoyú	bàoxíng	bèiké	biànbó	bìngpái	bìngchuáng
鲍鱼	暴行	贝壳	辩驳	并排	病床
bìngmó	bùxíng	càiyuán	chèhuí	chènzhí	chùjué
病魔	步行	菜园	撤回	称职	触觉
dànchén	dàntóu	dàozéi	dìpán	dìwáng	diànlíng
诞辰	弹头	盗贼	地盘	帝王	电铃
diàntáng	diàojí	dìngshén	dòuliú	dùjué	duànjué
店堂	调集	定神	逗留	杜绝	断绝
duìlián	èmó	fàxíng	fànrén	fàngxíng	fèiyán
对联	恶魔	发型	犯人	放行	肺炎
fènghuáng	fèngxíng	fùchóu	fùhuó	fùyuán	fùqiáng
凤凰	奉行	复仇	复活	复原	富强
fùmó	gòngcún	guòtóu	hàojié	huàláng	huìjí
腹膜	共存	过头	浩劫	画廊	汇集
huìtán	huìyán	hùntóng	jìnián	jiàn'ér	jiànglín
会谈	讳言	混同	纪年	健儿	降临
jiàotú	jièshí	jìnqíng	jìnpáng	jìntóu	jiùdú
教徒	届时	尽情	近旁	尽头	就读
jù'é	jùhé	kèlún	kòngxián	kùfáng	kuàngcáng
巨额	聚合	客轮	空闲	库房	矿藏
kuàngshí	kuìyáng	làméi	lànní	làngcháo	lèyuán
矿石	溃疡	蜡梅	烂泥	浪潮	乐园
lèibié	lìchéng	lìzú	liàngxíng	lièqiáng	lièhén
类别	历程	立足	量刑	列强	裂痕
lìngxíng	lùlín	màorán	miànróng	mièjué	mòrán
另行	绿林	贸然	面容	灭绝	默然

mùchái 木柴	nàihé 奈何	nèiqíng 内情	nìliú 逆流	pànxíng 判刑	pàotái 炮台
pèijué 配角	pòchú 破除	qìxuán 气旋	qiàtán 洽谈	qiàopí 俏皮	rèntóng 认同
rènpíng 任凭	rènzhí 任职	sèzé 色泽	shàncháng 擅长	shèfáng 设防	shìxí 世袭
shìcóng 侍从	shìchá 视察	shòuquán 授权	shù'é 数额	shùncóng 顺从	sòngbié 送别
sòngyáng 颂扬	sùmiáo 素描	sùchéng 速成	sùyíng 宿营	tànxún 探寻	tècháng 特长
tuìhuí 退回	tuìxué 退学	wàiháng 外行	wàijí 外籍	wàizú 外族	wànnéng 万能
wàngtú 妄图	wàngqíng 忘情	wùnóng 务农	xìzé 细则	xiàliú 下流	xiàrén 吓人
xiànchéng 现成	xiàn'é 限额	xiàngqí 象棋	xiàngxíng 象形	xiàoyuán 校园	xiàoláo 效劳
xiàonéng 效能	xièdú 亵渎	xièjué 谢绝	xìnfú 信服	xìnhán 信函	xìntiáo 信条
xìngcún 幸存	xìng'ér 幸而	xiùjué 嗅觉	xùyán 序言	xuètáng 血糖	xuèyuán 血缘
xùnfú 驯服	yàmá 亚麻	yànfán 厌烦	yàocái 药材	yàozhí 要职	yàowán 药丸
yìchéng 议程	yìtí 议题	yìguó 异国	yìtóng 异同	yìzú 异族	yìmiáo 疫苗
yìchóng 益虫	yìngjí 应急	yìngdá 应答	yìngpán 硬盘	yùchí 浴池	yùhé 愈合
yuànyán 怨言	yuèshí 月食	yuètuán 乐团	yùnchóu 运筹	yùnhán 蕴含	zàiháng 在行
zànxíng 暂行	zàntóng 赞同	zàofú 造福	zàoyáo 造谣	zhàiquán 债权	zhànfú 战俘

zhànháo 战壕	zhàntái 站台	zhàngliáng 丈量	zhàngfáng 账房	zhàocháng 照常	zhètáng 蔗糖
zhènróng 阵容	zhènwáng 阵亡	zhènyíng 阵营	zhèngzhí 正直	zhèngjú 政局	zhìcái 制裁
zhìxué 治学	zhìliú 滞留	zhòngcái 仲裁	zhòngtián 种田	zhòngxíng 重型	zhòuwén 皱纹
zhòurán 骤然	zhùfáng 驻防	zhùfú 祝福	zhuànzhóu 转轴	zhuàngnián 壮年	zìqiáng 自强
zìrú 自如	zìtiáo 字条	zìxíng 字形	zònghéng 纵横	zòngrán 纵然	zòngróng 纵容

（十五）去声 + 上声

bànlǚ 伴侣	bàobiǎo 报表	bàokǎo 报考	bàozhǎng 暴涨	bèiyǐng 背影	bìlěi 壁垒
bìbǎng 臂膀	biànzhǒng 变种	biànjiě 辩解	bùlǚ 步履	bùshǔ 部署	càichǎng 菜场
cèsuǒ 厕所	chànhuǐ 忏悔	cì'ěr 刺耳	cìyǎn 刺眼	cuàngǎi 篡改	cuìqǔ 萃取
dàoshǔ 倒数	dìtǎn 地毯	dìjiǎn 递减	dìngyǔ 定语	duòjiǎo 跺脚	fàngshǒu 放手
fèipǐn 废品	fèishuǐ 废水	fènkǎi 愤慨	fùgǔ 复古	gòngyǎng 供养	gùshǒu 固守
guòchǎng 过场	guòmǐn 过敏	guòyǐn 过瘾	hèxǐ 贺喜	hòuniǎo 候鸟	hùlǐ 护理
huàzhǎn 画展	huànyǐng 幻影	huànqǔ 换取	huànxǐng 唤醒	huìzǒng 汇总	huòchǎng 货场
jiàomǔ 酵母	jìnglǚ 劲旅	jìngtǔ 净土	jìngxuǎn 竞选	jiùchǐ 臼齿	jiùcǐ 就此

kàngtǐ	kuàngyě	lìfǎ	liànwǔ	luòjiǎo	miànfěn
抗体	旷野	历法	练武	落脚	面粉
miàoyǔ	mòshuǐ	mùchǎng	pèiwǔ	pèizhǒng	piànqǔ
庙宇	墨水	牧场	配伍	配种	骗取
pìnqǐng	qìguǎn	qìnǎo	qiàqiǎo	quànjiě	ròuyǎn
聘请	气管	气恼	恰巧	劝解	肉眼
sàichǎng	sànchǎng	shànyǎng	shàngjiǎo	shàngyǎn	shàngqiě
赛场	散场	赡养	上缴	上演	尚且
shèshǒu	shèngchǎn	shòujiǎng	shòuzǔ	shòufěn	shuìfǎ
射手	盛产	授奖	受阻	授粉	税法
shùnkǒu	tèxiě	tùxiě	tuìshǒu	wàishěng	wèiyǎng
顺口	特写	吐血	退守	外省	喂养
wùchǎn	xiàbǐ	xiànkuǎn	xiànjǐng	xiàngdǎo	xiàozǐ
物产	下笔	现款	陷阱	向导	孝子
xiàochuǎn	xiàoliǎn	xiàofǎ	xìnshǐ	xìnzhǐ	xìnghǎo
哮喘	笑脸	效法	信使	信纸	幸好
xìngmiǎn	xiùměi	xiùkǒu	xùqǔ	xuànrǎn	xuètǒng
幸免	秀美	袖口	序曲	渲染	血统
xùnměng	xùnyǎng	yànyǔ	yàngbǎn	yàodiǎn	yàolǐng
迅猛	驯养	谚语	样板	要点	要领
yàoyǎn	yèzhǔ	yìcǎi	yìshǐ	yìběn	yìxiǎng
耀眼	业主	异彩	役使	译本	异响
yìzhǐ	yìnrǎn	yìngkǎo	yòngfǎ	yòuxiǎo	yùchǎng
意指	印染	应考	用法	幼小	浴场
yùgǎn	yùxiǎng	yùsuǒ	yuèpǔ	yuèmǔ	yuè'ěr
预感	预想	寓所	乐谱	岳母	悦耳
zàitǐ	zànqiě	zànshǎng	zànxǔ	zàngfǔ	zànglǐ
载体	暂且	赞赏	赞许	脏腑	葬礼
zàofǎn	zhàqǔ	zhàměng	zhànhuǒ	zhàngǎng	zhàngběn
造反	榨取	蚱蜢	战火	站岗	账本

zhènshǒu	zhèngguǐ	zhèngqiǎo	zhèngfǎ	zhìpǔ	zhòngkěn
镇守	正轨	正巧	政法	质朴	中肯
zhùzhǎng	zhùzhǐ	zhùjiě	zhùshǒu	zhuànxiě	zhuàngjǔ
助长	住址	注解	驻守	撰写	壮举
zhuàngyǔ	zìxǐng	zìshǒu	zìdiǎn	zòngshǐ	zuòzhǔ
状语	自省	自首	字典	纵使	做主

（十六）去声+去声

àidài	àimù	àndàn	àomiào	àosàng	bàihuài
爱戴	爱慕	暗淡	奥妙	懊丧	败坏
bàodào	bàoyìng	bàoqiàn	bàoluàn	bàoliè	bèikè
报到	报应	抱歉	暴乱	爆裂	备课
bèimiàn	bèisòng	bènzhòng	bìmù	biànhuàn	biànyàng
背面	背诵	笨重	闭幕	变幻	变样
bìnqì	bìngjìn	bìngzhòng	bìngtà	bìngtòng	bìngqì
摈弃	并进	并重	病榻	病痛	摒弃
cèshì	cèhuà	chànà	chàngyì	chàngxì	chètuì
测试	策划	刹那	倡议	唱戏	撤退
chènshì	chìliè	chùdiàn	chuàngjiàn	chuàngzhì	cìkè
趁势	炽烈	触电	创建	创制	刺客
còujìn	cuìlǜ	cuòbài	dàlù	dàihào	dàimào
凑近	翠绿	挫败	大陆	代号	玳瑁
dàijìn	dànhuà	dànqì	dàngrì	dàoguà	dàotuì
带劲	淡化	氮气	当日	倒挂	倒退
dàozhuàn	dàoqiàn	dìdào	dìjiào	diànhàn	diànxìn
倒转	道歉	地道	地窖	电焊	电信
diàodù	dìnggòu	dìngjià	dòngluàn	dòngxiàng	duànluò
调度	订购	定价	动乱	动向	段落

第六章 普通话水平测试词语训练

duì'àn 对岸	duìliè 队列	duìhuàn 兑换	dùnwù 顿悟	èyào 扼要	èchòu 恶臭
gùn 恶棍	èzhì 遏制	fànlàn 泛滥	fàngjià 放假	fàngyìng 放映	fàngzòng 放纵
fèijiù 废旧	fèijìn 费劲	fènzhàn 奋战	fùhè 负荷	fùzài 负载	fùzhòng 负重
fùdài 附带	fùjiàn 附件	fùguì 富贵	fùshù 富庶	fùxiè 腹泻	gàilùn 概论
gòngxìng 共性	gòujiàn 构件	gòuzhì 购置	gùyòng 雇用	guàniàn 挂念	guànmù 灌木
guìzhòng 贵重	guòjìng 过境	hànwèi 捍卫	hàolìng 号令	hòujìn 后劲	hòutuì 后退
hùlì 互利	huàyàn 化验	huàbào 画报	huìhuà 会话	huìwù 会晤	hùnzhàn 混战
huòyùn 货运	jìshù 记述	jìyào 纪要	jìliàng 计量	jiàyù 驾驭	jiàshè 架设
jiànxiào 见效	jiànduàn 间断	jiànxì 间隙	jiànzuò 间作	jiàomài 叫卖	jiào'àn 教案
jiàohuà 教化	jiàohuì 教诲	jièyì 介意	jièmiàn 界面	jièdài 借贷	jìndù 进度
jìntuì 进退	jìnzhù 进驻	jìngù 禁锢	jìnlìng 禁令	jìngjì 竞技	jìngwèi 敬畏
jìngyì 敬意	jìngdiàn 静电	jìngmò 静默	jìngyù 境遇	jìngpiàn 镜片	jiùhù 救护
jiùmìng 救命	jiùzhù 救助	jiùrèn 就任	jiùzuò 就座	jùmù 剧目	jùyuàn 剧院
jùbiàn 聚变	juànliàn 眷恋	kàntòu 看透	kànghàn 抗旱	kòngdì 空地	kùsì 酷似

kuàyuè	kuàimàn	kuàiyì	kùnhuò	lànyòng	lèlìng
跨越	快慢	快意	困惑	滥用	勒令
lìbì	lìniào	liàngdù	liàngxiàng	liàngbiàn	lièyàn
利弊	利尿	亮度	亮相	量变	烈焰
lièbiàn	lièxì	lòudòng	lùxiàng	lùyòng	lùfèi
裂变	裂隙	漏洞	录像	录用	路费
lǜdòu	lùndiào	lùnjù	màibù	mànbù	màomì
绿豆	论调	论据	迈步	漫步	茂密
màomèi	màosì	mèngyì	mìbì	mìngzhòng	miùlùn
冒昧	貌似	梦呓	密闭	命中	谬论
mòniàn	mùtàn	mùsòng	mùdì	mùzàng	nàoshì
默念	木炭	目送	墓地	墓葬	闹市
nèijiù	niàosù	pàixì	pànnì	pàocài	pèngjiàn
内疚	尿素	派系	叛逆	泡菜	碰见
pìjìng	pòlàn	pòmiè	pòzhàn	pùbù	qìdiàn
僻静	破烂	破灭	破绽	瀑布	气垫
qìgài	qìpài	qìjù	qìyuè	qièyì	qìnghè
气概	气派	器具	器乐	惬意	庆贺
qùxiàng	quànwèi	ràodào	rèdù	rèliàn	rèxuè
去向	劝慰	绕道	热度	热恋	热血
rèngòu	rènxìng	rèndài	rìyòng	rùjìng	sàishì
认购	任性	韧带	日用	入境	赛事
shànbèi	shànzhàn	shàngdàng	shàofù	shèlùn	shèjiàn
扇贝	善战	上当	少妇	社论	射箭
shèwài	shèzhì	shènrù	shèngrèn	shèngnù	shèngkuàng
涉外	摄制	渗入	胜任	盛怒	盛况
shìruò	shìzhòng	shìshì	shìmiàn	shìxiàng	shìjì
示弱	示众	世事	市面	事项	事迹
shìyòng	shìlì	shìliàng	shòunàn	shòuxùn	shuìlǜ
试用	视力	适量	受难	受训	税率

shuìmèng 睡梦	shùnyìng 顺应	shuòshì 硕士	sòngzàng 送葬	suànshù 算术	suìdào 隧道
tànshì 探视	tànwèn 探问	tèlì 特例	tèzhì 特制	tìhuàn 替换	tiàowàng 眺望
tòngchì 痛斥	tònghèn 痛恨	tòuliàng 透亮	tòushì 透视	tuìquè 退却	tuìbiàn 蜕变
tuòyè 唾液	wàimào 外貌	wèijiè 慰藉	wèiwèn 慰问	wènjuàn 问卷	wùbì 务必
wùjiàn 物件	wùxiàng 物象	wùxìng 悟性	xìnòng 戏弄	xìxuè 戏谑	xìmì 细密
xìnì 细腻	xìsuì 细碎	xiàlìng 下令	xiànhuò 现货	xiànyì 现役	xiàndìng 限定
xiànhài 陷害	xiànluò 陷落	xiàngliàn 项链	xiàngmào 相貌	xiàngpiàn 相片	xiàngyàng 像样
xiàojìng 孝敬	xiàoxiàng 肖像	xiàoyàn 效验	xiàoyòng 效用	xièlòu 泄露	xièqì 泄气
xìnfèng 信奉	xìnjiàn 信件	xìnyù 信誉	xìngzhì 兴致	xìngqù 兴趣	xìngyùn 幸运
xìngmìng 性命	xìngshì 姓氏	xùliè 序列	xùmù 序幕	xùshì 叙事	xùmù 畜牧
xuànyào 炫耀	xuànlì 绚丽	xuànyùn 眩晕	xuèhàn 血汗	xuèlèi 血泪	xuèmài 血脉
xùnhuà 训话	xùnlù 驯鹿	xùnsè 逊色	yànjuàn 厌倦	yànlì 艳丽	yànmài 燕麦
yàodiàn 药店	yàojì 药剂	yàodào 要道	yàohài 要害	yèjì 业绩	yèmài 叶脉
yèmù 夜幕	yèshì 夜市	yèhuà 液化	yì'àn 议案	yìdìng 议定	yìlì 屹立
yìhuà 异化	yìwù 异物	yìxìng 异性	yìyàng 异样	yìyù 抑郁	yìzhàn 驿站

yìchù	yìrì	yìniàn	yìxiàng	yìyùn	yìlì
益处	翌日	意念	意向	意蕴	毅力
yìzào	yìyì	yìnjì	yìnzhèng	yìngduì	yìngzhàn
臆造	熠熠	印记	印证	应对	应战
yìngzhào	yìngbì	yìngdù	yìnghuà	yòngjìn	yòngjù
映照	硬币	硬度	硬化	用劲	用具
yòngyì	yòuzhì	yòuhuò	yùmèn	yùshì	yùjiàn
用意	幼稚	诱惑	郁闷	浴室	预见
yùzhào	yùniàn	yùnàn	yùyì	yuànhèn	yuànqì
预兆	欲念	遇难	喻义	怨恨	怨气
yuànluò	yuànshì	yuèsè	yuèfù	yuèlì	yuèjù
院落	院士	月色	岳父	阅历	越剧
yùnfù	yùnyù	yùnfèi	yùnsòng	yùnzài	yùnzuò
孕妇	孕育	运费	运送	运载	运作
yùnniàng	yùnlǜ	zàngqì	zàihuì	zàishì	zàizuò
酝酿	韵律	脏器	再会	在世	在座
zàizhòng	zànsòng	zànyù	zànzhù	zàngsòng	zàojù
载重	赞颂	赞誉	赞助	葬送	造句
zàoyì	zèngsòng	zhàpiàn	zhàiquàn	zhànbài	zhànbèi
造诣	赠送	诈骗	债券	战败	战备
zhànlì	zhànluàn	zhàngmù	zhàohuàn	zhàojiàn	zhàohuì
战栗	战乱	账目	召唤	召见	照会
zhàojiù	zhàoshì	zhēnshì	zhènxiàn	zhènzuò	zhènchàn
照旧	肇事	阵势	阵线	振作	震颤
zhèndàng	zhènhàn	zhèndìng	zhènjìng	zhèngbù	zhèngshì
震荡	震撼	镇定	镇静	正步	正视
zhèngjiàn	zhèngquàn	zhèngbiàn	zhèngzhòng	zhèngjiè	zhèngshì
证件	证券	政变	郑重	政界	政事
zhèngwù	zhìqì	zhìqù	zhìxiàng	zhìyuàn	zhìjì
政务	志气	志趣	志向	志愿	制剂

zhìdì	zhìwèn	zhìjìng	zhìmìng	zhìgù	zhìyù
质地	质问	致敬	致命	桎梏	治愈
zhìhuàn	zhìnèn	zhìqì	zhòngyì	zhòngdì	zhòngdàn
置换	稚嫩	稚气	中意	种地	重担
zhòngrèn	zhòngyòng	zhùlì	zhùjiào	zhùchù	zhùhù
重任	重用	助力	助教	住处	住户
zhùsù	zhùyuàn	zhùdìng	zhùmù	zhùshì	zhùyuàn
住宿	住院	注定	注目	注释	祝愿
zhùshù	zhùzào	zhuànkè	zhuàngliè	zhuàngshì	zhuàngzhì
著述	筑造	篆刻	壮烈	壮士	壮志
zhuìluò	zhuìshù	zìlǜ	zìzhì	zìzhòng	zìzhuàn
坠落	赘述	自律	自治	自重	自传
zòngxiàng	zòuxiào	zuòsuì	zuòzhèn		
纵向	奏效	作祟	坐镇		

二、三音节词语训练

（一）同调词语训练

chāoshēngbō	dàlùjià	dǎnxiǎoguǐ
超声波	大陆架	胆小鬼
dìxiàshì	diànqìhuà	èzuòjù
地下室	电气化	恶作剧
fàngdàjìng	fàngshèxiàn	fùzuòyòng
放大镜	放射线	副作用
jìyìlì	nánwéiqíng	xíngróngcí
记忆力	难为情	形容词
yàrèdài	yèlǜsù	zhùshèqì
亚热带	叶绿素	注射器

（二）异调词语训练

báihuàwén 白话文	bǎifēnbǐ 百分比	bǎozhèngjīn 保证金
běibànqiú 北半球	běijíxīng 北极星	bàofēngxuě 暴风雪
bàofēngyǔ 暴风雨	bówùguǎn 博物馆	bìxūpǐn 必需品
bìléizhēn 避雷针	bìngyuántǐ 病原体	bùdéyǐ 不得已
bùdéliǎo 不得了	bùdòngchǎn 不动产	bùgǎndāng 不敢当
bùxiùgāng 不锈钢	chángjǐnglù 长颈鹿	dǎjiāodào 打交道
dàběnyíng 大本营	dàlǐshí 大理石	dāndǐnghè 丹顶鹤
dǎngùchún 胆固醇	diàncíchǎng 电磁场	dōngdàozhǔ 东道主
fǎnyìcí 反义词	lǐchéngbēi 里程碑	fāngxiàngpán 方向盘
fēixíngqì 飞行器	fùlízǐ 负离子	gōngyìpǐn 工艺品
gōngwùyuán 公务员	huàzhuāngpǐn 化妆品	huíguīxiàn 回归线
hùnníngtǔ 混凝土	jípǔchē 吉普车	jìchéngquán 继承权
jiāoxiǎngyuè 交响乐	jiāoyìsuǒ 交易所	jīnzìtǎ 金字塔
jìnxíngqǔ 进行曲	lǎotiānyé 老天爷	liáoyǎngyuàn 疗养院

liúshuǐxiàn	lóngjuǎnfēng	lùxiàngjī
流水线	龙卷风	录像机
mùsīlín	nèiránjī	niúzǎikù
穆斯林	内燃机	牛仔裤
pànjuéshū	qīngméisù	shìwǎngmó
判决书	青霉素	视网膜
xīhóngshì	xìbāohé	xiézòuqǔ
西红柿	细胞核	协奏曲
xiězìtái	yídǎosù	zhēngliúshuǐ
写字台	胰岛素	蒸馏水
zhǔrénwēng	zòumíngqǔ	zìláishuǐ
主人翁	奏鸣曲	自来水

（三）综合训练

éluǎnshí	bǎoxiǎnsī	bǎohùsè
鹅卵石	保险丝	保护色
bàobùpíng	biànyāqì	bùjiàn·dé
抱不平	变压器	不见得
bùxiànghuà	cānyìyuàn	chángfāngxíng
不像话	参议院	长方形
chángbìyuán	chāodǎotǐ	chéngwùyuán
长臂猿	超导体	乘务员
chūshēnglǜ	chuānshānjiǎ	cuīhuàjì
出生率	穿山甲	催化剂
dǎhuǒjī	dàqìcéng	dàqìyā
打火机	大气层	大气压
dàrénwù	dàibiǎozuò	fāyánrén
大人物	代表作	发言人
dìpíngxiàn	diànjiězhì	diànyǐngyuàn
地平线	电解质	电影院

dǒngshìhuì	dònghuàpiàn	dòngwùyuán
董事会	动画片	动物园
fánghùlín	fǎngzhīpǐn	fēixíngyuán
防护林	纺织品	飞行员
fèihuóliàng	fèijiéhé	fēnshuǐlǐng
肺活量	肺结核	分水岭
gāoxuèyā	gōngjījīn	gǔlánjīng
高血压	公积金	古兰经
guǎnxiányuè	guīfànhuà	hāmìguā
管弦乐	规范化	哈密瓜
hǎi'ànxiàn	hóngwàixiàn	huāgāngyán
海岸线	红外线	花岗岩
huàwàiyīn	huángshǔláng	huángdēngdēng
画外音	黄鼠狼	黄澄澄
hùnhéwù	jīběngōng	jízhuāngxiāng
混合物	基本功	集装箱
jiǎzhuàngxiàn	jiàokēshū	jiǎoshǒujià
甲状腺	教科书	脚手架
jīnguīzǐ	jīnsīhóu	juéshìyuè
金龟子	金丝猴	爵士乐
liányīqún	liánhuánhuà	níhóngdēng
连衣裙	连环画	霓虹灯
línbājié	línyīndào	lǐngshìguǎn
淋巴结	林荫道	领事馆
liúshēngjī	lùyīnjī	luóxuánjiǎng
留声机	录音机	螺旋桨
mǎlíngshǔ	púgōngyīng	māotóuyīng
马铃薯	蒲公英	猫头鹰
ménggǔbāo	nánbànqiú	pínghéngmù
蒙古包	南半球	平衡木

piǎobáifěn	pútaojiǔ	rénxíngdào
漂白粉	葡萄酒	人行道
sānlúnchē	sānjiǎozhōu	shíwùliàn
三轮车	三角洲	食物链
shuǐlóngtóu	tángniàobìng	xùdiànchí
水龙头	糖尿病	蓄电池
yánjiūyuán	yǒngtàndiào	tǐyùguǎn
研究员	咏叹调	体育馆
tǐyùchǎng	tǒngyītǐ	tòngwèisù
体育场	统一体	同位素
tiānhuābǎn	wàizǔfù	wàizǔmǔ
天花板	外祖父	外祖母
zǐwàixiàn	xiàngrìkuí	yòu'éryuán
紫外线	向日葵	幼儿园
yuánwǔqǔ	yǔmáoqiú	zhèngbǐlì
圆舞曲	羽毛球	正比例
zhǐnánzhēn	zhìyuànjūn	
指南针	志愿军	

三、四音节词语训练

（一）阴平+阳平+上声+去声

bīngqiángmǎzhuàng	fēngtiáoyǔshùn	gāopéngmǎnzuò
兵强马壮	风调雨顺	高朋满座
guāngmínglěiluò	huāhóngliǔlǜ	qiānchuíbǎiliàn
光明磊落	花红柳绿	千锤百炼
shānqióngshuǐjìn	shēnqiángtǐzhuàng	xīnzhíkǒukuài
山穷水尽	身强体壮	心直口快

xūqíngjiǎyì　　　　zhōngliúdǐzhù　　　　zhūrúcǐlèi
虚情假意　　　　　中流砥柱　　　　　　诸如此类

（二）去声+上声+阳平+阴平

bèijǐnglíxiāng　　　diàohǔlíshān　　　　kègǔmíngxīn
背井离乡　　　　　调虎离山　　　　　　刻骨铭心

nòngqiǎochéngzhuō　nìshuǐxíngzhōu　　　pòfǔchénzhōu
弄巧成拙　　　　　逆水行舟　　　　　　破釜沉舟

rèhuǒcháotiān　　　sìhǎiwéijiā　　　　　shùnlǐchéngzhāng
热火朝天　　　　　四海为家　　　　　　顺理成章

wànlǐqíngkōng　　　yìkǒutóngshēng　　　zhòngguǎxuánshū
万里晴空　　　　　异口同声　　　　　　众寡悬殊

（三）综合训练

ānjūlèyè　　　　　　bǎihuāqífàng　　　　bāoluówànxiàng
安居乐业　　　　　百花齐放　　　　　　包罗万象

bèidào'érchí　　　　biéchūxīncái　　　　biéjùyīgé
背道而驰　　　　　别出心裁　　　　　　别具一格

biékāishēngmiàn　　biéyǒuyòngxīn　　　bīngtiānxuědì
别开生面　　　　　别有用心　　　　　　冰天雪地

bùdòngshēngsè　　　bùjìng'érzǒu　　　　bùkěsīyì
不动声色　　　　　不胫而走　　　　　　不可思议

bùkěyīshì　　　　　bùsùzhīkè　　　　　bùyán'éryù
不可一世　　　　　不速之客　　　　　　不言而喻

bùyǐwéirán　　　　bùyuē'értóng　　　　céngchūbùqióng
不以为然　　　　　不约而同　　　　　　层出不穷

chàngsuǒyùyán　　　chízhīyǐhéng　　　　chìshǒukōngquán
畅所欲言　　　　　持之以恒　　　　　　赤手空拳

chūlèibácuì	chūqíbùyì	chūrényìliào
出类拔萃	出其不意	出人意料
chùmùjīngxīn	chuānliúbùxī	cǐqǐbǐfú
触目惊心	川流不息	此起彼伏
cuòzōngfùzá	dàgōngwúsī	dàjīngxiǎoguài
错综复杂	大公无私	大惊小怪
dàxiǎnshēnshǒu	dà'érhuàzhī	dàxiāngjìngtíng
大显身手	大而化之	大相径庭
détiāndúhòu	déxīnyìngshǒu	dúyīwú'èr
得天独厚	得心应手	独一无二
fāngxīngwèi'ài	fēitóngxiǎokě	fēngchídiànchè
方兴未艾	非同小可	风驰电掣
fènbùgùshēn	fēngqǐyúnyǒng	gēnshēndìgù
奋不顾身	风起云涌	根深蒂固
gùmíngsīyì	hǎishìshènlóu	hànliújiābèi
顾名思义	海市蜃楼	汗流浃背
hòugùzhīyōu	huànrányīxīn	jízhōngshēngzhì
后顾之忧	焕然一新	急中生智
jiāyùhùxiǎo	jiǎoróuzàozuò	jīngyìqiújīng
家喻户晓	矫揉造作	精益求精
jūgōngjìncuì	jǔzúqīngzhòng	kèbùrónghuǎn
鞠躬尽瘁	举足轻重	刻不容缓
kuàizhìrénkǒu	láilóngqùmài	lǐzhíqìzhuàng
脍炙人口	来龙去脉	理直气壮
línlángmǎnmù	línlíjìnzhì	liǎorúzhǐzhǎng
琳琅满目	淋漓尽致	了如指掌
lǚjiànbùxiān	màntiáosīlǐ	mànbùjīngxīn
屡见不鲜	慢条斯理	漫不经心
máogǔsǒngrán	méikāiyǎnxiào	méifēisèwǔ
毛骨悚然	眉开眼笑	眉飞色舞

mèngmèiyǐqiú	míngfùqíshí	mínglièqiánmáo
梦寐以求	名副其实	名列前茅
mùbùzhuǎnjīng	mùdèngkǒudāi	nòngxūzuòjiǎ
目不转睛	目瞪口呆	弄虚作假
páiyōujiěnàn	pòbùjídài	qǐyǒucǐlǐ
排忧解难	迫不及待	岂有此理
qiānjūnyīfà	qiánpūhòujì	qiányímòhuà
千钧一发	前仆后继	潜移默化
qīng'éryìjǔ	qīngmiáodànxiě	qíngbùzìjīn
轻而易举	轻描淡写	情不自禁
rúshìzhòngfù	ruòwúqíshì	sīkōngjiànguàn
如释重负	若无其事	司空见惯
sìwújìdàn	sìshì'érfēi	suíxīnsuǒyù
肆无忌惮	似是而非	随心所欲
tíxiàojiēfēi	tiānjīngdìyì	wànzǐqiānhóng
啼笑皆非	天经地义	万紫千红
wàng'ēnfùyì	xiāngdéyìzhāng	xīnbùzàiyān
忘恩负义	相得益彰	心不在焉
xìnggāocǎiliè	xīnkuàngshényí	xiōngyǒuchéngzhú
兴高采烈	心旷神怡	胸有成竹
yīmùliǎorán	yīfānfēngshùn	yīchóumòzhǎn
一目了然	一帆风顺	一筹莫展
yīsībùgǒu	yìyángdùncuò	yǒudìfàngshǐ
一丝不苟	抑扬顿挫	有的放矢
yǔzhòngxīncháng	yǔrìjùzēng	zhèn'ěryùlóng
语重心长	与日俱增	震耳欲聋
zhōu'érfùshǐ	zìshǐzhìzhōng	zìyǐwéishì
周而复始	自始至终	自以为是

第四节 词语音变分类辨读

一、轻声词语训练

（一）b、p、m 声母字 + 轻声

bāzhang	bùzi	bùfen	bǎzi	báijing	bānzi
巴掌	步子	部分	把子	白净	班子
bǎnzi	bāngshou	bāngzi	bǎngzi	bàngchui	bàngzi
板子	帮手	梆子	膀子	棒槌	棒子
bāofu	bāozi	bàozi	bēizi	bèizi	běnzi
包袱	包子	豹子	杯子	被子	本子
bǐfang	biānzi	biǎndan	biànzi	bièniu	bòji
比方	鞭子	扁担	辫子	别扭	簸箕
bǔding	pāizi	páilou	páizi	pánsuan	pánzi
补丁	拍子	牌楼	牌子	盘算	盘子
pàngzi	páozi	pénzi	péngyou	péngzi	píqi
胖子	狍子	盆子	朋友	棚子	脾气
pízi	pǐzi	pìgu	piānzi	piànzi	piàozi
皮子	痞子	屁股	片子	骗子	票子
piàoliang	píngzi	pójia	pūgai	máfan	máli
漂亮	瓶子	婆家	铺盖	麻烦	麻利
mázi	mǎhu	mǎimai	màizi	mántou	mánghuo
麻子	马虎	买卖	麦子	馒头	忙活
màoshi	màozi	méimao	méiren	mīfeng	míhu
冒失	帽子	眉毛	媒人	眯缝	迷糊
miànzi	miáotiao	miáotou	míngtang	míngzi	míngbai
面子	苗条	苗头	名堂	名字	明白
mógu	móhu	mùtou	bùyóude	bùzàihu	
蘑菇	模糊	木头	不由得	不在乎	

(二) f 声母字 + 轻声

fènzi	fēngzheng	fēngzi	fúqi	fǔzi	fànzi
份子	风筝	疯子	福气	斧子	贩子

(三) z、c、s 声母字 + 轻声

zòngzi	zǔzong	zuǐba	zuōfang	zàihu	zánmen
粽子	祖宗	嘴巴	作坊	在乎	咱们
zǎoshang	zěnme	cáifeng	cáizhu	cāngying	cìwei
早上	怎么	裁缝	财主	苍蝇	刺猬
còuhe	cūnzi	suìshu	sūnzi	sāizi	sǎngzi
凑合	村子	岁数	孙子	塞子	嗓子
sǎozi	sàozhou	sīliang			
嫂子	扫帚	思量			

(四) d、t、n、l 声母字 + 轻声

dāla	dāying	dǎban	dǎdian	dǎfa	dǎliang
耷拉	答应	打扮	打点	打发	打量
dǎting	dàifu	dàizi	dàizi	dānge	dānwu
打听	大夫	带子	袋子	耽搁	耽误
dānzi	dǎnzi	dànzi	dāozi	dàoshi	dàozi
单子	胆子	担子	刀子	道士	稻子
dēnglong	dīfang	dízi	dǐzi	dìdi	dìxiong
灯笼	提防	笛子	底子	弟弟	弟兄
diàozi	dīngzi	dōngjia	dòngjing	dòngtan	dòufu
调子	钉子	东家	动静	动弹	豆腐
dòuzi	dūnang	dùzi	duànzi	duìfu	duìwu
豆子	嘟囔	肚子	缎子	对付	队伍

第六章 普通话水平测试词语训练

duōme 多么	tāmen 他们	tāmen 它们	tāmen 她们	táizi 台子	tàitai 太太
tānzi 摊子	tánzi 坛子	tǎnzi 毯子	táozi 桃子	tīzi 梯子	tízi 蹄子
tiāoti 挑剔	tiāozi 挑子	tiáozi 条子	tiàozao 跳蚤	tíngzi 亭子	tóufa 头发
tóuzi 头子	tùzi 兔子	tuòmo 唾沫	nàme 那么	nǎinai 奶奶	nánwei 难为
nǎodai 脑袋	nǎozi 脑子	nǐmen 你们	niàntou 念头	niàndao 念叨	nièzi 镊子
núcai 奴才	nǚxu 女婿	nuǎnhuo 暖和	nüèji 疟疾	lǎma 喇嘛	lánzi 篮子
lǎnde 懒得	làngtou 浪头	lǎopo 老婆	lǎoshi 老实	lǎoye 老爷	lǎozi 老子
lǎolao 姥姥	léizhui 累赘	líba 篱笆	lǐtou 里头	lìqi 力气	lìhai 厉害
lìluo 利落	lìsuo 利索	lìzi 例子	lìzi 栗子	lìji 痢疾	liánlei 连累
liánzi 帘子	liángkuai 凉快	liángshi 粮食	liàozi 料子	línzi 林子	língzi 翎子
lǐngzi 领子	liūda 溜达	lóngzi 聋子	lóngzi 笼子	lúzi 炉子	lùzi 路子
lúnzi 轮子	luóbo 萝卜	luózi 骡子	luòtuo 骆驼	lǎba 喇叭	liǎngkǒuzi 两口子
lǎotàitai 老太太	lǎotóuzi 老头子				

（五）zh、ch、sh、r 声母字 + 轻声

zhāshi	zhǎba	zhàlan	zháizi	zhàizi	zhāngluo
扎实	眨巴	栅栏	宅子	寨子	张罗
zhàngpeng	zhàngzi	zhāohu	zhāopai	zhēteng	zhège
帐篷	帐子	招呼	招牌	折腾	这个
zhème	zhěntou	zhènzi	zhīma	zhīshi	zhízi
这么	枕头	镇子	芝麻	知识	侄子
zhǐjia	zhǐtou	zhǒngzi	zhūzi	zhúzi	zhǔyi
指甲	指头	种子	珠子	竹子	主意
zhǔzi	zhùzi	zhuǎzi	zhuànyou	zhuāngjia	zhuāngzi
主子	柱子	爪子	转悠	庄稼	庄子
zhuàngshi	zhuàngyuan	zhuīzi	zhuōzi	cháihuo	chángzi
壮实	状元	锥子	桌子	柴火	肠子
chǎngzi	chǎngzi	chēnghu	chízi	chǐzi	chóngzi
厂子	场子	称呼	池子	尺子	虫子
chóuzi	chúle	chútou	chùsheng	chuānghu	chuāngzi
绸子	除了	锄头	畜生	窗户	窗子
chuízi	shǎzi	shànzi	shāngliang	shàngsi	shāobing
锤子	傻子	扇子	商量	上司	烧饼
sháozi	shàoye	shàozi	shétou	shēnzi	shénme
勺子	少爷	哨子	舌头	身子	什么
shěnzi	shēngkou	shéngzi	shīfu	shīfu	shīzi
婶子	牲口	绳子	师父	师傅	虱子
shīzi	shíliu	shíhou	shíduo	shǐhuan	shìde
狮子	石榴	时候	拾掇	使唤	似的
shìqing	shìzi	shōucheng	shōushi	shūshu	shūzi
事情	柿子	收成	收拾	叔叔	梳子
shūfu	shūtan	shūhu	shuǎngkuai	shāzi	rénmen
舒服	舒坦	疏忽	爽快	沙子	人们

（六）j、q、x 声母字 + 轻声

jīling	jìhao	jìxing	jiāzi	jiāhuo	jiàshi
机灵	记号	记性	夹子	家伙	架势
jiàzi	jiàzhuang	jiānzi	jiǎnzi	jiǎnzi	jiànshi
架子	嫁妆	尖子	茧子	剪子	见识
jiànzi	jiāngjiu	jiāoqing	jiǎozi	jiàohuan	jiàozi
毽子	将就	交情	饺子	叫唤	轿子
jiēshi	jiēfang	jiěfu	jiějie	jìngzi	júzi
结实	街坊	姐夫	姐姐	镜子	橘子
jùzi	juànzi	qīfu	qízi	qiántou	qiánzi
句子	卷子	欺负	旗子	前头	钳子
qiézi	qīnqi	qínkuai	qīngchu	qìngjia	qǔzi
茄子	亲戚	勤快	清楚	亲家	曲子
quānzi	qúnzi	xīhan	xízi	xǐhuan	xiāzi
圈子	裙子	稀罕	席子	喜欢	瞎子
xiázi	xiàba	xiàhu	xiānsheng	xiāngxia	xiāngzi
匣子	下巴	吓唬	先生	乡下	箱子
xiàngsheng	xiāoxi	xiǎoqi	xiàohua	xièxie	xīnsi
相声	消息	小气	笑话	谢谢	心思
xīngxing	xíngli	xìngzi	xiōngdi	xiūxi	xiùcai
猩猩	行李	性子	兄弟	休息	秀才
xiùqi	xiùzi	xuēzi	xuéwen	xiǎohuǒzi	
秀气	袖子	靴子	学问	小伙子	

（七）g、k、h 声母字 + 轻声

gàizi	gānzhe	gānzi	gànshi	gàngzi	gāoliang
盖子	甘蔗	杆子	干事	杠子	高粱
gāoyao	gǎozi	gēda	gēge	gēbo	gēzi
膏药	稿子	疙瘩	哥哥	胳膊	鸽子

pinyin	汉字	pinyin	汉字	pinyin	汉字
gézi	格子	gèzi	个子	gēnzi	根子
gēntou	跟头	gōngfu	工夫	gōngzi	弓子
gōnggong	公公	gōngfu	功夫	gōuzi	钩子
gūgu	姑姑	gǔzi	谷子	gǔtou	骨头
guǎfu	寡妇	guàzi	褂子	guàiwu	怪物
guānsi	官司	guàntou	罐头	guànzi	罐子
guīju	规矩	guīnü	闺女	guǐzi	鬼子
guìzi	柜子	gùnzi	棍子	guōzi	锅子
guǒzi	果子	késou	咳嗽	kèqi	客气
kòngzi	空子	kǒudai	口袋	kǒuzi	口子
kòuzi	扣子	kūlong	窟窿	kùzi	裤子
kuàihuo	快活	kuàizi	筷子	kuàngzi	框子
kùnnan	困难	kuòqi	阔气	háma	蛤蟆
háizi	孩子	hánhu	含糊	hànzi	汉子
hángdang	行当	héshang	和尚	hétao	核桃
hézi	盒子	hónghuo	红火	hóuzi	猴子
hòutou	后头	hòudao	厚道	húli	狐狸
húqin	胡琴	hútu	糊涂	huángshang	皇上
huǎngzi	幌子	húluóbo	胡萝卜	huǒhou	火候
huǒji	伙计				

（八）零声母字 + 轻声

pinyin	汉字	pinyin	汉字	pinyin	汉字
àiren	爱人	ànzi	案子	ézi	蛾子
érzi	儿子	ěrduo	耳朵	wāku	挖苦
wáwa	娃娃	wàzi	袜子	wǎnshang	晚上
wěiba	尾巴	wěiqu	委屈	wèile	为了
wèizi	位子	wénzi	蚊子	wěndang	稳当
wǒmen	我们	wūzi	屋子	yātou	丫头
yāzi	鸭子	yámen	衙门	yǎba	哑巴
yānzhi	胭脂	yāntong	烟筒	yǎnjing	眼睛

yànzi	yāngge	yǎnghuo	yàngzi	yāohe	yāojing
燕子	秧歌	养活	样子	吆喝	妖精
yàoshi	yēzi	yèzi	yīfu	yīshang	yǐzi
钥匙	椰子	叶子	衣服	衣裳	椅子
yìsi	yínzi	yǐngzi	yìngchou	yòuzi	yuānwang
意思	银子	影子	应酬	柚子	冤枉
yuànzi	yuèbing	yuèliang	yúncai		
院子	月饼	月亮	云彩		

二、变调训练

（一）上声变调训练

1. 上声 + 非上声

总之	转播	主张	产生	紧张	普通
火车	打击	阻拦	挺拔	久别	语文
水渠	产权	笔直	雪白	广大	改造
马路	比赛	请假	理论	感谢	访问

2. 上声 + 上声

警犬	陕北	古老	反省	永远	老虎
领导	水果	采取	粉笔	洗手	早晚
浅显	友好	野草	了解	土壤	减免
苦水	管理	以往	橄榄	选举	打鼓
手肘	起早	短跑	手表	果脯	给予

3. 上声 + 轻声

耳朵	椅子	嫂嫂	马虎	北边	我的
怎么	尾巴	里头	想想		

（二）去声变调训练

1. 去声 + 非去声

| 笑容 | 唱歌 | 好学 | 凤凰 | 办理 | 自己 |

2. 去声 + 去声

现代	社会	变化	汉字	大地	贵重
奋斗	记录	赞颂	办事	救护	内陆
自愿	大会	致胜	验货	信念	摄像
快速	互助	纳粹			

（三）"一""不"变调训练

1. "一"的变调训练

第一	统一	万一	一楼	一班	一阵
一致	一切	一块	一片	一万	一杯
一直	一元	一百	一早	一只	
看一看	想一想	试一试	等一等	动一动	

2. "不"的变调训练

我不	不说	不好	不听	不行	不懂
不去	不看	不要	不是	不用	不至于
差不多	行不行	去不去	看不看	算不算	说不准

三、儿化词语训练

（一）无韵尾或韵尾是 u

雏儿	戳儿	朵儿	碟儿	个儿	盒儿
哪儿	坡儿	谱儿	曲儿	色儿	帖儿
窝儿	娃儿	芽儿	渣儿	珠儿	爪儿

昨儿	坐儿	这儿	咖儿	挫儿	挨个儿
暗处儿	熬头儿	百叶儿	摆谱儿	摆设儿	板擦儿
半截儿	半路儿	饱嗝儿	贝壳儿	被窝儿	本家儿
本色儿	出数儿	窗花儿	窗口儿	成个儿	吃喝儿
尺码儿	唱歌儿	筹码儿	凑数儿	答茬儿	打嗝儿
打价儿	打杂儿	打谱儿	单个儿	旦角儿	刀把儿
掉价儿	逗乐儿	大伙儿	大褂儿	豆芽儿	顶牛儿
耳膜儿	饭盒儿	粉末儿	风车儿	旮旯儿	工夫儿
够数儿	号码儿	哈哈儿	合股儿	话茬儿	还价儿
黄花儿	回话儿	豁口儿	火锅儿	火候儿	火炉儿
鸡杂儿	价码儿	讲价儿	叫座儿	解手儿	酒窝儿
加油儿	裤衩儿	拉锁儿	腊八儿	老头儿	泪珠儿
梨核儿	离谱儿	两截儿	零花儿	麻花儿	满座儿
冒火儿	没法儿	没谱儿	媒婆儿	门口儿	模特儿
墨盒儿	棉球儿	年头儿	念珠儿	挪窝儿	脑瓜儿
纽扣儿	藕节儿	皮夹儿	票友儿	蛐蛐儿	取乐儿
让座儿	人家儿	绒花儿	肉脯儿	上火儿	上座儿
碎步儿	数码儿	顺路儿	算数儿	碎布儿	岁数儿
台阶儿	抬价儿	围脖儿	纹路儿	媳妇儿	戏法儿
香瓜儿	香火儿	小偷儿	小车儿	小褂儿	小锣儿
小舌儿	小鞋儿	小丑儿	小说儿	笑话儿	笑窝儿
线轴儿	心路儿	心窝儿	胸脯儿	绣花儿	旋涡儿
牙刷儿	衣兜儿	雅座儿	眼窝儿	腰花儿	咬舌儿
要价儿	页码儿	一下儿	一些儿	因由儿	印花儿
油花儿	邮戳儿	有数儿	原主儿	约数儿	月牙儿
杂耍儿	滋芽儿	字帖儿	在哪儿	在这儿	找茬儿
住家儿	主角儿	抓阄儿	针箍儿	正座儿	种花儿
做活儿	重活儿	小步儿	老祖儿	枣核儿	不对茬儿
儿媳妇儿	留后路儿	下巴颏儿	身子骨儿	主心骨儿	糖葫芦儿

(二) 韵尾是 i、n

槌儿	带儿	点儿	管儿	罐儿	环儿
魂儿	卷儿	篮儿	轮儿	签儿	圈儿
棍儿	榫儿	神儿	婶儿	摊儿	天儿
玩儿	腕儿	弦儿	馅儿	信儿	沿儿
眼儿	音儿	印儿	院儿	阵儿	准儿
挨门儿	拔尖儿	把门儿	白案儿	白班儿	白干儿
白卷儿	白面儿	白边儿	白眼儿	半边儿	半点儿
傍晚儿	包干儿	包圆儿	宝贝儿	北边儿	背心儿
背面儿	被单儿	别针儿	冰棍儿	笔杆儿	病根儿
菜单儿	茶馆儿	茶盘儿	差点儿	长短儿	吃劲儿
出门儿	橱柜儿	唱本儿	唱片儿	秤杆儿	虫眼儿
出圈儿	抽筋儿	抽签儿	窗帘儿	床单儿	春卷儿
春联儿	醋劲儿	搓板儿	搭伴儿	打盹儿	打滚儿
打眼儿	打转儿	打间儿	大件儿	大婶儿	大腕儿
带劲儿	单间儿	当面儿	刀片儿	刀背儿	刀刃儿
得劲儿	地面儿	地盘儿	地摊儿	垫圈儿	调门儿
钓竿儿	丁点儿	顶针儿	定弦儿	独院儿	对劲儿
对联儿	对门儿	对面儿	对眼儿	堵门儿	斗嘴儿
多会儿	多半儿	耳根儿	耳垂儿	翻本儿	反面儿
饭馆儿	饭碗儿	房檐儿	费劲儿	干劲儿	哥们儿
跟班儿	跟前儿	拐棍儿	拐弯儿	勾芡儿	钩针儿
够本儿	够劲儿	过门儿	合身儿	光板儿	光杆儿
光棍儿	鬼脸儿	好天儿	好玩儿	红人儿	花纹儿
后边儿	后跟儿	后门儿	花园儿	花边儿	花卷儿
花盆儿	壶盖儿	慌神儿	回信儿	火罐儿	滑竿儿
脚尖儿	夹心儿	胶卷儿	胶水儿	较真儿	脚印儿
接班儿	揭短儿	解闷儿	加塞儿	紧身儿	开春儿
坎肩儿	靠边儿	科班儿	口信儿	快板儿	拉链儿

聊天儿	来劲儿	老根儿	捞本儿	老伴儿	老本儿
老脸儿	老人儿	泪人儿	冷门儿	冷盘儿	愣神儿
里边儿	连襟儿	脸盘儿	脸蛋儿	凉粉儿	溜边儿
遛弯儿	露面儿	露馅儿	炉门儿	落款儿	落音儿
麻线儿	马竿儿	卖劲儿	满分儿	毛衫儿	冒尖儿
帽檐儿	没劲儿	没门儿	没准儿	没印儿	美人儿
门槛儿	门帘儿	墨水儿	摸黑儿	猛劲儿	面团儿
瞄准儿	名单儿	名片儿	名牌儿	纳闷儿	南边儿
南面儿	脑门儿	泥人儿	年根儿	牛劲儿	跑腿儿
胖墩儿	起劲儿	起眼儿	前边儿	前面儿	前身儿
钱串儿	枪杆儿	枪眼儿	墙根儿	抢先儿	巧劲儿
绕圈儿	绕弯儿	绕远儿	热门儿	热天儿	人缘儿
肉片儿	褥单儿	入门儿	撒欢儿	三弦儿	嗓门儿
死信儿	四边儿	松劲儿	松仁儿	送信儿	蒜瓣儿
算盘儿	随群儿	锁链儿	傻劲儿	山根儿	闪身儿
扇面儿	上班儿	上边儿	上劲儿	上款儿	上联儿
上面儿	上身儿	身板儿	实心儿	砂轮儿	使劲儿
市面儿	手边儿	手绢儿	手腕儿	手心儿	手印儿
收摊儿	书本儿	书签儿	熟人儿	树阴儿	水印儿
顺便儿	谈天儿	桃仁儿	套间儿	蹄筋儿	替班儿
替身儿	天边儿	天天儿	跳远儿	贴身儿	听信儿
同伴儿	脱身儿	围嘴儿	外边儿	外间儿	外面儿
物件儿	西边儿	稀罕儿	戏班儿	戏本儿	下边儿
下联儿	闲篇儿	相片儿	小半儿	小辫儿	小钱儿
小人儿	小孩儿	笑脸儿	鞋带儿	邪门儿	斜纹儿
斜眼儿	心肝儿	心坎儿	心眼儿	杏仁儿	压根儿
牙签儿	烟卷儿	眼圈儿	眼神儿	羊倌儿	腰板儿
药面儿	药片儿	药丸儿	爷们儿	一半儿	一边儿
一点儿	一会儿	一块儿	一身儿	一顺儿	一阵儿

迎面儿	影片儿	硬面儿	油门儿	有点儿	有门儿
右边儿	榆钱儿	雨点儿	账本儿	圆圈儿	月份儿
杂院儿	栅栏儿	宅门儿	沾边儿	照面儿	照片儿
这会儿	针眼儿	纸钱儿	指印儿	中间儿	钟点儿
皱纹儿	猪倌儿	竹竿儿	爪尖儿	转脸儿	转弯儿
桌面儿	字面儿	字眼儿	走板儿	走神儿	走味儿
左边儿	坐垫儿	做伴儿	疤瘌眼儿	拔火罐儿	不得劲儿
不对味儿	动画片儿	耳朵眼儿	高跟儿鞋	科教片儿	美术片儿
木头人儿	日记本儿	死心眼儿	四合院儿	耍心眼儿	下半天儿
橡皮筋儿	小不点儿	小人儿书	一溜烟儿	一小半儿	

（三）韵腹是 i、ü

底儿	谜儿	皮儿	班底儿	草底儿	猜谜儿
茶几儿	垫底儿	肚脐儿	地皮儿	粉皮儿	家底儿
揭底儿	吭气儿	老底儿	凉气儿	毛驴儿	没地儿
没趣儿	米粒儿	奶皮儿	闹气儿	漆皮儿	蒜泥儿
孙女儿	痰盂儿	油皮儿	有趣儿	眼皮儿	闲气儿
箱底儿	小米儿	小曲儿	信皮儿	一气儿	枕席儿
针鼻儿	侄女儿	不大离儿	差不离儿	明情理儿	千层底儿

（四）韵腹是 -i[ɿ]、-i[ʅ]

事儿	丝儿	词儿	字儿	侄儿	汁儿
八字儿	顶事儿	瓜子儿	管事儿	锯齿儿	记事儿
石子儿	墨汁儿	没词儿	没事儿	名词儿	挑刺儿
棋子儿	枪子儿	肉丝儿	铜子儿	戏词儿	消食儿
小市儿	鸭子儿	咬字儿	脏字儿	败家子儿	葵花子儿

（五）韵尾是 ng

风儿	缝儿	筐儿	亮儿	领儿	明儿
趟儿	筒儿	杏儿	影儿	盅儿	腔儿
药方儿	矮凳儿	八成儿	帮忙儿	脖颈儿	鼻梁儿
别名儿	背影儿	窗洞儿	抽空儿	吹风儿	出名儿
蛋黄儿	蛋清儿	打晃儿	打蹦儿	打愣儿	打鸣儿
打挺儿	倒影儿	地方儿	电影儿	摁钉儿	肥肠儿
各行儿	各样儿	赶趟儿	瓜瓤儿	钢镚儿	果冻儿
挂名儿	行当儿	好性儿	好样儿	胡同儿	花瓶儿
花样儿	火星儿	急性儿	夹缝儿	肩膀儿	镜框儿
酒令儿	酒盅儿	磕碰儿	口风儿	腊肠儿	老样儿
亮光儿	裂缝儿	露相儿	慢性儿	没样儿	没影儿
门洞儿	门铃儿	门房儿	门缝儿	模样儿	哪样儿
奶名儿	闹病儿	跑堂儿	盆景儿	偏方儿	偏旁儿
起名儿	桥洞儿	人样儿	人影儿	双响儿	身量儿
说情儿	蒜黄儿	提成儿	天窗儿	偷空儿	图钉儿
土方儿	袜筒儿	闲空儿	显形儿	现成儿	香肠儿
响动儿	像样儿	熊样儿	小虫儿	小葱儿	小工儿
小名儿	小样儿	小性儿	小瓮儿	小熊儿	鞋帮儿
蟹黄儿	袖筒儿	言声儿	眼镜儿	药方儿	一总儿
阴凉儿	阴影儿	应声儿	营生儿	应景儿	油饼儿
鱼虫儿	原封儿	长相儿	账房儿	照样儿	这样儿
指名儿	指望儿	装相儿	走样儿	作声儿	悄没声儿
绕口令儿	热心肠儿	撒酒疯儿	死胡同儿	小外甥儿	老几样儿

第七章 普通话水平测试朗读训练

　　普通话水平测试中的短文朗读，应试人可以从语体的角度进行训练。语体是在运用全民语言时，为适应特定语境需要而形成的语言运用特点的体系。它产生于人们在特定语境中所形成的言语活动。随着时代、社会的发展，政治、经济、文化、生活等因素的变化，人们的语言生活也逐渐分化为种种具有类型化特征的语境类型，即由交际领域、交际目的、交际任务、交际对象等大体相同的语境因素所构成的交际领域。例如：日常生活中的闲聊，不仅会出现于公共场合，如商场等地方，而且也会出现在私人场合，如家庭等地方，但不论身处何地，交际双方都处于一种轻松、自然、随意的言语活动状态中。

　　不同的语境类型影响着人们对语言要素和非语言要素的选择。语言要素是语言结构系统内的语音、词汇、语法等因素；非语言要素是语言结构系统外的篇章结构、符号、表格、公式、体态语等因素。在现代汉语中，受到语境类型的影响而产生语言功能分化的语言要素和非语言要素，使人们的言语行为呈现出了特定的语用特点及风格基调，久而久之，便形成了语体。

　　根据语体形成的语境类型、语言要素和非语言要素，现代汉语语体的类型首先可以分为谈话语体和书卷语体两大基本语体类型：谈话语体是人们为了适应日常生活交际需要而形成的语言运用特点体系，具有平易自然、生动活泼的风格基调；书卷语体是人们为了适应社会群体活动交际需要而形成的语言运用特点体系，具有严密规范、庄重典雅的风格基调。二者内部可继续划分出种种具体的分语体：谈话语体可分为随意谈话体和专题谈话体；书卷语体可以分为文艺语体和实用语体两类，其中文艺语体又可分为诗歌体、散文体和对白体等，实用语体又可分为政论语体、科学语体、事务语体、报道语体等。①

　　普通话水平测试中的朗读作品均属于书卷语体,包括文艺语体和实用语体两大类,文艺语体如《春》《匆匆》《繁星》《"住"的梦》等,实用语体如《莫高窟》《"能吞能吐"的森林》《中国石拱桥》《中国的宝岛——台湾》等。不同语体类型的作品,其朗读测试中的要求也各不相同。应试人要注意掌握不同类型语体的朗读要求,以提高训练及测试的有效性。

第一节　文艺语体朗读训练

一、训练提示

(一)文艺语体及其特点

　　文艺语体是为了满足艺术生活交际需要所形成的书卷语体,主要适用于文学创作领域。诗歌、小说、散文、戏剧文学等的语言体式均属于文艺语体。

　　文艺语体往往通过塑造艺术形象、描绘主客观世界来使读者获得一种形式上的审美享受,具有情感性、形象性和变异性的风格基调。

　　文艺语体的语言运用特点主要体现为:韵律感强,具有音律美;词汇形象色彩鲜明突出;句法结构灵活多变,句式类型丰富;常用比喻、比拟、夸张、通感、反语、双关等修辞格;较少使用逻辑性强的关联词语衔接语句,语篇结构对语境的依赖性较大。

　　通常,文艺语体有三种表现形式,即诗歌体、散文体和对白体。诗歌体是诗词、民歌、童谣、快板、唱词等文学作品的语言体式,具有语调和谐、音韵合拍、节奏鲜明的特点。散文体是小说、游记、报告文学、传记文学、科幻小说等文学作品的语言体式,主要是通过叙述性的语言来描绘历史和现实。对白体是指戏剧、电影、小说中的人物对话,与谈话语体较为接近,是谈话语体的艺术加工形式。②

---

① 周芸,邓瑶,周春林(2011)《现代汉语导论》,北京:北京大学出版社,274—276页。
② 周芸,邓瑶,周春林(2011)《现代汉语导论》,北京:北京大学出版社,278—279页。

普通话水平测试中的朗读作品，其所属语体主要为散文体和对白体。

（二）文艺语体朗读应试技巧

文艺语体作品的朗读，除了遵从原文读准字音、掌握音变规律、控制好句读停连之外，还需要注意以下方面的问题：

1. 把握朗读基调

文艺语体类作品一般饱含丰富而细腻的情感，应试人要细致体会，找准朗读的基调。所谓"基调"，就是朗读时所赋予作品的总的情感色彩及分量。文艺语体类作品常见的朗读基调，主要包括欢快、忧愁、寂寞、感伤、恬淡、闲适、激愤、思念等。

2. 注意语言的形象性

文艺语体类作品的朗读，需要应试人从丰富想象和细腻情感入手，在朗读中着眼全局来把握人物、事件和情节的发展变化。一般说来，文艺语体类作品的停顿比较多，强调重音、句调的设置也会因个人的理解、个性的不同而形成一定的差异。因此，应试人朗读时要基于对作品思想情感的准确把握设计停连、轻重音，不能仅凭语感来做判断。

3. 重视韵律感的表现

韵律感是文艺语体类作品朗读时表现得最为明显的特点之一。应试人要注意结合作品的语音特点，停连设置要估计到音节的匀称与和谐，尤其是在音节的对仗、押韵、叠音、以声摹形等突出的语音特点之处，还要注意重音的凸显、语气的贴合等问题。此外，普通话调值的准确饱满，也是体现作品语句平仄、形成音响高低错落的音乐感的关键。

4. 关注节奏的变化

节奏是根据文章思想感情变化而在声音形式上所表现出的抑扬顿挫、轻重缓急。文艺语体类作品往往都有其情节发展的脉络，这就需要应试人通过朗读节奏的变化体现出来。例如：由平静而紧张、由跳跃而舒缓、由沉郁而开朗等，都是文艺语体类作品中常见的节奏变化形式，而这些都要基于应试人对作品基调的统领、情感起伏变化的掌控。

二、案例分析

文艺语体类作品的朗读，除了字词的声、韵、调、音变有明确的标准和依据外，语调的设置可以由应试人结合自己的思想情感体验及判断来进行处理。

下文示例中的标注，供应试人进行朗读训练时参考；其中：".″表示重音；"_"表示次重音（即介于普通话轻重音的重音与中音之间）；"/"表示句内停顿，也是较短的停顿；"//"表示较大的停顿；"⌒"表示突破标点符号所进行的连读。

【示例一】

我爱月夜，但/我也爱星天。从前/在家乡七八月的夜晚/在庭院里纳凉的时候，我最爱看天上/密密麻麻的繁星。望着星天，我就会/忘记一切，仿佛回到了/母亲的怀里似的。

三年前/在南京/我住的地方/有一道后门，每晚/我打开后门，便看见/一个静寂的夜。下面/是一片菜园，上面/是星群密布的蓝天。星光/在我们的肉眼里/虽然微小，然而/它使我们觉得/光明无处不在。//那时候/我正在读一些天文学的书，也认得一些星星，好像/它们就是我的朋友，它们/常常在和我谈话一样。

如今/在海上，每晚/和繁星相对，我把它们/认得很熟了。我躺在舱面上，⌒仰望天空。深蓝色的天空里/悬着无数半明半昧的星。船/在动，星/也在动，它们是这样低，真是/摇摇欲坠呢！渐渐地/我的眼睛模糊了，我好像看见无数萤火虫/在我的周围/飞舞。//海上的夜/是柔和的，⌒是静寂的，⌒是梦幻的。我望着/许多认识的星，我仿佛看见/它们在对我眨眼，我仿佛听见/它们在小声说话。这时/我忘记了一切。在星的怀抱中/我微笑着，⌒我沉睡着。我觉得/自己是一个小孩子，⌒现在/睡在母亲的怀里了。

有一夜，那个在哥伦波上船的英国人/指给我看天上的巨人。他用手指着：那四颗明亮的星/是头，下面的几颗/是身子，这几颗/是手，那几颗/是腿和脚，还有三颗星/算是腰带。经他这一番指点，我果然看清楚了/那个天上的巨人。看，那个巨人/还在跑呢！

（节选自巴金《繁星》）

分析：这是一篇文艺语体类作品。朗读这篇作品时，首先要注意易错字词的声、韵、调及文中出现的音变，如易错字词"似的"、鼻边音字词"纳凉"、轻声词语"地方""时候"、翘舌音字词"常常""沉睡"、后鼻音字词"仰望天空""星光"、上声变调"眨眼""用手指着"、去声变调"忘记""正在"、"一""不"变调"一切""无处不在"等,然后再围绕以下几个方面进行朗读训练:

从朗读基调来看,文章充满了作者对美好生活的热爱和向往,但又有着淡淡的离别之情。语言隽永清丽,基调喜悦细腻,节奏舒缓自然。文章的基调决定了其句子的语势多由低向高发展,结尾处多以渐弱缓收来处理。

从语言的形象性来看,文章注意细节的展现,全文多为短句,口语化色彩强烈,因此,可以运用重音来对细节加以点染。其中,"月夜""星天"等极富画面感的名词,在篇首出现,直接点明了文章主题,应给予重音强调;但在这两个词中,"星天"是作者更爱的事物,因此"星天"为重音,"月夜"则为次重音。"密密麻麻""星群密布""半明半昧""摇摇欲坠"等为形容词,直接描绘"繁星"的状态,也是表现作者情绪情感的重点。"柔和""静寂""梦幻"是对环境的描写,属于感受表达的重点,但因其为环境渲染,并非对主题或感情的直接描写,所以作为次重音处理。"眨眼""说话""巨人""身子""手""腿""脚""腰带""跑"等都是比喻性重音。

从韵律感的表现来看,文章的音乐性很强,音节对称明显。例如:"在家乡"与"七八月"是三音节对称,"是柔和的""是静寂的"与"是梦幻的"又是四音节对称,"我好像看见""无数萤火虫"与"在我的周围"是五音节对称……应试人在处理朗读停连时,应力求形成均匀和谐的韵律。

从节奏变化来看,文章前两个自然段讲的是回忆,情感淡雅温情又充满童趣,节奏明快舒缓。第三自然段描写作者躺在舱面上的状态,节奏更缓,有静谧之感。在第四自然段,作者的情绪达到了高潮,语言节奏轻快,喜悦之情更为突显。

【示例二】

记得我十三岁时,和母亲/住在法国东南部的耐斯城。母亲/没有<u>丈夫</u>,⌒也没有<u>亲戚</u>,够<u>清苦</u>的,但她经常能拿出令人吃惊的东西,⌒摆在我面前。//她从来不吃肉,一再说/自己是素食者。然而有一天,我发现/母亲正仔细地用一小块碎面包/擦那/给我煎牛排用的<u>油锅</u>。我明白了/她称自己为素食者的/真正原因。

我十六岁时,母亲成了耐斯市美蒙旅馆的/女经理。这时,她更忙碌了。//

一天，她瘫在椅子上，脸色苍白，⌒嘴唇发灰。马上找来医生，⌒做出诊断：她摄取了过多的胰岛素。// 直到这时 / 我才知道 / 母亲多年一直对我隐瞒的疾痛——糖尿病。

她的头 / 歪向枕头一边，痛苦地 / 用手抓挠胸口。床架上方，⌒则挂着一枚 / 我一九三二年 / 赢得耐斯市少年乒乓球冠军的 / 银质奖章。

啊，是对我的美好前途的憧憬 / 支撑着她活下去，为了给她那荒唐的梦 / 至少加一点真实的色彩，我只能继续努力，⌒与时间竞争，直至一九三八年 / 我被征入空军。// 巴黎很快失陷，我辗转调到英国皇家空军。刚到英国 / 就接到了母亲的来信。这些信 / 是由在瑞士的一个朋友 / 秘密地转到伦敦，送到我手中的。

现在 / 我要回家了，胸前佩带着醒目的 / 绿黑两色的 / 解放十字绶带，上面挂着五六枚 / 我终身难忘的勋章，肩上还佩带着军官肩章。// 到达旅馆时，没有一个人跟我打招呼。原来，我母亲在三年半以前就已经 / 离开人间了。

在她死前的几天中，她写了近二百五十封信，把这些信 / 交给她在瑞士的朋友，请这个朋友 / 定时寄给我。// 就这样，在母亲死后的三年半的时间里，我一直从她身上吸取着力量和勇气——这使我能够继续战斗到 / 胜利 / 那一天。

（节选自罗曼·加里《我的母亲独一无二》）

分析：在朗读这篇文艺语体类作品时，首先需要注意易错字词的声韵调及文中出现的音变，如易错字词"抓挠""乒乓"、平翘舌音字词"十三岁""素食者"、轻声词语"丈夫""亲戚""东西""明白"、后鼻音字词"经常""乒乓""憧憬""荒唐"、上声变调"仔细""辗转"、去声变调"秘密""绶带"、"一""不"的变调"一再""不吃"等，然后再围绕以下几个方面进行朗读训练：

这文章通过描绘一个坚强、隐忍、深爱孩子的母亲形象，来表达作者对母亲的崇敬和怀念。这也是整篇作品的基调，朗读时要注意气息深沉，句尾以落停为主，节奏趋于缓慢。

从语言的形象性来看，"令人吃惊""仔细""痛苦""支撑""秘密""二百五十""定时"等词语刻画出了母亲坚强、隐忍的精神特质，以及母亲对儿子的爱。"继续努力""醒目""绿黑两色""五六枚""终身难忘""勋章"等词语突出了作者为了实现母亲的憧憬而努力奋斗的心态及其成果，也从侧面反映出了作者对母亲的爱。"力量""勇气""胜利"等词语则充满了儿子对母亲的感激和怀念，语义坚实有力。重读这些词语，可以清晰地将人物的特质展现出来。

　　从韵律感的表现来看，由于文章属于翻译作品，故而在突显语义表达清晰的基础，译者加大了断句力度，因此朗读时要注意长句的"停"和散句的"连"。同时，由于作品时间跨度大、内容丰富但语言凝练，朗读时还要注意段内小层次间的区分。

　　从节奏变化上来看，文章总体比较低沉，但在第一段中，由于儿子还不明事理，故朗读节奏相对可以轻快一些。第二、三段写母亲患病，节奏开始变得凝重，朗读的情绪也要从平静转化为悲伤。第五段语句"到达旅馆时"之前的部分，是作者为了实现母亲的期望而不断努力的过程，朗读节奏应较为高亢。从"到达旅馆时"到第六段语句"请这个朋友定时寄给我"，朗读节奏的凝重感达到最高点，以体现作者难以接受母亲已经离世的现实。文章的最后一句话，可将朗读节奏转变为凝重中带有高亢，以示作者在悲痛中所包含的对母亲的深深的感激。

三、训练内容

（一）准确度训练

1. 读准下列句子中加点的易错字词。

（1）年岁逐增，渐渐挣脱外在的限制与束缚。

（2）就拿奈良的一个角落来说吧。

（3）驱散黑暗，闪闪发亮，近在眼前，令人神往。

（4）我像找到了救星，急忙循声走去。

（5）胡适又解释说："干不了"就有才疏学浅、恐难胜任的意思。

2. 读准下列句子中加点的难读字词。

（1）它没有婆娑的姿态，没有屈曲盘旋的虬枝。

（2）我又曾见过杭州虎跑寺近旁高峻而深密的"绿壁"。

（3）几根削得很薄的篾，用细纱线扎成各种鸟兽的造型。

（4）只见前面黑黢黢的山峰下面，一星火光蓦地一闪。

（5）朋友新烫了个头，不敢回家见母亲，恐怕惊骇了老人家，却欢天喜地来见我们。

（二）音变训练

1.读准下列句子中加点的轻声字词。

（1）我们家的后园有半亩空地，母亲说："让它荒着怪可惜的，你们那么爱吃花生，就开辟出来种花生吧。"

（2）假日到河滩上转转，看见许多孩子在放风筝。

（3）夏天，我想青城山应当算作最理想的地方。

（4）但妈妈却明白我只是个孩子。

（5）从未见过开得这样盛的藤萝。

2.读准下列句子中加点的变调字词。

（1）那时候，也许，它可以松一肩重担，站在树下，吃几口嫩草。

（2）我也在后面停下来，把肮脏的手帕弄湿了擦脸，再一路远远跟着她回家。

（3）没有一片绿叶，没有一缕炊烟，没有一粒泥土，没有一丝花香。

（4）它不苟且、不俯就、不妥协、不媚俗，甘愿自己冷落自己。

（5）落光了叶子的柳树上挂满了毛茸茸亮晶晶的银条儿；而那些冬夏常青的松树和柏树上，则挂满了蓬松松沉甸甸的雪球儿。

3.读准下列句子中加点的儿化词语。

（1）我去爬山那天，正赶上个难得的好天，万里长空，云彩丝儿都不见。

（2）这也许特殊了一点儿，常人不容易理解。

（3）一群群孩子在雪地里堆雪人，掷雪球儿。

（4）但是母亲摸摸孙儿的小脑瓜儿，变了主意。

（5）于是就踢塑料盒儿，踢汽水瓶，踢从垃圾箱里捡来的椰子壳儿。

4.按照标注，掌握"啊"的变读规律。

（1）啊 [A]！蜕变的桥，传递了家乡进步的消息。

（2）我砸的不是坏人，而是自己的同学啊 [iA]。

（3）这才这般的鲜润啊 [nA]。

（4）人和动物都是一样啊 [ŋA]，哪儿也不如故乡好！

（5）是啊 [ZA]，请不要见笑。

（三）语调训练

1.按照下列文中标注的停连位置，正确朗读文本。

（1）慢慢地便现出／王母池、⌒斗母宫、⌒经石峪。

（2）在前往医院途中／一直抱着我的，⌒是我妈。

（3）它们安静不动地低声地说："你们放心吧，⌒这儿准保暖和。"

（4）我们那条胡同的／左邻右舍的孩子们／放的风筝／／几乎都是叔叔编扎的。

（5）我在俄国见到的景物／／再没有比托尔斯泰墓／更宏伟、⌒更感人的。

2.按照下列文中标注的重音位置，正确朗读文本。

（1）这使我们都很惊奇，这又怪又丑的石头，原来是天上的啊！

（2）地球上的人都会有国家的概念，但未必时时都有国家的感情。

（3）天空的霞光渐渐地淡下去了，深红的颜色变成了绯红，绯红又变为浅红。

（4）他们由天上看到山上，便不知不觉地想起：明天也许就是春天了吧？这样的温暖，今天夜里山草也许就绿起来了吧？

（5）牡丹没有花谢花败之时，要么烁于枝头，要么归于泥土，它跨越萎顿和衰老，由青春而死亡，由美丽而消遁。

3.按照下列文中标注的句调模式，正确朗读文本。

（1）我打猎归来，沿着花园的林荫路走着，狗跑在我前边。（平直调）

（2）等他们走后，我惊慌失措地发现，再也找不到要回家的那条孤寂的小道了。（高升调）

（3）那花瓣落地时依然鲜艳夺目，如同一只奉上祭坛的大鸟脱落的羽毛，低吟着壮烈的悲歌离去。（降抑调）

（4）我有权利去启发诱导，去激发智慧的火花，去问费心思考的问题，去赞扬回答的尝试，去推荐书籍，去指点迷津。还有什么别的权利能与之相比呢？（曲折调）

（5）一阵风吹来，树枝轻轻地摇晃，美丽的银条儿和雪球儿簌簌地落下来，玉屑似的雪末儿随风飘扬，映着清晨的阳光，显出一道道五光十色的彩虹。（曲折调）

(四)自然流畅度训练

1. 按照标注的语气,正确朗读下面的句子。

(1)啊!小桥呢?它躲起来了?(疑惑)

(2)"好啦,谢天谢地!"我高兴地说,"马上就到过夜的地方啦!"(愉悦)

(3)推开门一看,嘀!好大的雪啊!山川、河流、树木、房屋,全都罩上了一层厚厚的雪,万里江山,变成了粉妆玉砌的世界。(惊讶)

(4)父亲发怒了:"如果你只是要借钱去买毫无意义的玩具的话,给我回到你的房间睡觉去。好好想想为什么你会那么自私。我每天辛苦工作,没时间和你玩儿小孩子的游戏。"(生气)

(5)我从小到大都听他说:"你到哪里去?什么时候回家?汽车有没有汽油?不,不准去。"(严厉)

2. 按照规定的时间,完成下列文本的朗读。

(1)它不像汉白玉那样地细腻,可以刻字雕花,也不像大青石那样地光滑,可以供来浣纱捶布。它静静地卧在那里,院边的槐荫没有覆它,花儿也不再在它身边生长。荒草便繁衍出来,枝蔓上下,慢慢地,它竟锈上了绿苔、黑斑。我们这些做孩子的,也讨厌起它来,曾合伙要搬走它,但力气又不足;虽时时咒骂它,嫌弃它,也无可奈何,只好任它留在那里了。(45秒)

(2)在存放鉴真遗像的那个院子里,几株中国莲昂然挺立,翠绿的宽大荷叶正迎风而舞,显得十分愉快。开花的季节已过,荷花朵朵已变为莲蓬累累。莲子的颜色正在由青转紫,看来已经成熟了。(25秒)

(3)现在,无论是这条被悬崖峭壁的阴影笼罩的漆黑的河流,还是那一星明亮的火光,都经常浮现在我的脑际,在这以前和在这以后,曾有许多火光,似乎近在咫尺,不止使我一人心驰神往。(25秒)

(4)从未见过开得这样盛的藤萝,只见一片辉煌的淡紫色,像一条瀑布,从空中垂下,不见其发端,也不见其终极,只是深深浅浅的紫,仿佛在流动,在欢笑,在不停地生长。紫色的大条幅上,泛着点点银光,就像迸溅的水花。仔细看时,才知那是每一朵紫花中的最浅淡的部分,在和阳光互相挑逗。(35秒)

(5)她松松地皱缬着,像少妇拖着的裙幅;她滑滑地明亮着,像涂了"明油"一般,有鸡蛋清那样软,那样嫩;她又不杂些尘滓,宛然一块温润的碧玉,只清清的一色——但你却看不透她!(25秒)

3.按照指定的节奏模式,完成下列文本的朗读。

(1)雪纷纷扬扬,下得很大。开始还伴着一阵儿小雨,不久就只见大片大片的雪花,从彤云密布的天空中飘落下来。地面上一会儿就白了。冬天的山村,到了夜里就万籁俱寂,只听得雪花簌簌地不断往下落,树木的枯枝被雪压断了,偶尔咯吱一声响。(舒缓型)

(2)有一天我放学回家,看到太阳快落山了,就下决心说:"我要比太阳更快地回家。"我狂奔回去,站在庭院前喘气的时候,看到太阳还露着半边脸,我高兴地跳跃起来,那一天我跑赢了太阳。(轻快型)

(3)当你在积雪初融的高原上走过,看见平坦的大地上傲然挺立这么一株或一排白杨树,难道你就只觉得树只是树?难道你就不想到它的朴质,严肃,坚强不屈,至少也象征了北方的农民?难道你竟一点儿也不联想到,在敌后的广大土地上,到处有坚强不屈,就像这白杨树一样傲然挺立的守卫他们家乡的哨兵?(高亢型)

(4)我常常遗憾我家门前那块丑石:它黑黝黝地卧在那里,牛似的模样;谁也不知道是什么时候留在这里的,谁也不去理会它。只是麦收时节,门前摊了麦子,奶奶总是说:"这块丑石,多占地面呀,抽空把它搬走吧。"(低沉型)

(5)所以在这阴冷的四月里,奇迹不会发生。任凭游人扫兴和诅咒,牡丹依然安之若素。它不苟且、不俯就、不妥协、不媚俗,甘愿自己冷落自己。它遵循自己的花期自己的规律,它有权利为自己选择每年一度的盛大节日。它为什么不拒绝寒冷?(凝重型)

第二节 实用语体朗读训练

一、训练提示

(一)实用语体的类型及其特点

实用语体是为了满足专门化的实用交际领域语用需求而形成的书卷语体。政治评论、学术专著、科学报告、规章制度、法律条文、消息报道等的语言体式均属于实用语体。

实用语体多用于理性地论证客观规律，或者进行事务性的交代，或者是真实的记录和报道客体，具有理性、客观、准确的风格基调。

实用语体的语言运用特点主要体现为：语音表达规范、清晰；词语使用专门化，实用语体色彩十分明显；句子结构完整，陈述句的使用频率相对较高；修辞格的使用具有一定的限制；语篇衔接而连贯，具有较强的逻辑性。

实用语体一般可分为政论语体、科学语体、事务语体、报道语体四类。政论语体主要包括政治报告、社论宣言、思想杂谈、文艺批评等政论文体的语言体式，具有弘扬真理、批判谬误、宣传鼓动等功能。科学语体主要包括学术专著、学术论文、研究报告、科技说明书等科学文体的语言体系，具有科学论证和说明自然、社会及人类思维的现象及其规律的功能。事务语体是国家机关、社会团体、企事业单位以及人民群众之间传递信息、处理事务（包括行政事务、法律事务、外交事务、经济事务等）所用的一种实用语体，具有严谨、明确和程式化的风格基调。报道语体主要包括消息、报道等新闻作品的语言体式，具有向社会公众传播新信息、对社会成员产生导向作用、进行信息沟通和组织群众等实用功能。[①]

普通话水平测试中的朗读作品，其所属语体多为科学语体，也有一些政论语体。

（二）实用语体朗读应试技巧

实用语体作品的朗读，除了遵从原文读准字音、掌握音变规律、控制好句读停连之外，还需要注意以下方面的问题：

1. 区分文章适用对象

实用语体往往有着明确的交际情境、交际对象和交际目的，文章的适用对象不同，朗读时的情感色彩、分量、语气等也会有所不同。例如：事务语体多为具有权威性、强制性的文书，朗读时语气要显得强硬，吐字发音要饱满坚实；科学语体，尤其是通俗科学语体，多用于研究者向非专业人员普及科学知识，

---

① 周芸，邓瑶，周春林（2011）《现代汉语导论》，北京：北京大学出版社，280—282页。

因此朗读时语气要比较柔和，循循善诱，语言形象的呈现要具有解说感。

2. 注重事实和观点

清晰的事实和观点是体现语义目的的关键，在实用语体中，呈现事实、观点、指令的词语通常需要运用重音进行强调，从而彰显出文章的事理关系、逻辑结构、主题思想和作者感情。为了避免听感上的单调乏味，应试人在运用重音时，不妨将普通话的重音进一步细分为不同的强度，如重音、次重音等，并以此来明确语义表达的逻辑层次。

3. 注意逻辑感的表达

逻辑清晰是实用语体具有强大说服力的保障，这不仅要求事实和观点的清晰，还要求逻辑推导的过程要合理。实用语体的停顿，与文艺语体停顿的灵活性不同，其断句更为清晰，停顿更长，表示逻辑关系的关联词语常常需要强调。同时，停连要注意从意义层面而不是从韵律和节奏层面来进行。

4. 区别语段功能

为了实现文章表达的主旨，实用语体中通常会包含叙述、议论、描写、说明、抒情等话语表达方式，不同语段之间也会因此而形成一定的风格色彩差异。例如：讲程序时理性朴实，讲感情时豪迈大气，讲观点时清浅通俗，摹性状时幽默风趣，等等。因此，朗读时，应注意在保持文章基调统一的前提下，正确区分不同语段的表达功能及其风格色彩。

二、案例分析

实用语体类作品的朗读，除了字词的声韵调、音变有明确的标准和依据外，语调的设置比文艺语体更加注重重音、停连的规整，语句表达的严谨性。

下文示例中的标注，供应试人进行朗读训练时参考；其中："．"表示重音；"＿"表示次重音；"/"表示句内停顿，也是较短的停顿；"//"表示较大的停顿；"⌒"表示突破标点符号所进行的连读。

【示例一】

地球上／是否真的存在"无底洞"？按说／地球是圆的，由地壳、⌒地幔和地核三层组成，真正的"无底洞"/是不应存在的，我们所看到的各种/山洞、裂口、裂缝，甚至火山口/也都只是地壳浅部的一种现象。然而/中国一些古籍却多次提到/海外有个深奥莫测的无底洞。//事实上/地球上确实有这样一个/"无底洞"。

它位于/希腊亚各斯古城的海滨。由于/濒临大海，大涨潮时，汹涌的海水/便会排山倒海般地涌入洞中，形成一股/湍湍的急流。据测，每天流入洞内的海水量/达三万多吨。奇怪的是，如此大量的海水灌入洞中，却从来没有把洞灌满。曾有人怀疑，这个"无底洞"，会不会就像石灰岩地区的/漏斗、竖井、落水洞一类的地形。然而/从二十世纪三十年代以来，人们就做了多种努力/企图寻找它的出口，却都是/枉费心机。

为了揭开这个秘密，一九五八年/美国地理学会/派出一支考察队，他们把一种经久不变的带色染料/溶解在海水中，观察染料/是如何随着海水/一起沉下去。接着/又察看了附近海面/以及岛上的各条河、湖，满怀希望地/寻找这种带颜色的水，结果/令人失望。//难道是海水量太大/把有色水稀释得太淡，以致/无法发现？

至今/谁也不知道/为什么这里的海水/会没完没了地"漏"下去，这个"无底洞"的出口/又在哪里，每天大量的海水/究竟都流到哪里去了。

（节选自罗伯特·罗威尔《神秘的"无底洞"》）

分析：在朗读这篇实用语体类的作品时，首先要注意易错字词的声韵调及文中出现的音变，如易错字词"地壳""湍湍""枉费"、前后鼻音字词"三层""真正""山洞"、平翘舌音字词"存在""组成""只是"、上声变调"无底洞""古城""海滨"、去声变调"看到""裂缝""甚至"、"一""不"的变调"一个""一种""不应""不变"等，然后再围绕以下几个方面进行朗读训练：

作品的朗读基调应亲切自然，充分表现出作者在字里行间所流露的对大自然的好奇、对科学研究的热情、对自然规律的敬畏。文中对无底洞的研究过程展示清晰，易于读者理解，因此表示主体、过程和具体物质、手段、位置的词语都需要做重音处理。另外，本文科学术语较多，朗读时可以多设计一些停顿，以便清楚地区分出句子结构和主要信息，以便于听众的理解。

从逻辑层面来看，文章推理层层深入，句子严整规范，多以陈述句为主。但是，为了唤起听众对探秘无底洞的好奇之感，文中也使用了大量的疑问句，以探究式的提问将问题一一展开，具有较强的逻辑性。为了突出作品疑问和强调的色彩，可以在疑问词的前或后运用停顿来进行处理。如果遇到字数较多的长句，为了不影响对语义的理解，也可以采用以意群为单位的方式，将这些长句合理地断开。

从语段的功能层面看，作品通篇都是在讲述无底洞的神秘，由表及里，层层深入。因此，段与段之间的语气要呈现出递进性，不可一开始就虚张声势，用力过猛。第一段议论的色彩较重，第二段以叙述为主，第三段为说明，第四段表达的是疑惑之情，应注意从语态上区分开来。

【示例二】

在一次名人访问中，被问及/上个世纪最重要的发明是什么时，有人说/是电脑，有人说/是汽车，等等。但新加坡一位知名人士却说/是冷气机。他解释，如果没有冷气，热带地区/如东南亚国家，就不可能有高的生产力，就不可能达到今天的生活水准。//他的回答/实事求是，⌒有理有据。

看了上述报道，⌒我突发奇想：为什么没有记者问，"20世纪最糟糕的发明/是什么？"其实，二〇〇二年十月中旬，英国的一家报纸/就评出了"人类最糟糕的发明"。获此"殊荣"的，就是人们每天大量使用的塑料袋。

诞生于上个世纪三十年代的塑料袋，其家族包括/用塑料制成的快餐饭盒、⌒包装纸、⌒餐用杯盘、/饮料瓶、⌒酸奶杯、⌒雪糕杯，等等。这些废弃物形成的垃圾，数量多、⌒体积大、⌒重量轻、⌒不降解，给治理工作/带来很多技术难题和社会问题。

比如，散落在田间、⌒路边及草丛中的/塑料袋、⌒塑料餐盒，一旦被牲畜吞食，就会危及健康/甚至导致死亡。填埋废弃塑料袋、⌒塑料餐盒的土地，不能生长庄稼和树木，造成土地板结；而焚烧处理这些塑料垃圾，则会释放出多种/化学有毒气体，其中一种称为二噁英的化合物，毒性极大。

此外，在生产/塑料袋、⌒塑料餐盒的过程中使用的氟里昂，对人体免疫系统和生态环境造成的破坏/也极为严重。

（节选自林光如《最糟糕的发明》）

分析：朗读这篇实用语体类的作品时，应试人首先要关注易错字词的声韵调及文中出现的音变，如易错字词"什么""为什么""二噁英"、翘舌音字词"人士""生产""实事求是"、前后鼻音字词"名人""访问""等等"、上声变调"冷气"

"水准""饮料瓶"、去声变调"世纪""热带""塑料袋"、"一""不"的变调"一位""一旦""不可能""不能"等,然后再围绕以下几个方面进行朗读训练:

这篇作品的语气是质疑和批判的,要注意朗读时全文的情感基调。文章句式丰富,长短交错的语句使作品的节奏显得明快而有气势。例如:疑问句"为什么没有记者问……",充满质疑的色彩,铿锵有力,让作者不满的情绪呼之欲出。从这一句开始,文章激愤的感情开始彰显。但纵观全篇,大量使用的陈述句又使得文风颇具理性精神。因此,朗读时既要表达出愤怒和不满的情绪,又要注意在停连处上"多连少停",同时结合重音的呈现,使表达显得一气呵成。

这篇文章所提出的观点和事实,其指向都非常具体。例如:多次出现的"最糟糕"就是作者观点的呈现,支持此观点的事实也颇多;"数量多、体积大、重量轻、不降解""技术难题和社会问题""土地板结""毒性极大"等词语,客观地说明了塑料袋的危害。这些有力证据都需要在朗读时处理为重音。

文章的逻辑感主要是借助过程性动词及其支配对象体现出来的,如"散落""填埋""焚烧""生产"等,分别对应不同的环境危害现象。朗读时,这些词语可以作为次重音进行处理,以表明论述的严谨性。

从语段功能来看,第一段以记叙的方式引入论述对象,朗读时语气可以相对舒缓一些。第二段直接表明观点,语言最为直接和犀利,朗读时语气可以上扬一些。第三、四、五段说明论据,语言层次有理有据,以严肃说理为主,朗读时要注意语气带有批判的色彩。

三、训练内容

(一)准确度训练

1. 读准下列短文中加点的易错字词。

(1)结果这一切答案完全不对,世界上气力最大的是植物的种子。

(2)生命在海洋里诞生绝不是偶然的,海洋的物理和化学性质,使它成为孕育原始生命的摇篮。

(3)森林维护地球生态环境的这种"能吞能吐"的特殊功能是其他任何物体都不能取代的。

(4)敦煌莫高窟是世界文化史上的一个奇迹,它在继承汉晋艺术传统的基础上，形成了自己兼收并蓄的恢宏气度，展现出精美绝伦的艺术形式和博大精深的文化内涵。

（5）台湾岛上的山脉纵贯南北，中间的中央山脉犹如全岛的脊梁。

2. 读准下列短文中加点的难读字词。

（1）这块广袤的土地面积为五百四十六万平方公里，占国土总面积的百分之五十七。

（2）其中一种称为二噁英的化合物，毒性极大。

（3）任凭夏季烈日曝晒，冬季寒风扫荡，它的温度变化却比较小。

（4）池沼或河道的边沿很少砌齐整的石岸，总是高低屈曲任其自然。

（5）一曰无事以当贵，二曰早寝以当富，三曰安步以当车，四曰晚食以当肉。

（二）音变训练

1. 读准下列短文中加点的轻声字词。

（1）我们知道，水是生物的重要组成部分。

（2）苏州园林可绝不讲究对称，好像故意避免似的。

（3）我为什么非要教书不可？是因为我喜欢当教师的时间安排和生活节奏。

（4）除去足球本身的魅力之外，还有什么超乎其上而更伟大的东西？

（5）天气晴朗的时候，站在福建沿海较高的地方，就可以隐隐约约地望见岛上的高山和云朵。

2. 读准下列短文中加点的变调字词。

（1）森林，是地球生态系统的主体，是大自然的总调度室。

（2）像它们一样，我总是耐心地把自己的努力集中在一个目标上。

（3）那时候我们往往步履匆匆，瞻前顾后不知在忙着什么。

（4）假山的堆叠可以说是一项艺术，而不仅是技术。

（5）岛上的蝴蝶共有四百多个品种，其中有不少是世界稀有的珍贵品种。

（三）语调训练

1. 按照下列文中标注的停连位置，正确朗读文本。

（1）我国的建筑，从古代的宫殿 / 到近代的一般住房，绝大部分 / 是对称的，// 左边/怎么样，右边/怎么样。

（2）森林维护地球生态环境的这种"能吞能吐"的特殊功能 // 是其他任何物体/都不能取代的。

（3）壁画上的飞天，有的臂挎花篮，⌒采摘鲜花；有的反弹琵琶，⌒轻拨银弦；有的倒悬身子，⌒自天而降；有的彩带飘拂，⌒漫天遨游；有的舒展着双臂，⌒翩翩起舞。

（4）海洋中含有许多生命所必需的无机盐，如氯化钠、⌒氯化钾、⌒碳酸盐、⌒磷酸盐，还有溶解氧。

（5）中国西部 // 我们通常是指黄河与秦岭相连/一线以西，包括西北和西南的/十二个省、⌒市、⌒自治区。

2. 按照下列文中标注的重音位置，正确朗读文本。

（1）西部地区又是少数民族及其文化的集萃地，几乎包括了我国所有的少数民族。

（2）假山的堆叠，可以说是一项艺术而不仅是技术。

（3）最大的有九层楼那么高，最小的还不如一个手掌大。

（4）在繁华的巴黎大街的路旁，站着一个衣衫褴褛、头发斑白、双目失明的老人。

（5）西部为海拔近四千米的玉山山脉，是中国东部的最高峰。

3. 按照下列文中标注的句调模式，正确朗读文本。

（1）水是新陈代谢的重要媒介，没有它，体内的一系列生理和生物化学反应就无法进行，生命也就停止。（平直调）

（2）为了使地球的这个"能吞能吐"的绿色之肺恢复健壮，以改善生态环境，抑制全球变暖，减少水旱等自然灾害，我们应该大力造林、护林，使每一座荒山都绿起来。（高升调）

（3）接着又察看了附近海面以及岛上的各条河、湖，满怀希望地寻找这种带颜色的水，结果令人失望。（降抑调）

（4）壁画上的飞天，有的臂挎花篮，采摘鲜花；有的反弹琵琶，轻拨银弦；有的倒悬身子，自天而降；有的彩带飘拂，漫天遨游；有的舒展着双臂，翩翩起舞。看着这些精美动人的壁画，就像走进了灿烂辉煌的艺术殿堂。（曲折调）

（5）敦煌莫高窟是世界文化史上的一个奇迹，它在继承汉晋艺术传统的基

础上,形成了自己兼收并蓄的恢宏气度,展现出精美绝伦的艺术形式和博大精深的文化内涵。(曲折调)

(四)自然流畅度训练

1.按照标注的语气,正确朗读下面的句子。

(1)难道是海水量太大把有色水稀释得太淡,以致无法发现?(疑惑)

(2)一棵大树出现在人们面前,树干有一米半粗,树冠直径足有二十多米,独木成林,非常壮观,形成一座以它为中心的小公园,取名叫"榕圃"。(惊讶)

(3)此外,在生产塑料袋、塑料餐盒的过程中使用的氟利昂,对人体免疫系统和生态环境造成的破坏也极为严重。(提醒)

2.按照规定的时间,完成下列文本的朗读。

(1)水是新陈代谢的重要媒介,没有它,体内的一系列生理和生物化学反应就无法进行,生命也就停止。因此,在短时间内动物缺水要比缺少食物更加危险。水对今天的生命是如此重要,它对脆弱的原始生命,更是举足轻重了。生命在海洋里诞生,就不会有缺水之忧。(35秒)

(2)鸣沙山东麓是平均高度为十七米的崖壁,在一千六百多米长的崖壁上凿有大小洞窟七百余个,形成了规模宏伟的石窟群。其中四百九十二个洞窟中,共有彩色塑像两千一百余尊,各种壁画共四万五千多平方米。莫高窟是我国古代无数艺术匠师留给人类的珍贵文化遗产。(35秒)

(3)地球上是否真的存在"无底洞"?按说地球是圆的,由地壳、地幔和地核三层组成,真正的"无底洞"是不应存在的,我们所看到的各种山洞、裂口、裂缝,甚至火山口也都只是地壳浅部的一种现象。然而中国一些古籍却多次提到海外有个深奥莫测的无底洞。事实上地球上确实有这样一个"无底洞"。(40秒)

(4)假山的堆叠,可以说是一项艺术而不仅是技术。或者是重峦叠嶂,或者是几座小山配合着竹子花木,全在乎设计者和匠师们生平多阅历,胸中有丘壑,才能使游览者攀登的时候忘却苏州城市,只觉得身在山间。(40秒)

(5)台湾岛上的山脉纵贯南北,中间的中央山脉犹如全岛的脊梁。西部为海拔近四千米的玉山山脉,是中国东部的最高峰。全岛约有三分之一的地方是平地,其余为山地。岛内有缎带般的瀑布,蓝宝石似的湖泊,四季常青的森林和果园,自然景色十分优美。西南部的阿里山和日月潭,台北市郊的大屯山风

景区,都是闻名世界的游览胜地。(45秒)

3.按照指定的节奏模式,完成下列文本的朗读。

(1)中国的第一大岛、台湾省的主岛——台湾,位于中国大陆架的东南方,地处东海和南海之间,隔着台湾海峡和大陆相望。天气晴朗的时候,站在福建沿海较高的地方,就可以隐隐约约地望见岛上的高山和云朵。(舒缓型)

(2)太古大厦落成之后,人们可以乘滚动扶梯一次到位,来到太古大厦的顶层,出后门,那儿是一片自然景色。一棵大树出现在人们面前,树干有一米半粗,树冠直径足有二十多米,独木成林,非常壮观,形成一座以它为中心的小公园,取名叫"榕圃"。树前面插着铜牌,说明缘由。(轻快型)

(3)敦煌莫高窟是世界文化史上的一个奇迹,它在继承汉晋艺术传统的基础上,形成了自己兼收并蓄的恢宏气度,展现出精美绝伦的艺术形式和博大精深的文化内涵。秦始皇兵马俑、西夏王陵、楼兰古国、布达拉宫、三星堆、大足石刻等历史文化遗产,同样为世界所瞩目,成为中华文化重要的象征。(高亢型)

第八章 普通话水平测试说话训练

第一节 叙述性话题训练

一、训练提示

（一）叙述性话题的类型及特点

叙述是对事件的发展变化过程、人物的经历和场景、空间的转换所进行的讲述。叙述性话题就是采用叙述的表达方法进行表达的话题。这种话题类型主要以记人、叙事、写景、状物为主要内容，一般以人物的活动经历和事物的发展变化为主，介绍人物性格、交代事件的发展脉络、表达作者对事物的独有认识及自己真实的内心情感。

记人、写景和状物的叙述性话题，其突出的特点是形象鲜明，即在叙述过程中要充分展现人物的个性、景物的特色以及事物的特点。形象鲜明的叙述，可以增强表达的吸引力和感染力，让听者对应试人所讲述的人、景、物产生深刻的印象。

叙事的叙述性话题，其突出的特点是过程完整、情节生动。所谓"过程完整"，是指叙述时要依据一定的逻辑线索来展现人物活动、情感态度变化，以及事件发生发展变化的整个过程，尤其要注意叙述的时间、空间、因果和情感的逻辑。一般说来，叙述包含时间、地点、人物、事件、原因和结果等要素。在叙述过程中，合理把握六要素能够使听者清晰地了解应试人所要呈现的关于时空、因果、情感变化等关键信息。所谓"情节生动"，是指叙述性话题的感染力强。在叙述的过程中，应试人不仅要立足于宏观的整体脉络进行叙述，而且还需要展现微观情节，避免话语表达的枯燥乏味。

（二）叙述性话题的思路及表达

1. 叙述性话题的思路

叙述性话题的构建，要求应试人在准确审题的基础上，对所要说的话题进行纲要式的梳理，明确先说什么，后说什么，形成较强的结构意识。

下面分别以记人、叙事的话题为例，对叙述性话题的思路进行说明。

【示例一】我尊敬的人

总说：开篇点明"我"最尊敬的人是谁；抓住关键词"尊敬"，说清楚人物身上令我"尊敬"的具体品质有哪些。

分说：围绕上述提到的品质展开具体叙述：品质一（围绕具体事件展开）；品质二（围绕具体事件展开）；品质三（根据命题说话时间决定是否要展开）。

[提示] 注意选取典型的具体事件，并在事件中全面展现人物的鲜明特点，突出其品质，使事件序列与整个话题表达的逻辑结构高度契合。

总说：进行话题总结。

【示例二】难忘的旅行

总说：开篇点题，讲清楚在"我"所经历的旅行中，哪次旅行最令"我"难忘，那次旅行令"我"难忘的原因是什么。

分说：抓住这次旅行中发生的令人难忘的典型事件及其细节，围绕时间、地点、人物、事件、原因和结果等要素完整呈现事件发生发展变化的过程，跌宕起伏地进行叙述，使情节生动、有吸引力。

总说：围绕"难忘"，叙述"我"对这次旅行的感悟，如"这次旅行让我学会（懂得/领略/结识）了……"等。

2. 叙述性话题的表达

叙述性话题的表达要求依据一定的逻辑线索来展现人物活动、情感态度变化，以及事件发生发展变化的过程。所以应试人在表达时要按照一定的顺序来进行叙述，如果顺序乱了，会给人以杂乱无章之感。

在普通话命题说话测试中，常用的叙述顺序有顺叙、倒叙和插叙。

顺叙是按照事件发生、发展的时间先后顺序来进行叙述的方法。顺叙讲究"先来后到"的原则，能够使事件的叙述有头有尾，脉络清晰，前后自然贯通。当然，在运用顺叙时，要注意对叙述材料的剪裁，并赋予一定的主观感情，做到详略得当、主次分明，以免给听者"记流水账"的感觉。例如：话题"我的学习生活"，就不能简单地以"我"的学习生活的时间推移为顺序，流水账式地叙述一天的学习生活内容，让听者产生枯燥无味之感。

倒叙是根据表达的需要，把事情的结局或者某个突出的片段提前，放在开头先叙述，然后再按照事情原来的发展顺序叙述。在叙述的过程中，恰当使用倒叙，可以避免平铺直叙，使叙述产生悬念，引人入胜，起到特殊的表达效果。但是，由于倒叙打乱了事件发展的顺序，如果使用不当，容易使听者产生混乱的感觉，所以在运用倒叙时要注意叙述的有序性，在讲述过程中恰当地采用过渡句或过渡段进行衔接。例如：话题"我尊敬的人"就可以采用倒叙的方式，先截取某个事件中人物值得尊敬的行为进行精彩叙述，抓住听者的兴趣，吸引注意力，后面的叙述再按照人物经历、事件发展的顺序围绕话题依次展开。当然，也可以在话题开头先对人物及其所经历事件的结局进行片段式讲述，由眼前的事或物自然引出回忆，在追叙往事的过程中把人物的优秀品质或行为突出出来，让听者对人物产生崇敬之情。

插叙是出于表达的需要，暂时中断原来的叙述线索，插入与中心事件相关事件的叙述顺序。插叙可以推动情节发展，使表达多变化；能够揭示人物心理变化，展示丰满的人物形象；可以揭示和升华主题，使内容表达更加充实。在具体运用插叙时，应试人可以使用一些时间提示语来引入插叙部分，中断原叙述线索后进行相关内容的补充、介绍和说明。在插叙之后，应试人应注意安排一两句过渡性的话语来结束插叙，自然回到原来的叙述线索。

二、案例分析

【示例三】我和体育

我们常常说，一个人不仅要做一个有知识的人，还要拥有强健的体魄，而后者就需要运动。

初中时，初一开学时，运动会参加了八百米跑步，田径场整整两大圈……呃……直接累倒在终点。当时的自己，在跑完那一刻才明白，自己原来这么弱。后来经过两年的训练，跑步再也不是自己害怕的事情了，并且在春运会的时候也参加了篮球赛，虽然上场的机会不多，但对于我，能上场就已经很满足了。

高中因为学业压力大所以我对于体育都不是那么地重视，但我并没有停止运动……呃……每年冬运会的田径项目我都会参加，我超喜欢迎着风跑的感觉。而春运会的篮球赛我也是主力，虽然高一时我们连半决赛都没进，但和小伙伴一起打球真的很开心。

大学因为刚入学不久，很多时候觉得不适应，但是冬运会我抱着试一试的态度参加了，结果让人意想不到，我被选上了……呃……后来半个月的训练真的很累，有时脚疼到连路都走不动，但是我不后悔参加这个运动。训练很辛苦但是进步很明显，这是最让我高兴的……呃……

我和体育几乎就是围绕田径和篮球进行的。虽然是一个女生，但我确实很喜欢体育以及和体育相关的事情。

分析：话题表达能够围绕主题，按照从初中到高中、大学的时间顺序来讲述自己与体育相关的事情。但是，由于应试人缺乏剪裁意识，没有抓取典型的事件进行重点叙述和描写，从而使话语表达显得流程化，听起来非常平淡；加之应试人缺乏对"我和体育"之间关系的内心感悟，表达效果也并不理想。

除语音标准程度方面的问题外，应试人的话语表达中，多次出现词语搭配不当、成分残缺、成分冗余、指代不明等词汇语法不规范的问题。例如："我们常常说，一个人不仅要做一个有知识的人，还要拥有强健的体魄，而后者就需要运动"，可以改为"作为一名当代青年，我们不仅要掌握丰富的知识，而且还要拥有强健的体魄。通过不断地学习，我们才能成长为一个博学多才的人，而要增强体魄，就需要坚持体育锻炼"。又如："初中时，初一开学时，运动会参加了八百米跑步，田径场整整两大圈……呃……直接累倒在终点"，可以改为"记得初一运动会时，我参加了八百米跑步项目。这对我来说，非常具有挑战性。当时，我拼尽全力在田径场上跑了整整两圈，到达终点时直接累得躺倒在地上"。

此外，话语表达过程中还多次出现了短暂停顿以及高频率使用关联词语的现象，影响了句子语义表达的自然流畅度。应试人语速相对较慢，话语信息量明显不足，说话时长不足3分钟。

三、训练内容

（一）素材积累训练

1. 选取2—3个各行各业的知名人士，叙述他们的职场故事，每个故事的表达时间不少于1分钟。

2. 叙述2—3个励志人物在挫折中成长的故事，每个故事的表达时间不少于1分钟。

3. 查阅相关书籍，叙述2—3个动物寓言故事，每个故事的表达时间不少于1分钟。

4. 查阅相关书籍，叙述2—3个历史故事，每个故事的表达时间不少于1分钟。

5. 结合实际，叙述2—3个职业愿景，每个职业愿景的表达时间不少于1分钟。

（二）表达思路训练

根据下面的话题开头，选择恰当的表达方法，将话题延续下去，时间不少于3分钟。

1. 如今我已经长大成人，回忆起童年的点点滴滴，一种单纯、美好的感觉油然而起……我爱那些带给我童年美好回忆的人和事……还记得那是一个……我的童年就是这样……

2. 虽然每年我们都要过中秋（或其他节日），但是今年的中秋节（或其他节日）对于我来说完全不一样……这就是今年我度过的中秋（或其他节日），它让我学会了……今年我所度过的中秋（或其他节日）就是这样一个……

3. 我的妈妈并不是一个完美的人，但是……妈妈身上可贵的品质教会我……我的妈妈就是这样一个……

（三）说话综合训练

结合实际，在下列话题中选取1个话题，连续说一段话，限时3分钟。

1. 我的愿望（或理想）

[提示] 具体思路可设计为：①开头点明我的愿望（或理想）是什么。②抓

住为什么这是我的愿望（理想）进行有逻辑性的叙述，其间可以讲述为了达成愿望（理想）付出的努力、经历的挫折，使情节生动，具有可听性。③结尾点题。

2. 我尊敬的人、我的朋友、我喜欢的明星（或其他知名人士）

[提示]上述话题都属于叙述人物的话题。具体思路可设计为：①开头点明我尊敬的人、我的朋友、我喜欢的明星（或其他知名人士）是谁。②抓住人物身上令我"尊敬"或"喜欢"的品质或特质进行叙述，要把人物的品质放到具体的事件中着力刻画，避免宏观抽象的叙述，让听者对人物产生肃然起敬或喜欢的感受。在表达时，可以用叙描结合的方式对人物的音容笑貌、语言、心理、动作等进行生动的展现，让人物的形象立体起来，跃然纸上，切勿人物脸谱化、平面化。③最后进行首尾呼应。

3. 童年的记忆、难忘的旅行、我的成长之路

[提示]上述话题都属于叙述事件的话题。具体思路可设计为：①开头概括性地点明主题：童年的记忆带给我怎样的感受；在我所经历过的旅行中哪一次旅行是最令我"难忘"的；我的成长之路带给我怎样的感受。②抓住童年时期、某次旅行和成长过程中关键性事件进行叙述，使情节生动、跌宕起伏，避免流程化叙述。在讲述话题"童年记忆""我的成长之路"时，注意捕捉在成长过程中具有"拐点"性的事件以及童年记忆最深刻的事件重点叙述，从中提炼一个（或几个）给予自己帮助、感悟或为后续成长蓄积力量的人物或事件，同听者产生一定的共鸣。在讲述话题"难忘的旅行"时，可以叙述实际经历的一次旅行，也可以是象征意义上的旅程。叙述时，事件的安排要有清晰的脉络，要遵循事件发生发展变化的过程，较好地安排叙述六要素并且在讲述时突出某几个重点要素，切忌东拉西扯、杂乱无章。③最后进行首尾呼应或内涵升华。

4. 我和体育

[提示]①开头点明我和体育之间的渊源。②选取我和体育（可以是某项体育运动，也可以是某个自己喜欢的和体育有关的人物，如体育明星、体育老师等）之间的典型事例，讲述自己和他们之间的某种渊源或缘分，叙述其间让人难忘的经历和故事。③最后进行总结：讲述体育对你的影响或激励。

5. 我的学习生活、我的业余生活、我的假日生活

[提示] 这是三个内容各有所侧重但又具有共性的话题。讲述时，注意抓住其不同的侧重点，或呈现学习生活的充实进取，或呈现业余生活的丰富多彩，或呈现假日生活的趣味多样。具体思路可设计为：①开头点明我的学习生活、我的业余生活、我的假日生活带给我的具体感受。②提炼三种不同生活让你感触最深的点，融合到自己所经历的事件中进行重点讲述，突出它给你带来的收获或者意义。③最后进行总结，例如"这就是我的学习生活（业余生活、假日生活），它是如此的……它让我……"等。

第二节 说明性话题训练

一、训练提示

（一）说明性话题的类型和特点

说明是用简洁的语言对事物的性质、特征、关系、功用等进行清晰介绍的表达方式。说明性话题以说明为主要表达方式，一般分为两种类型：一是说明某一具体的事物，即通过把握事物的特征，揭示出事物的本质属性，如"我喜爱的动物""我喜爱的植物"等；二是说明某一抽象的事理，即通过说明事理，揭示其内部的规律，如"我知道的风俗""我喜爱的文学（或其他艺术形式）"等。

说明性话题具有科学严谨、简练明确、具体生动等特点。所谓"科学严谨"，是指在说明事物或事理时，应依据客观事实和真理，用严谨的态度、科学的方法，不但说明白"是什么"，而且还要说明白"为什么"。所谓"简练明确"，是指话语表达精练，语义明白易懂，能够让听者准确把握事物或事理的关键特征。所谓"具体生动"，是指通过形象的手法来说明事物，使被说明的事物具有生动性和形象性。

（二）说明性话题的思路和表达

1. 说明性话题的思路

说明性话题的构建，最关键的就是要明确说明顺序。说明顺序是指能表现事物或事理本质特征的顺序，也是符合人们认识事物和事物规律的顺序。这是由说明性话题表达重条理性的要求所决定的。

在普通话水平测试中，说明性话题常用的说明顺序有时间顺序、空间顺序和逻辑顺序。时间顺序常用于说明生产技术、产品制作、历史发展、人物成长、动植物生长等。空间顺序常用于说明静态实体（如建筑物等），说明要合乎人们观察事物的习惯，如从外到内、从上到下、从整体到局部来进行说明。逻辑顺序常用于说明抽象事理（如思想、观点、概念、原理等），说明时或由个别到一般，或由具体到抽象，或由主要到次要，或由现象到本质，或由原因到结果等。

需要说明的是，说明性话题往往以一种说明顺序为主，有时也会兼用其他说明顺序。例如：在说明事物时，常会在整体上采用从概括到具体的逻辑顺序，但在举例时，则会采用时间顺序或空间顺序进行说明。同时，为了强调说明顺序的层次性，可以在段首或段尾设置说明性话题的语段中心句，并使用"首先""总之""与此同时"等词语来衔接语句和语段。

下面分别以话题"我喜欢的节日"和"我向往的地方"为例，对说明性话题的思路进行说明。

【示例一】我喜欢的节日

总说：开篇点明"我"喜欢的节日是什么。

[提示] 在选取所喜欢的节日进行介绍时，可结合实际，适当避开大多数应试人的习惯性选择，如春节、中秋节等，以免话语表达内容雷同或缺乏新意。下面以地域文化色彩较为突出的少数民族节日——傣族的泼水节为例，进行说明。

分说：按时间顺序，对傣族的泼水节展开具体说明。具体思路可设计为：①对这个节日的历史渊源及寓意进行概括性说明。②按时间顺序，对这个节日涉及的具体活动展开说明。

[提示] 需要逐一说明有哪些活动，活动的具体流程是怎样的，活动的文化寓意是什么。说明时，要注意详略得当，重点就其中 1—2 个活动展开说明即

可,无须面面俱到。

总说:进行话题总结。

【示例二】我向往的地方

总说:开篇点题,"我"向往的地方是哪里?

分说:说明这个地方让"我"向往的特质有哪些。具体思路可设计为:按照从原因到结果的逻辑顺序进行说明。特质一:"我"向往这里,是因为它……特质二:"我"向往这里,是因为它……特质三……(根据3分钟的时长决定是否要展开)

[提示] 这个地方令"我"向往的原因,可能是人,也可能是事,或者是因为这个地方的独特性,注意选取独特角度去突出表达主旨。

总说:进行话题总结。

2. 说明性话题的表达

在完成普通话水平测试的说明性话题表达时,常用的说明方法有下定义、列数字、举例子、作比较等。

下定义,就是用简明扼要的语言对事物或事理的本质特征进行规定性说明。应试人采用这种说明方法时,要注意定义的科学性和准确性,运用简明的语言、科学的术语去彰显事物或事理的本质特征。

列数字,就是用数据说明事物的特征或事理的依据。列数字,能够准确客观地反映事实情况,准确地说明事物和事理的特点,往往具有较强的说服力。在使用这种说明方法时,要注意数据的准确性,否则会影响说明的可信度。

举例子,就是举出实际的例子来对事物或事理加以说明。这种方法能够使应试人所表达的意思更加明确,也能让听者更容易理解和把握被说明的事物。使用该方法时,要注意所选例子要具有典型性和代表性。

作比较,就是用两种或两种以上的事物作比较,以突出所要说明的事物或事理的特点,尤其是在说明听者不熟悉的事物或抽象事理时,作比较可以让话语更加容易理解。运用这种说明方法,可以是横向比较,也可以是纵向比较;可以用同类事物或事理进行比较,也可以用异类事物或事理进行比较。

此外,说明性话题还可以使用打比方、分类别、作诠释等说明方法。打比方是利用本质不同的两种事物或事理之间的相似点进行说明,以增强说明的形象性和生动性。分类别是根据一定的标准,将同一(类)事物或事理分成若干小类进行介绍。作诠释是从某个侧面对事物或事理的特点进行具体解释,它与下定义不同。下定义要求完整地揭示概念的内涵和外延,而作诠释只要求揭示概念的部分内涵和外延。

二、案例分析

【示例三】我喜欢的文学形式

生活中处处皆是文学,大部分人都有自己喜欢的文学吧!有的人喜欢故事,有的人喜欢听评书,有的人喜欢抒情散文。而我最喜欢的就是一些励志的小故事。

也许是我这个人比较负,因此我需要经常喝喝心灵鸡汤,让自己充满正能量。在《你配得上最好的人生》一书中,就有几个小故事让我精神振奋。其中说到小辉,她决定考研,第一年,她准备好了,但是失败了。第二年也失败了,第三年她通过努力终于成功考上了北大的研究生。这个女孩儿,不懈努力着,为了坚持自己的梦想……呃……书里还有一个男生,他遇到挫折并没有气馁,他说:"没有紧箍咒,孙悟空就不能修成正果。"人人都会有戴上紧箍咒的时候,而我们要做的就是虽在那样令人苦闷的环境下生活,也要坚持……呃……走下去。

还有一篇散文,我也很喜欢,记得里面是这样说的:"每一个不曾起舞的日子,都是对生命的辜负。青春是用来绽放的,不是用来虚度的。珍惜青春,在一切刚刚开始的时候,留下属于自己的青春印记吧!"

每个人对自己喜欢的文学都有独到的见解,文学是我们精神的依托,是我们心灵的陪伴,这就是我喜欢文学的原因。

【分析】应试人在进行命题说话时,没有审准题,选择了叙述性话题类型来进行表达。该话题的关键词之一为"文学形式",文学形式包括小说、戏剧、散文、诗歌等。应试人应在上述文学形式中选取一种文体,并围绕其特点进行科学严谨、简洁明确、具体生动的说明。这段话从整体上来看,没有呈现出说明性话题的特点。

除语音标准程度方面的问题外,应试人的话语表达中,多次出现用词不当、语序不当等词汇语法不规范的问题。例如:"也许是我这个人比较负",可以改为"也许我是一个悲观者"或者"也许我比较悲观"。又如:"这个女孩儿,不懈努力着,为了坚持自己的梦想",可以改为"这个女孩儿为了坚持自己的梦想不懈地努力着"。

此外,应试人在表达时,语流中出现了几次短暂的停顿,句调、轻重音、停连不自然,影响了语言表达的自然流畅度;话语信息量明显不足,说话时长不足3分钟。

三、训练内容

(一)素材积累训练

1. 结合实际,选取2—3种你喜欢的动物或植物,对其特点进行说明,每种动物或植物的表达时间不少于1分钟。

2. 查阅相关书籍,选取2—3种书刊或艺术形式,对其特点进行说明,每种书刊或艺术形式的表达时间不少于1分钟。

3. 查阅相关书籍,选取2—3个节日或少数民族风俗,对其特点进行说明,每种节日或少数民族风俗的表达时间不少于1分钟。

4. 选取2—3个地标建筑(或地方),对其特点进行说明,每个地标建筑(或地方)的表达时间不少于1分钟。

5. 结合现实,选取2—3个抽象事理(如社会公德、个人修养等),对其定义和具体内容进行说明,每个抽象事理的表达时间不少于1分钟。

(二)表达思路训练

根据下面的话题开头,选择恰当的表达方法,将话题延续下去,时间不少于3分钟。

1. 这是一个让我永远心之向往的地方……每当我想到这里,我的心中就会涌起一种……我向往它,是因为……它就是这样一个……

2. 要制作出这种独具特色的美食,需要经过以下几个步骤。首先……其次……再次……最后……(美食名称)就是这样一种……

3. 春天（或夏秋冬）这个季节和其他季节有着完全不一样的特点……它是……它也是……它还是……春天（或夏秋冬）就是这样一个……

（三）说话综合训练

结合实际，在下列话题中选取 1 个话题，连续说一段话，时间不少于 3 分钟。

1. 我的家乡（或熟悉的地方）、我向往的地方、我所在的集体（学校、机关、公司等）

[提示] 上述话题均属于对某个地方进行介绍和说明。表达时，应注意抓住这些地方的标志性特点，并按照一定的顺序来进行说明。同时，在细致观察自己所向往的地方、家乡或所在集体特点的基础上要有所思考和体悟。这个地方之所以令自己向往、喜爱或亲近，可能是因为人，也可能是因为事，或者是因为这个地方的独特性，注意选取独特视角进行说明，以突出表达主旨。可以在运用说明表达方式的基础上，适当融入叙述、描写、抒情表达方式，以增强话语表达的效果。

以话题"我的家乡"为例，具体思路可设计为：①点明家乡的名称及其具体地理位置。②按照从原因到结果的逻辑顺序，说明自己喜爱家乡的具体原因，如家乡的代表性景物、地方小吃、给予我爱和成长力量的人（老师、家人或朋友等。）③围绕"喜爱"之情总结全文。

2. 我喜爱的动物（或植物）

[提示] 具体思路可设计为：①点明"我"喜爱的动物（或植物）是什么。②明确这种动物（或植物）令"我"喜爱的几个特质，并围绕自己为什么喜爱它依次进行说明。在说明的过程中，要使用描述性的语言和适当的修辞方法来增强被说明对象的形象性。③围绕"喜爱"之情总结全文。

3. 我喜爱的书刊、我喜爱的文学（或其他艺术形式）

[提示] 具体思路可设计为：①点明"我"喜爱的书刊、文学（或其他艺术形式）是什么。需要注意的是，话题所涉及的范围很广，如文学形式可细分为小说、散文、诗歌等，艺术形式可细分为文学、音乐、建筑等；即使是书刊，

也有很多分类。②围绕自己所熟悉并喜爱的书刊、文学（或其他艺术形式）的特质，运用恰当的说明方法对其进行说明。③围绕"喜爱"之情总结全文。

4. 我喜欢的季节（或天气）

[提示]具体思路可设计为：①开门见山，点明说明对象，例如："我"喜欢的季节是春天……或者"我"喜欢雨天……②围绕季节（或天气）令自己喜欢的特质，或它带给自己的独特感受具体进行说明。表达时，要注意寻找一定的理趣和独特视角。③结束全文，进行总结。

5. 我喜欢的节日、我知道的风俗

[提示]具体思路可设计为：①开篇点明说明对象，例如："我"喜欢的节日是……或者"我"知道的风俗是……②或者按照逻辑顺序说明这个节日令自己喜欢的原因，或者按照时间顺序来说明与这个风俗相关的特定活动。表达时，注意视角的创新性。③结束全文，进行总结。

第三节 议论性话题训练

一、训练提示

（一）议论性话题的类型和特点

议论是运用概念、判断、推理来表明表达者的观点、看法、评价的表达方式。议论性话题是以议论为主要表达方式的话题，目的是剖析事物，论述事理，发表意见，提出主张。

议论性话题可分为立论和驳论两种类型。立论重在证明说话者对某一论述对象所持的见解、主张和态度，常使用充足且有说服力的论据进行论证，论证过程合乎逻辑，论证方法灵活多样。驳论重在批驳对方的观点，同时阐述己方观点，思路一般为先指出对方错误的实质，再进行批驳，同时针锋相对地提出自己的正确观点，加以论证，正所谓"先破后立"。驳论既可以反驳论点，也可以反驳论据，或者反驳论证。在具体的论证过程中，需要根据论证的实际需要

来决定选择哪种方式。

议论类话题的特点是以理服人、逻辑严密、准确鲜明。以理服人就是用道理说服人，用道理使人信服。说理、明理是议论性话题的目标。表达者往往需要通过阐发某种见解、主张来启发听者，以提高其明辨是非的能力。逻辑严密即思维要周密，没有疏漏。表达者提出明确的观点之后，要选择、组织充分的论据，有层次、有条理地对论点加以论证，充分揭示事物或事理之间的本质的、内在的联系，得出正确的结论，使表达具有令人信服的逻辑力量。准确鲜明不仅要求表达者判断恰当、推理合乎逻辑，而且还要做到观点明确，爱憎分明，具有说服力和富有感染力。

（二）议论性话题的思路和表达

1. 议论性话题的思路

论点、论据和论证是议论性话题的三要素。论点，即观点，决定着论据的选择和论证的组织。旗帜鲜明地提出论点是议论性话题表达的第一步。一般说来，应试人可以使用具有明确判断特征的语句来表达论点，做到用词鲜明、精当，句法严谨、简练。明确了论点之后，接下来就是选择论据紧扣论点组织论证的过程。论据可以是来自社会生活、现实生活中的事实论据，也可以是对客观现象及发展规律进行总结的理论论据。最后，表达者就可以依据论证得出结论。

下面以话题"谈谈科技发展与社会生活"和"谈谈卫生与健康"为例，对议论性话题的思路进行说明。

【示例一】谈谈科技发展与社会生活

总说：明确提出论点。

[提示] 立论时，注意阐述清楚科技发展与社会生活之间的辩证关系，如科技发展在社会生活中扮演着不可或缺的角色，但科技在为人们的社会生活提供便利的同时，也在某些方面给社会生活带来一些负面影响。

分说：用举例论证的方式，逐条进行论证。具体思路可设计为：首先，……的发明和使用让我们的生活……[提示：通过举例论证的方法，阐释自己所熟悉的科技产品，如手机等给人类社会生活带来的利弊。]其次，……的发明和使用让我们的生活……[提示：另举一例，如电脑等，分别阐释它给人类社会生活带来的利与弊。]最后,再来看看……的发明与使用……[提示:根据3分钟的时长决定是否要展开。]

[提示]注意论据的选择应具有代表性和辨证性,能够较好地支撑论点。具体论证时,要通过严密的逻辑结构的展示、恰当的论证方法的运用,引导听者思考。

总说:综上所述……[提示:突出和强调论点,引导人们善用科技成果,减少负面影响,使科技成果在人们的社会生活中发挥积极的作用。]

【示例二】谈谈卫生与健康

总说:提出自己的观点。[提示:论点要正确鲜明。例如:"卫生与健康息息相关,只有养成良好的卫生习惯,才能让我们拥有健康的身体。"]

分说:用举例论证的方式,逐条进行论证。具体思路可设计为:首先,我们应该注意饮食卫生……其次,我们要注意环境卫生……

总说:提出建议,阐述"怎么办"的问题。具体思路可设计为:那么,我们应该如何注意饮食卫生呢?具体说,可以……另外,注意环境卫生,需要……

2. 议论性话题的表达

在普通话水平测试中,议论性话题表达的关键在于应试人要能够在论证过程中合理、灵活地使用各种论证方法。议论性话题常用的论证方法有举例论证、对比论证、比喻论证、类比论证、引用论证等。

举例论证就是举出具体实际的例子来证明观点的方法。对比论证就是通过对比两种事物或情况,以突出二者之间的差异,并从中引出结论的方法;对比,可以是两个对象之间的比较,也可以是同一对象不同方面的比较。比喻论证就是运用人们所熟知的事物作为喻体来进行论证的方法。类比论证就是用已知的事物或事理推导出另一类似事物或事理的方法。引用论证是引用名言警句进行论证的方法。

此外,为了确保论证过程的逻辑性,应试人还要注意论证结构的问题。从宏观角度看,议论性话题一般采用"总—分—总"的结构。具体表达时,要安排好主体部分的层次关系,形成诸如并列式、递进式、混合式等论证结构。并列式层次关系,主要是围绕论点,将论证划分为几个分论点及其相应的逻辑层次,各个分论点及其层次结构呈现为平行排列的特点,分别从不同角度、不同侧面去论证观点,形成多管齐下、齐头并进的论证格局。递进式层次关系,就是对所需论证的问题采取层层深入的方式来安排结构,使不同层次之间呈现为层层展开、步步深入的逻辑关系,从而深刻、透彻地彰显观点。混合式层次关系,是并列式层次关系和递进式层次关系的综合运用,一般用于论证复杂事物或事理。

二、案例分析

【示例三】卫生与健康

健康异常重要。在物质文明和精神文明共同进步的今天,健康这个话题受到越来越多的关注。

民以食为天,足见食物对人们的重要性和不可缺少性。病从口入,说明食物的卫生对身体健康的重要性。良好的卫生习惯是健康的前提和保障。比如饭前便后要洗手,同时还要注意个人卫生,要每天勤换衣服,每天洗澡……呃……只有养成良好的卫生习惯,处处讲究卫生对身体才有好处。

有人说,定时定量吃东西就健康了。其实要健康,还要常常运动,多喝水……呃……

卫生与健康是紧密联系的,不良的卫生习惯不但使人容易生病,还会对人的长期健康造成影响。我们要保持宿舍环境卫生,每天拖地扫地、倒垃圾,还要保持室内通风透气……呃……

丰富的物质生活加上健康的身体才能让我们真正地享受生活,而健康与卫生息息相关,卫生是健康的前提,要想健康地生活就必须讲究卫生。

分析:这段话语能够扣住关键词"卫生"和"健康"进行表达,但是缺乏结构意识,论证能力也有待提升。首先,立论未紧扣"卫生"和"健康"的辩证关系展开。其次,论证过程逻辑不够严密,论据不足以支撑论点,因此不容易使听者信服其观点。最后,语言表达不够准确和凝练,语句之间的衔接和连贯以及段落之间的起承转合都不到位。

除语音标准程度方面的问题外,应试人的话语表达中,多次出现用词不当、指代不明等词汇语法不规范的现象。例如:"健康异常重要",可以改为"健康对我们每个人都很重要"或者"每个人都希望拥有健康"。又如:"只有养成良好的卫生习惯,处处讲究卫生对身体才有好处",可以改为"只有养成良好的卫生习惯,才能让我们拥有健康的身体"等。

此外,应试人表达过程中多次出现短暂的停顿,表达思路不够完整、连贯,影响了表达的自然流畅度;话语信息量不足,说话时长不足3分钟。

三、训练内容

(一)素材积累训练

1. 结合现实,选取2—3种美德或修养,对其重要性进行论证,每种美德或修养的表达时间不少于1分钟。

2. 查阅相关书籍,选取2—3种服饰,对其功能或风格进行详细的论证,每种服饰的表达时间不少于1分钟。

3. 选取2—3种美食,对其独特的风味进行举例论证,每种美食的表达时间不少于1分钟。

4. 结合实际,选取你经常采用的1—2种购物方式,对其不同的感受进行对比论证,每种购物方式的表达时间不少于1分钟。

5. 从现实生活中选取1—2种科技产品,对其带给社会生活的利和弊进行正反对比论证,每种科技产品的表达时间不少于1分钟。

(二)表达思路训练

根据下面的话题开头,选择恰当的表达方法,将话题延续下去,时间不少于3分钟。

1. 谦让,是一种美德,也是一种修养……在现实生活中,学会在什么时候谦让,怎样谦让,是一门艺术……首先……其次……最后……综上所述……

2. 服饰有多种功能。首先,服饰具有保护功能……其次,服饰具有装饰功能……最后,服饰具有标识功能……综上所述……

3. 高尔基曾经说过:"书籍是人类进步的阶梯。"我认为……第一,通过读书,可以……第二,通过读书,可以……第三,通过读书,还可以……综上所述……

（三）说话综合训练

结合实际，在下列话题中选取 1 个话题，连续说一段话，时间不少于 3 分钟。

1. 谈谈服饰、谈谈美食

[提示] 具体思路可设计为：①亮明观点。可以从服饰的功能或某种服饰的风格、某种地方美食的独特风味或带给人们的独特感受等角度进行立论。②以"谈谈服饰"为例，论证思路可参考如下：首先，服饰有防寒保暖、保护身体的功能……其次，服饰具有装饰的功能……表现在其美观性，能够在一定程度上满足人们精神上的审美享受。就拿服饰的色彩来说吧……最后，服饰还具有标识功能，比如某些少数民族服饰……具体论证时，要注意根据表达内容灵活使用议论、叙述、描写、抒情等表达方式，以增强论证的形象感。③得出结论，对上述观点进行总结。

2. 谈谈科技发展与社会生活、谈谈卫生与健康

[提示] 具体思路可设计为：①亮明观点。上述话题属于关系类的议论性话题，立论时要重点阐述清楚科技发展和社会生活的辩证关系、卫生与健康之间的密切联系。②选择现实生活中鲜活、典型的案例进行举例论证，论证时注意分析的科学性和严谨性。③得出结论。

3. 谈谈社会公德（或职业道德）、谈谈个人修养

[提示] 具体思路可设计为：①亮明观点。可以抓住社会公德（或职业道德）、个人修养在社会层面、个人层面的重要性来进行立论。②具体论证时，可以运用具体生动的案例（如自己的经历、别人的故事、新闻报道等）来进行正反对比论证，进而得出结论。以"谈谈个人修养"为例，可以先讨论正面案例，例如："让我们来听听关于'最美教师'的新闻报道吧……"；接下来，再说反面案例。③得出结论。注意首尾呼应，用自己的思考升华论点的内涵及深刻性，以启迪听者思考。

4. 谈谈对环境保护的认识

[提示] 此类话题除了注意上述提及的问题之外，还要注意逻辑结构的严密性，充分揭示事物或事理之间的本质规律及内在联系。

具体思路可设计为：①围绕保护环境的重要性提出论点。②谈谈自然环境的变化以及对人类社会的影响。例如："孩提时的自然环境……现在的环境……"（二者进行对比分析）。③分析造成环境破坏的原因。例如：乱砍滥伐、肆意排污等。④总结。例如："保护环境，这是全社会的责任，也是我们每个人的责任……"（根据3分钟的时长，决定是否需要讨论具体应该怎么做的问题。）

5. 谈谈购物（消费）的感受、谈谈学习普通话的体会

[提示]此类涉及讨论"感受""体会"的话题，一定要抓住关键词"感受"和"体会"进行表达，切忌漫无目的地谈论购物（消费）、学习普通话的具体经历。在议论性话题中，谈论具体事件或经历是为了论证某种"感受"和"体会"，不要本末倒置。

以"谈谈学习普通话的体会"为例，具体思路可设计为：①从学习普通话的重要性出发，提出论点。②具体分析和讨论学习普通话的体会。例如："学习普通话是一个痛并快乐的过程，其中有苦也有乐……"③先论"苦"。例如："纠正自己已习惯的方言语音非常困难……每天按质按量坚持说普通话也是一种挑战……"④再论"乐"。例如："当自己的普通话水平逐步提高时的喜悦……当别人对自己的普通话进行褒扬时内心的喜悦……"⑤进行总结。例如："学习普通话让我收获到了……（如坚持不懈的品质、踏踏实实做事的精神、大胆开口不怕出错的勇气等。）"

第九章 普通话水平测试模拟训练

【模拟训练一】

一、读单音节字词（限时3.5分钟）

哲	睁	曹	蹭	彼	盅	翱	疤	拟	愣
键	扰	组	奏	桃	儒	蹈	砌	皆	虾
墙	圃	鹿	两	民	忌	笙	伶	孽	指
谷	暖	梦	病	习	峦	眉	擦	热	敷
饱	耗	窘	让	醋	蚂	市	吃	搓	征
始	掐	壤	诚	漆	原	棚	死	每	柴
失	甲	米	纱	梗	篾	衡	麦	攥	腐
欺	礼	合	顶	争	栽	脾	超	蛀	躺
杂	劳	郁	澳	须	踩	滥	招	果	匀
捕	村	伞	葛	封	旗	如	停	耍	捺

二、读多音节词（限时2.5分钟）

取得	阳台	异样	晚上	混淆	衰落	分析	
防御	沙丘	圣地	此外	便宜	光环	塑料	
扭转	加油	队伍	挖潜	女士	科学	手指	
策略	抢劫	森林	怨气	港口	洒脱	包装	

303

干净	座谈	紧张	炽热	群众	沉醉	卑劣
异国	窗户	财富	应当	生字	奔跑	现代化
委员会	名牌儿	没准儿	模特儿	夹缝儿	轻描淡写	

三、朗读短文（限时4分钟）

那是力争上游的一种树，笔直的干，笔直的枝。它的干呢，通常是丈把高，像是加以人工似的，一丈以内，绝无旁枝；它所有的丫枝呢，一律向上，而且紧紧靠拢，也像是加以人工似的，成为一束，绝无横斜逸出；它的宽大的叶子也是片片向上，几乎没有斜生的，更不用说倒垂了；它的皮，光滑而有银色的晕圈，微微泛出淡青色。这是虽在北方的风雪的压迫下却保持着倔强挺立的一种树！哪怕只有碗来粗细罢，它却努力向上发展，高到丈许，两丈，参天耸立，不折不挠，对抗着西北风。

这就是白杨树，西北极普通的一种树，然而决不是平凡的树！

它没有婆娑的姿态，没有屈曲盘旋的虬枝，也许你要说它不美丽——如果美是专指"婆娑"或"横斜逸出"之类而言，那么，白杨树算不得树中的好女子；但是它却是伟岸，正直，朴质，严肃，也不缺乏温和，更不用提它的坚强不屈与挺拔，它是树中的伟丈夫！当你在积雪初融的高原上走过，看见平坦的大地上傲然挺立这么一株或一排白杨树，难道你就只觉得树只是树，难道你就不想到它的朴质，严肃，坚强不屈，至少也象征了北方的农民；难道你竟一点儿也不联想到，在敌后的广大土地上，到处有坚强不屈，就像这白杨树一样傲然挺立的守卫他们家乡的哨兵！

四、命题说话（任选一个话题，限时3分钟）

1. 童年的记忆
2. 难忘的旅行

【模拟训练二】

一、读单音节字词（限时3.5分钟）

脊	策	楼	绞	丝	颅	廷	向	响	姜
另	盒	卵	季	水	峰	赤	拢	膺	撅
竹	则	离	跷	草	落	崔	子	许	巢
戳	棕	豹	蹄	俗	怒	脸	驻	闹	初
曼	溺	诉	棱	亡	齐	写	低	权	损
女	羹	自	思	闯	袍	蒋	崩	脱	讽
池	泵	状	闭	皮	罗	迷	逼	江	苍
雄	渡	拙	括	仍	息	敛	掠	癫	吾
列	登	固	捐	嘴	廓	全	脂	艘	阔
酸	辙	尼	荆	灼	娘	眯	基	君	纵

二、读多音节词（限时2.5分钟）

国王	难怪	遭受	人群	压力	快乐	率领
请求	舒坦	永远	赔偿	妨碍	然而	夏天
勘察	存在	辨别	调整	少女	依托	疯狂
王后	高昂	佛经	安排	地层	家乡	佛典
支持	元素	思索	南方	总额	沙尘	翱翔
紧缺	材料	外面	似乎	怎么	满月	亏损
哈密瓜	线轴儿	小瓮儿	被窝儿	啄木鸟	麻花儿	抑扬顿挫

三、朗读短文（限时4分钟）

我常常遗憾我家门前那块丑石：它黑黝黝地卧在那里，牛似的模样；谁也不知道是什么时候留在这里的，谁也不去理会它。只是麦收时节，门前摊了麦子，奶奶总是说：这块丑石，多占地面呀，抽空把它搬走吧。

它不像汉白玉那样的细腻，可以刻字雕花，也不像大青石那样的光滑，可以供来浣纱捶布。它静静地卧在那里，院边的槐荫没有庇覆它，花儿也不再在它身边生长。荒草便繁衍出来，枝蔓上下，慢慢地，它竟锈上了绿苔、黑斑。我们这些做孩子的，也讨厌起它来，曾合伙要搬走它，但力气又不足；虽时时咒骂它，嫌弃它，也无可奈何，只好任它留在那里了。

终有一日，村子里来了一个天文学家。他在我家门前路过，突然发现了这块石头，眼光立即就拉直了。他再没有离开，就住了下来；以后又来了好些人，都说这是一块陨石，从天上落下来已经有二三百年了，是一件了不起的东西。不久便来了车，小心翼翼地将它运走了。

这使我们都很惊奇，这又怪又丑的石头，原来是天上的啊！它补过天，在天上发过热、闪过光，我们的先祖或许仰望过它，它给了他们光明、向往、憧憬；而它落下来了，在污土里，荒草里，一躺就是几百年了！

四、命题说话（任选一个话题，限时3分钟）

1. 我尊敬的人
2. 我的学习生活

【模拟训练三】

一、读单音节字词（限时3.5分钟）

割	嫩	元	灯	簇	床	饷	者	披	戏
词	耿	戒	撞	咬	瞩	蜡	训	圣	营
履	寻	恰	杭	论	裂	柏	涉	肌	搔
亮	账	批	导	胡	撑	坠	客	桌	矛
赛	僻	堤	索	岳	侧	诈	帐	厘	撵
梨	逊	冯	质	邓	伏	蚕	滕	磁	鹅
订	族	舱	军	躲	昭	夕	孙	详	聋
岁	盲	褶	次	陵	胞	留	饼	垒	夺
阅	冒	选	铸	搞	浓	堵	蹬	束	萤
铭	胀	吕	浙	巨	运	劣	脉	署	特

二、读多音节词（限时2.5分钟）

全身	断层	青菜	障碍	坏人	愉快	打算
来临	珊瑚	仍然	挫折	压迫	至今	减轻
罪恶	众人	签订	告诉	黑夜	疲倦	电话
棒槌	存亡	粉碎	演奏	缺点	连累	撇开
搬运	阴谋	墙壁	管理	丢掉	按钮	逗乐儿
小丑儿	脸盘儿	蜜枣儿	南半球	方法论	周而复始

三、朗读短文（限时4分钟）

纽约的冬天常有大风雪，扑面的雪花不但令人难以睁开眼睛，甚至呼吸都会吸入冰冷的雪花。有时前一天晚上还是一片晴朗，第二天拉开窗帘，却已经积雪盈尺，连门都推不开了。

遇到这样的情况，公司、商店常会停止上班，学校也通过广播，宣布停课。但令人不解的是，惟有公立小学，仍然开放。只见黄色的校车，艰难地在路边接孩子，老师则一大早就口中喷着热气，铲去车子前后的积雪，小心翼翼地开车去学校。

　　据统计，十年来纽约的公立小学只因为超级暴风雪停过七次课。这是多么令人惊讶的事。犯得着在大人都无须上班的时候让孩子去学校吗？小学的老师也太倒霉了吧？

　　于是，每逢大雪而小学不停课时，都有家长打电话去骂。妙的是，每个打电话的人，反应全一样——先是怒气冲冲地责问，然后满口道歉，最后笑容满面地挂上电话。原因是，学校告诉家长：

　　在纽约有许多百万富翁，但也有不少贫困的家庭。后者白天开不起暖气，供不起午餐，孩子的营养全靠学校里免费的中饭，甚至可以多拿些回家当晚餐。学校停课一天，穷孩子就受一天冻，挨一天饿，所以老师们宁愿自己苦一点儿，也不能停课。

四、命题说话（任选一个话题，限时3分钟）

　　1. 谈谈服饰
　　2. 我和体育

【模拟训练四】

一、读单音节字词（限时3.5分钟）

嗓	讲	粗	萌	抵	氐	光	赎	铝	起
洛	朵	进	若	赖	钩	瓶	郭	恋	彭
插	圆	伍	瘸	匹	绳	示	奥	测	聊
渠	柯	镭	能	察	附	册	皱	拿	蔽
瓮	凳	额	鸟	廊	责	溪	渴	整	勺
足	字	兽	惩	颌	抓	猜	挪	脓	局
栏	橙	内	聂	锁	描	腥	昂	凸	鬃
奉	耕	丰	锥	叙	冰	矫	去	录	盈
翁	俄	啼	绥	广	捻	沾	均	倾	鼻
掌	谎	陈	股	夏	裹	唇	松	甩	洒

二、读多音节词（限时2.5分钟）

侨眷	在乎	怀念	摧毁	完备	允许	骄傲
杀害	作品	穷人	吹牛	妥当	热门	佛寺
温柔	抢险	按照	高涨	操办	命运	何况
凉爽	飞快	涅槃	山川	飘动	正确	总结
规律	儿童	破坏	村子	瓦斯	无穷	品味
血管	人才	家伙	美酒	书卷	苗头	爱国
天鹅	垫底儿	花盆儿	胖墩儿	大褂儿	畅所欲言	

三、朗读短文（限时4分钟）

梅雨潭闪闪的绿色招引着我们，我们开始追捉她那离合的神光了。揪着草，攀着乱石，小心探身下去，又鞠躬过了一个石穹门，便到了汪汪一碧的潭边了。

瀑布在襟袖之间，但是我的心中已没有瀑布了。我的心随潭水的绿而摇荡。

那醉人的绿呀！仿佛一张极大极大的荷叶铺着，满是奇异的绿呀。我想张开两臂抱住她，但这是怎样一个妄想啊。

站在水边，望到那面，居然觉着有些远呢！这平铺着、厚积着的绿，着实可爱。她松松地皱缬着，像少妇拖着的裙幅；她滑滑的明亮着，像涂了"明油"一般，有鸡蛋清那样软，那样嫩；她又不杂些尘滓，宛然一块温润的碧玉，只清清的一色——但你却看不透她！

我曾见过北京什刹海拂地的绿杨，脱不了鹅黄的底子，似乎太淡了。我又曾见过杭州虎跑寺近旁高峻而深密的"绿壁"，丛叠着无穷的碧草与绿叶的，那又似乎太浓了。其余呢，西湖的波太明了，秦淮河的也太暗了。可爱的，我将什么来比拟你呢？我怎么比拟得出呢？大约潭是很深的，故能蕴蓄着这样奇异的绿；仿佛蔚蓝的天融了一块在里面似的，这才这般的鲜润啊。

那醉人的绿呀！我若能裁你以为带，我将赠给那轻盈的舞女，她必能临风飘举了。

四、命题说话（任选一个话题，限时3分钟）

1. 谈谈美食
2. 我所在的集体

【模拟训练五】

一、读单音节字词（限时 3.5 分钟）

牛	槽	晴	澈	尝	渺	悦	德	笋	尺
卤	爵	烤	爽	日	入	暮	影	姬	升
缫	坑	僧	常	袄	层	猛	涩	杀	趋
群	藤	耸	练	醉	腻	碰	囊	捧	厥
伙	寨	葬	棋	耐	浦	凑	迟	辆	赠
总	纳	蹲	复	汝	穗	程	穴	线	柳
捞	急	恒	从	警	蜜	凌	蔫	潮	此
所	砸	泣	书	郑	雏	佐	历	乳	持
秧	略	抄	逢	枪	嚎	肠	房	坪	梯
屈	蓬	晒	取	孵	鳍	国	极	劝	蒸

二、读多音节词（限时 2.5 分钟）

配合	爽快	热爱	马车	侵略	频率	篡夺
窘迫	清楚	干脆	透明	翻腾	废水	风姿
加以	灭亡	荒谬	昂然	恰好	因而	零乱
教训	年龄	影响	冬天	缘故	洗澡	扇子
怀抱	未曾	随便	日用	拱手	花纹	低洼
纳税	区别	牛顿	奔走	先生	蒜瓣儿	螺旋桨
唱歌儿	跳高儿	主人翁	记事儿	不约而同		

三、朗读短文（限时 4 分钟）

  我打猎归来，沿着花园的林阴路走着。狗跑在我前边。

  突然，狗放慢脚步，蹑足潜行，好像嗅到了前边有什么野物。

  我顺着林荫路望去，看见了一只嘴边还带着黄色、头上生着柔毛的小麻雀。风猛烈地吹打着林荫路上的白桦树，麻雀从巢里跌落下来，呆呆地伏在地上，孤立无援地张开两只羽毛还未丰满的小翅膀。

我的狗慢慢向它靠近。忽然，从附近一棵树上飞下一只黑胸脯的老麻雀，像一颗石子似的落到狗的跟前。老麻雀全身倒竖着羽毛，惊恐万状，发出绝望、凄惨的叫声，接着向露出牙齿、大张着的狗嘴扑去。

老麻雀是猛扑下来救护幼雀的。它用身体掩护着自己的幼儿——但它整个小小的身体因恐怖而战栗着，它小小的声音也变得粗暴嘶哑，它在牺牲自己！

在它看来，狗该是多么庞大的怪物啊！然而，它还是不能站在自己高高的安全的树枝上，一种比它的理智更强烈的力量，使它从那儿扑下身来。

我的狗站住了，向后退了退——看来，它也感到了这种力量。

我赶紧唤住惊慌失措的狗，然后我怀着崇敬的心情，走开了。

是啊，请不要见笑。我崇敬那只小小的、英勇的鸟儿，我崇敬它那种爱的冲动和力量。

爱，我想，比死和死的恐惧更强大。只有依靠它，依靠这种爱，生命才能维持下去，发展下去。

四、命题说话（任选一个话题，限时 3 分钟）

1. 谈谈社会公德
2. 我喜爱的书刊

参考文献

崔梅，周芸（2013）《普通话等级考试训练教材（第3版）》，北京：北京师范大学出版社。

崔梅，周芸（2014）《播音主持话语表达教程》，北京：北京大学出版社。

崔梅，周芸（2015）《小学教师语言》，北京：高等教育出版社。

戴庆厦（2006）语言竞争与语言和谐，《语言教学与研究》，第2期，1—3页。

高顺斌（2008）《普通话口语训练教程》，兰州：兰州大学出版社。

郭素荣（2017）《新编普通话教程》，北京：北京邮电大学出版社。

郭振伟（2006）普通话水平测试中的轻声失误与教学对策，《浙江传媒学院学报》，第1期，68页。

国家语言文字工作委员会普通话培训测试中心（2004）《普通话水平测试测试实施纲要》，北京：商务印书馆。

国家语委《普通话水平测试规程》，中华人民共和国教育部网，http://www.moe.gov.cn/srcsite/A18/s3133/202302/t20230210_1043378.html，访问日期：2023年3月13日。

国家语委普通话与文字应用培训测试中心（2022）《普通话水平测试实施纲要（2021年版）》，北京：语文出版社。

教育部、国家乡村振兴局、国家语委《国家通用语言文字普及提升工程和推普助力乡村振兴计划实施方案》，中华人民共和国中央人民政府网，http://www.gov.cn/zhengce/zhengceku/2022-01/09/content_5667268.htm，访问日期：2023年3月11日。

教育部、国家语委《国家语言文字事业"十三五"发展规划》，中华人民共和国教育部网，http://www.moe.gov.cn/srcsite/A18/s3127/s7072/201609/t20160913_281022.html，访问日期：2021年5月15日。

教育部、国家语委《中小学生普通话水平测试等级标准及测试大纲》（试行）和《汉字部首表》，中华人民共和国教育部网，http://www.moe.gov.cn/jyb_xwfb/gzdt_gzdt/s5987/202211/t20221118_995332.html，访问日期：2023年1月19日。

教育部、国务院扶贫办、国家语委《推普脱贫攻坚行动计划（2018—2020年）》，中华人民共和国中央人民政府网，http://www.gov.cn/xinwen/2018-02/27/content_

5269317.htm，访问日期：2022 年 4 月 26 日。

教育部《普通话水平测试管理规定》，中华人民共和国教育部网，http://www.moe.gov.cn/srcsite/A02/s5911/moe_621/202112/t20211209_585976.html，访问日期：2023 年 2 月 12 日。

何灵（2009）《普通话训练教程》，北京：北京交通大学出版社。

李宇明（2021）试论个人语言能力和国家语言能力，《语言文字应用》，第 3 期，7 页。

林鸿（2007）《普通话语音与发声》（第 2 版），杭州：浙江大学出版社。

鲁春艳（2009）《普通话口语教程》，沈阳：辽宁大学出版社。

沙平（1999）第二语言获得研究与对外汉语教学，《语言文字应用》，第 4 期，24 页。

邵敬敏（2016）《现代汉语通论（第三版）》，上海：上海教育出版社。

宋欣桥（2004）《普通话语音训练教程》，北京：商务印书馆。

宋扬（2021）《普通话训练手册：50 天突破》，北京：中国传媒大学出版社。

孙海娜（2010）浅析《计算机辅助普通话水平测试评分试行办法》，《语言文字应用》，第 4 期，94 页。

王理嘉(1999)从官话到国语和普通话——现代汉民族共同语的形成及发展,《语文建设》，第 6 期，23—24 页。

魏敏敏（2017）《普通话教程》，成都：电子科技大学出版社。

文薇（2005）《普通话学习及测试实用手册》，昆明：云南大学出版社。

吴永焕（2008）汉语方言文化遗产保护的意义与对策，《中国人民大学学报》，第 4 期，40 页。

袁钟瑞（2020）新中国推广普通话 70 年，《汉字文化》，第 1 期，1—2 页。

云南省地方志编纂委员会，云南省语言学会（1989）《云南省志·卷五十八汉语方言志》，昆明：云南人民出版社。

张慧（2018）《绕口令（第 3 版）》，北京：中国传媒大学出版社。

赵秀环（2017）《绕口令训练》，北京：中国传媒大学出版社。

中国传媒大学播音主持艺术学院（2014）《播音主持语音与发声》，北京：中国传媒大学出版社。

中国社会科学院语言研究所词典编辑室（2016）《现代汉语词典（第 7 版）》，北京：商务印书馆。

周芸，邓瑶，周春林（2011）《现代汉语导论》，北京：北京大学出版社。

后 记

普通话作为国家通用语言，以北京语音为标准音，以北方话为基础方言，以典范的现代白话文著作为语法规范，是传承、弘扬和传播中华优秀文化的重要载体。随着全球化和互联网的发展，不同区域人们之间的交流和沟通日益频繁，普通话作为一种重要的社会资源、文化资源和经济资源，已发展成为拥有媒体形式最为全面、也最为广泛的语言，在我国的政治、经济、社会、文化、生活中的作用也越来越明显。当前，树立国家通用语言规范意识，规范使用国家通用语言，加大国家通用语言推广力度，不仅是贯彻落实国家法律法规的基本要求，也是维护国家主权统一、促进经济社会发展、增强中华民族凝聚力和文化软实力的重要内容。

"普通话训练"不仅是高等院校师范类本科生的专业必修课程，而且也是播音与主持艺术专业、影视话剧表演专业和其他相关专业学生获取从业资格的前提条件。云南师范大学"普通话训练"课程团队，长期以来通过课程教学实践与研究、自主研发《普通话口语层级训练》教学软件、参与云南省普通话水平测试工作，以及支持"国培计划"少数民族双语教师普通话培训、云南省"直过民族"地区幼儿园双语教师普通话培训、国家通用语言推广基地项目"云南边境民族地区中小学师生普通话提升与微课程建设"等项目建设工作，先后编写、修订并出版了课程教材《普通话等级考试训练教程》（崔梅、周芸主编，北京师范大学出版社，共3版）。2020年，云南师范大学线下一流课程建设项目《普通话训练》立项。自立项以来，课程团队立足国家通用语言传播需求，以国家语言文字政策为依据，结合我校建设教师教育特色鲜明的高水平综合大学的目标，整合线上线下优质教育资源，将学生的国家通用语言应用能力及传播能力作为课程目标进行建构；同时，整合了昆明文理学院、保山学院等优秀师资、国家级和省级普通话水平测试员，关注课程教学质量持续改进体系，不断创新课程理论体系和实践模式。我们真诚地期望本书的出版，能够在当前国家通用语言传播的时代背景下，服务于读者学习国家通用语言、提升国家通用语言应用能力的需求。

本书由周芸、朱腾负责设计和撰写章节体例及层级标题。各章节撰稿人具体如下:第一章:第一、二节,周芸、陈晓梅;第三节,周芸、陈晓梅、刘成。第二章:第一节,周芸、龙柯廷;第二节,段泗英;第三节,施璐;第四节,牛凌燕;第五节,周芸、柳翔文。第三章,刘成。第四章,朱腾、王思琪。第五章:第一节,段泗英;第二节,施璐;第三节,牛凌燕、施璐。第六章:第一节,段泗英;第二节,施璐;第三节,牛凌燕;第四节,谭辉。第七章,刘成、杨颖。第八章,邱昊。第九章,朱腾。各章节内容及文字的审读及统稿由主编周芸、朱腾负责。

  本书在编写过程中,参阅了前辈时贤的专著、论文,从中汲取了丰富的营养,在此表示衷心感谢。本书的出版,得到了北京大学出版社领导及编辑同志、评审专家的指导和帮助,在此表示最诚挚的谢意。

编者
2023 年于昆明